中国社会科学院
经济研究所
INSTITUTE OF ECONOMICS

新时代经济问题
研究丛书

后危机时期
中国经济周期波动与
宏观调控研究

汤铎铎 等◎著

中国社会科学出版社

图书在版编目（CIP）数据

后危机时期中国经济周期波动与宏观调控研究/汤铎铎等著．—北京：中国社会科学出版社，2019．5

ISBN 978 - 7 - 5203 - 4334 - 3

Ⅰ．①后…　Ⅱ．①汤…　Ⅲ．①中国经济—经济周期波动—研究②中国经济—宏观经济调控—研究　Ⅳ．①F124．8②F123．16

中国版本图书馆 CIP 数据核字（2019）第 078438 号

出 版 人　赵剑英
责任编辑　王　曦
责任校对　周晓东
责任印制　戴　宽

出　　版　中国社会科学出版社
社　　址　北京鼓楼西大街甲 158 号
邮　　编　100720
网　　址　http：//www. csspw. cn
发 行 部　010 - 84083685
门 市 部　010 - 84029450
经　　销　新华书店及其他书店

印刷装订　北京君升印刷有限公司
版　　次　2019 年 5 月第 1 版
印　　次　2019 年 5 月第 1 次印刷

开　　本　710 × 1000　1/16
印　　张　19．75
插　　页　2
字　　数　305 千字
定　　价　88．00 元

编写说明

中国特色社会主义进入了新时代，新时代意味着新起点、新征程、新变化、新形势、新要求、新任务，中国经济学界迎来了一系列全新的时代命题。跟踪研究新时代经济问题，为中国经济实现高质量发展提供智力支持，是中国经济学人义不容辞的责任。

秉持“为人民做学问”的宗旨，中国社会科学院经济研究所历来重视重大经济问题研究。值此中华人民共和国成立70周年及建所90周年之际，我们顺应新时代中国特色社会主义经济发展的现实需要，开展了一系列经济理论和现实问题研究，并在此基础上启动了《新时代经济问题研究丛书》编撰工作。这套丛书重点关注以下4方面问题：一是全面总结中国经济建设实践，讲好中国经济故事；二是深刻认识社会主要矛盾变化，做好经济学意义解释；三是从创新和完善宏观调控体系入手，探索推动高质量发展的规律；四是立足新时代，构建中国特色社会主义政治经济学。我们力求形成有用、能用、管用的研究成果，为中国经济发展和理论繁荣做出新的贡献，也敬请学界关注我们陆续推出的丛书成果。

中国社会科学院经济研究所学术委员会

2019年4月

目　　录

前　　言

习近平总书记在“5·17”讲话中指出，历史表明，社会大变革的时代，一定是哲学社会科学大发展的时代。当代中国正经历着我国历史上最为广泛而深刻的社会变革，也正在进行着人类历史上最为宏大而独特的实践创新。这种前无古人的伟大实践，必将给理论创造、学术繁荣提供强大动力和广阔空间。在中华人民共和国成立 70 年，改革开放 40 年，我国经济发展步入新阶段之际，我国的经济学研究者要呼应和落实习主席的讲话精神，致力于构建有中国特色的经济学理论框架和体系。就宏观经济学学科而言，目前应该立足于两个基础。一方面，需要紧跟国际学术潮流，尤其需要关注本轮国际金融危机后宏观经济学的最新发展；另一方面，需要在研究中突出中国元素的主体地位，致力于解释中国事实，解决中国问题，服务中国利益，传播中国经验。

从凯恩斯的《就业、利息与货币通论》算起，现代宏观经济学已经有 80 年的历史。从大萧条到大衰退，纵观整个宏观经济学发展史，西方发达国家的实践无疑占据主体地位。虽然研究方法和工具具有通用性和普遍性，但是其所基于的事实主要是发达国家的事实，其所解决的问题主要是发达国家的问题，其所服务的利益也主要是发达国家的利益。随着我国经济体量不断增大，融入全球经济的程度不断加深，中国问题和中国经验受到越来越多的关注，中国利益有了越来越广泛的存在，中国也越来越多地被要求发表话语、阐明立场。2007—2009 年的国际金融和经济危机，引发全球经济的剧烈震荡和深刻调整，也对宏观经济研究提出了新的要求。宏观经济学正在经历深刻变革，中国元素在这一进程中扮演何种角色，而这一角色又该如何进一步服务于中国的经济现实，无疑是需要深入研究和思考的问题。

目前来看，国际经济危机对宏观经济理论研究的影响主要体现在对金融部门的处理。正如 Blanchard（2017）所言，2007—2009 年的国际经济危机，是宏观经济学专业知识的一次失败。除了少数经济学家之外，几乎整个宏观经济学界都忽视了金融体系和金融机构。虽然公司金融和行为经济学在相关领域有所建树，但是这些成果并未被整合到主流宏观经济模型中去。这导致危机后宏观经济学的工具价值备受质疑，而很多经济学家也开始着手修补甚至重构。除了在模型中更加细致地刻画金融部门，宏观经济学家也开始系统地关注信贷、流动性、杠杆率、资产泡沫和金融危机等问题。比如，Adrian 和 Shin（2010）提出了一个对流动性的理解：流动性总量可以看作金融部门资产负债表的变化率，金融部门的杠杆率是顺周期的，而这会放大金融风险。Schularick 和 Taylor（2012）研究了 14 个国家 100 多年的货币、信贷和其他宏观经济指标，发现信贷增长往往会导致金融危机，而政策制定者总是忽视信贷总量而自食其果。Brunnermeier 和 Sannikov（2014）指出，经济的内在杠杆率决定了其发生金融危机的概率，资产证券化和金融衍生品会导致更高的杠杆率和更频繁的危机。Kumhof 等（2015）研究了收入分配会如何影响居民杠杆率甚至引发金融危机，发现大萧条和大衰退前都有一个现象，即高收入家庭收入份额大幅上升，而中低收入家庭则杠杆率大幅上升。

在理论界关注金融部门的同时，相关机构和职能部门也开始研究如何完善和改进金融账户统计。经济学家和政策制定者都发现，就金融风险的甄别和防范而言，详尽而周全的金融账户数据必不可少。于是，国际货币基金组织（IMF）和国际清算银行（BIS）等国际金融机构，美联储和欧洲央行等中央银行，以及各国的相关部门和职能机构，都开始致力于推动金融账户统计的发展和完善。比如，Hulten 等（2015）收录了 2010 年 11 月召开的美联储相关会议的论文，主题是研究为何大家对如此规模的金融危机的来临视而不见，以及未来如何在数据和度量方面进行改进。Winkler 等（2014）收录了 2011 年 11 月召开的欧洲央行相关会议的论文，主题是资金流量表视角下的金融危机。美国经济分析局（Bureau of Economic Analysis，BEA）和美联储正在联合推进的综合宏观账户（Integrated Macroeconomic Accounts）（Yamashita，2013），目前也已经取得了较大进展。

除了对金融部门和金融账户统计的特别关注外，还有两个方向值得一提。一是对全球金融周期和国际资本论流动的研究（Rey，2015；2016；Miranda – Agrippino & Rey，2015）；二是对收入和财富分配问题的研究（Piketty & Zucman，2014；Kumhof et al. ，2015）。所有这些方向并不是独立的和割裂的，而是相互联系并且有相似的数据基础。首先，这些研究都深受本轮国际金融和经济危机的影响，可以视为从不同角度对金融和实体经济关系的再思考；其次，这些研究有相同的视角，除了 Borio（2014）提出的金融视角、开放视角和中期视角之外，还可以加上重视资产、负债和财富的存量视角；最后，这些研究都非常依赖金融账户数据，统计部门开始完善和改进数据，有些研究还致力于挖掘更长时段的金融账户数据，刻画更长时段的经济和金融现象，得到了有说服力的结论，令人耳目一新。

强调我国宏观经济研究要紧跟国际学术前沿，并不是刻意地盲目追随，而是由我国当下的经济现实决定的。一方面，全球经济和金融一体化已经空前深入，我国经济也已经全面融入全球经济；另一方面，厘清金融和实体经济的关系也是破解我国当前经济难局的关键所在。我国的金融改革和发展与我国的实体经济周期休戚相关，我国政府也一贯重视金融发展和金融风险，很早就认识到金融在现代经济中的核心地位。本轮国际金融危机后，我国政府维护金融稳定的决心更加坚定，而我国经济面临的各种矛盾和难题也都是金融问题。比如，货币总量和实体经济的关系问题、资金脱实向虚的问题、资产价格暴涨暴跌的问题、国际资本进出和汇率稳定问题、企业融资难融资贵的问题、“钱荒”和“资产荒”交替出现的问题，等等。

总之，利用当前国际前沿的宏观经济学理论和方法，借鉴西方发达国家经济和金融发展数百年的经验，来解释我国当前的经济现象，处理我国当前的经济问题，是本轮国际金融危机后我国宏观经济研究发展的正途。具体而言，在内容上要把金融和开放置于核心地位，在数据上要高度重视并且深入挖掘金融账户数据，在方法上要积极学习和吸收国际前沿方法，甚至去开创新的研究方法。当前的主流宏观经济学用效用函数刻画居民，用生产函数刻画企业。金融账户方法则提供了另一个视角，即所有经济主体和经济部门，首先都可以视为一张资产负债表，可以从流量和存量两个角度去考察其行为。目前，我国学界在这方面已经有了一些可喜的进展，比如李扬等（2012，2013，2015，2018）的国家资产负债表研究。未来，立足于金融账户数据，用相关方法分析我国的经济周期波动，是非常有前景的研究方向。在这个方向下有很多紧迫的工作需要展开，比如，全面综述后危机时代的宏观经济学，总结我国金融周期的特征事实，探讨全球金融周期下的中国宏观经济，分析我国的财富总量与财富分配，以及在这些研究的基础上评价我国的宏观调控政策，等等。习近平总书记在“5·17”讲话中强调，“这是一个需要理论而且一定能够产生理论的时代，这是一个需要思想而且一定能够产生思想的时代。”我辈学人应该担负起时代的责任，努力在各自的学科领域做出应有的贡献。

参考文献

李扬、张晓晶、常欣、汤铎铎、李成：《中国主权资产负债表及其风险评估》（上、下），《经济研究》2012 年第 6、7 期。

李扬、张晓晶、常欣等：《中国国家资产负债表 2013——理论、方法与风险评估》，中国社会科学出版社 2013 年版。

李扬、张晓晶、常欣等：《中国国家资产负债表 2015——杠杆调整与风险管理》，中国社会科学出版社 2015 年版。

李扬、张晓晶、常欣等：《中国国家资产负债表 2018》，中国社会科学出版社 2018 年版。

Adrian, Tobias, and Hyun Song Shin, “Liquidity and leverage”, *Journal of Financial Intermediation*, Vol. 19, No. 3, 2010, pp. 418–437.

Blanchard, Olivier, *Macroeconomics* (7e), Boston: Pearson, 2017.

Borio Claudio, “The financial cycle and macroeconomics: What have we learnt?”, *Journal of Banking & Finance*, Vol. 45, 2014, pp. 182–198.

Brunnermeier, Markus K., and Yuliy Sannikov, “A Macroeconomic Model with a Financial Sector”, *American Economic Review*, Vol. 104 (2), 2014, pp. 379–421.

Hulten, Charles R., and Marshall B. Reinsdorf (Eds.), *Measuring Wealth and Financial Intermediation and Their Links to the Real Economy*, University of Chicago Press, 2015,

Kumhof, Michael, Romain Rancière, and Pablo Winant, "Inequality, Leverage, and Crises", *American Economic Review*, Vol. 105 (3), 2015, pp. 1217 – 1245.

Miranda – Agrippino, Silvia and Hélène Rey, "World Asset Markets and the Global Financial Cycle", NBER Working Papers 21722, 2015.

Piketty, Thomas, and Gabriel Zucman, "Capital is Back: Wealth – Income Ratios in Rich Countries, 1700 – 2010", *Quarterly Journal of Economics*, Vol. 129 (3), 2014, pp. 1255 – 310.

Rey, Hélène, "Dilemma not Trilemma: The global Financial Cycle and Monetary Policy Independence", NBER Working Papers 21162, 2015.

Rey, Hélène, "International Channels of Transmission of Monetary Policy and the Mundellian Trilemma", NBER Working Papers 21852, 2016.

Schularick, Moritz and Alan M. Taylor, "Credit Booms Gone Bust: Monetary Policy, Leverage Cycles, and Financial Crises, 1870 – 2008", *American Economic Review*, Vol. 102 (2), 2012, pp. 1029 – 1261.

Winkler, Bernhard, Ad van Riet, and Peter Bull (eds), *A Flow – of – Funds Perspective on the Financial Crisis*, Volume I: Money, Credit and Sectoral Balance Sheets, and Volume II: Macroeconomic Imbalances and Risks to Financial Stability, Palgrave Macmillan, 2014.

Yamashita, Takashi, "A Guide to the Integrated Macroeconomic Accounts", BEA Briefing, April, 2013.

上篇　周期波动篇

第一章　后危机时期的经济周期理论

一　引言

乐观是可贵的精神。在乐观精神的指引下，人类似乎在不停地理解世界，然后改变世界。然而，就经济周期而言，人类的乐观毫无例外地被证明是狂妄的。理论家以为发现了市场的秩序和经济运行的规律，然而，其理论往往在被广为接受后不久，即为无情的事实所拒斥。在持续的繁荣中，执政者自信地以为驯服了经济周期，殊不知严重的经济危机早就一触即发。这正是经济周期令人着迷的地方。周期的背后是人类行为，理解经济周期其实就是理解人类自身，而这丝毫不比理解世界更容易。

广义而言，经济周期现象应该和人类起源同样久远。因为有人就必有经济活动，有经济活动就必有周期波动。无论农耕还是游牧，无论产量还是价格，不变是偶然，波动才是常态。现代意义上的经济周期，伴随着资本主义生产方式和工业文明而出现。现代经济周期理论研究，最早可以追溯到19世纪初的西斯蒙第和马尔萨斯。200年来，理论家层出不穷、各领风骚，不同的观点、方法和流派争奇斗妍、蔚为大观。

2008年，突如其来的金融危机席卷全球，同时遭遇危机的是经济周期理论。理论家和执政者再次从乐观的迷梦中惊醒，开始反思此前的理论共识和政策方略。这不禁让人想起同在20世纪70年代提出的古德哈特法则（Goodhart's Law）和卢卡斯批判（Lucas Critique）。前者是说，一旦某个经济变量成为政策目标，它很快就会失效。后者是说，当时的主流宏观经济模型对经济主体决策规则的设定是不恰当的，政策变化会使经济主体改变决策规则，而这会改变模型结构从而导致模型失效。两者的核心含义都是说，任何对经济周期的确定性理解和针对性政策，都会导致经济主体系统性地改变行为规则，最终难免遭遇刻舟求剑的尴尬。

卢卡斯批判以来的40多年里，理论家和执政者都在小心翼翼地寻求规避这一困境，可现实似乎是又一次入其彀中。理解经济周期，不可能一劳永逸。目前，似乎又到了理论创新和突破的十字路口。作为一门社会科学，经济学很难进行实验。于是，每次重大经济事件的发生，都会成为检验旧理论的试金石，也会成为发展新理论的导火线。现在看来，2008年的国际金融危机及其引发的所谓大衰退，正是这样的试金石和导火线。

我国的经济体制改革以建立社会主义市场经济体制为目标，我国的经济周期理论研究主要借鉴西方经济理论。那么，如何用西方经济理论来理解和解说我国现实，是改革开放以来众多学科共同面临的问题。在亦步亦趋之后，如何突出自身特点，甚至做出独特贡献，值得认真思考。就经济周期而言，如何理解中国事实，至少有四方面需要特别关注：第一，我国是一个发展中国家，工业化和城市化是一项长期任务；第二，我国是一个转型国家，正逐步从单一公有制计划经济向社会主义市场经济过渡；第三，我国是一个开放大国，外部冲击对我国的影响越来越大，而我国政策的外部性也越来越大；第四，金融是现代经济的核心，我国金融业发展越来越快，金融体系和金融结构越来越复杂，如何让金融更好地服务实体经济，有效预防金融风险，将是一个需要长期关注的问题。

本章回顾经济周期理论的发展历程，重点关注国际金融危机后十年的理论进展。后面的论述安排如下：第二部分从方法论和建模策略的角度，分四个阶段回顾经济周期理论200年来的发展和演变。第三部分通过回顾凯恩斯革命以来的经济周期理论发展和DSGE框架发展的三个阶段，来探讨宏观经济学的范式转换。第四部分和第五部分介绍本次金融危机后，宏观经济学研究发展最活跃的两个领域：金融摩擦和异质性代理人（heterogeneous agent）。最后是小结。

二　研究方法的发展和演变

真正意义上的经济周期理论研究肇始于19世纪。虽然经济周期波动现象的出现要早得多，但此前的研究多是关注于具体事件的描述，而没有进行一般化的理论探索。正如米契尔（1962）所说，“人们认真地说明商业危机和不景气现象，开始于拿破仑战争以后继续发生的商业大变动中”，虽然此前一百多年也多次出现商业危机和不景气，“但是，18世纪作家们，大抵只说到引人注目的事件，而对于这种事件的基本原因，却没有做出深刻的说明”。

（一）19世纪的百年：历史性和因果性的说明

在经济周期理论研究产生至今的两个世纪中，第一个百年可以说是思想纷杂的时代。由于问题刚被真正认识到，还处于“原初”状态，大多数研究的努力方向都是用一个或几个原因解释经济周期波动现象，并简单阐明其内在的传导机制。这些研究大多是用文字叙述的形式进行的，偶尔会涉及一些粗糙的统计数据和简单的计量技巧。

第一个百年的成果肯定够不上精致和完满，但却异常丰富，以至于熊彼特（1991）可以很有把握地说，与经济周期有关的重要思想在1914年之前都已经出现了，后来的30年只是统计资料的堆砌和研究技术的改进。

这一时期的研究虽然非常驳杂，但在研究方法上却极其相似，大都是“在作了极简单的论述以后，他们就转入危机原因的讨论，而且在论述中引证实例。因此，他们的讨论进行得相当坦率，这种做法我们只能羡慕，却无法聪明地仿效”（米契尔，1962）。20世纪初的经济周期理论家们已经无法停留在这种层面的讨论中，也已经不能满足于这种层面的讨论了，他们开始从理论研究和经验研究两个方面寻求突破。

另外需要提及的是，在整个19世纪，经济周期理论在经济理论研究中处于边缘地位，经济学家们把经济周期波动和经济危机看作是次要的问题，是对“正常状态”的一种偶然偏离。正如米契尔（1962）所说，把周期现象放在突出地位的“主要是批评家们，这些批评家，不但批评正统派经济学，而且批评现代社会”。

（二）20 世纪初叶：动态分析和时间序列分析

与 19 世纪相比，20 世纪初叶的经济周期波动研究在方法上有了很大突破。在理论研究方面，动态分析得到应用，在有些经济学家看来，理论分析就是建立数学模型；在经验研究方面，统计资料更加丰富和翔实，时间序列分析技术也有了长足发展。

这一时期理论研究方面比较有代表性的成果是弗里希和萨缪尔森的研究。Samuelson（1939）的乘数—加速数模型通过教科书获得了广泛传播，他构造了一个简单而精致的动态内生经济周期模型，最后是讨论一个二阶差分方程问题。然而，对后来的研究影响较大的还是 Frisch 的研究。Frisch（1933）刻画了一个宏观总量层面上的经济循环流转图，并清晰区分了经济周期的传导机制和冲击机制，当然，他的讨论具有明显的比喻性质。

经验研究方面除了米契尔的贡献之外，斯勒茨基的一篇文章也有必要提及。米契尔在他的整个研究生涯中，都强调假设的发展同检验假设与事实是否一致这两者之间需有密切的相互作用，他的远大目标就是建立一个与他煞费苦心观察和记录的周期经验事实相一致的一般经济周期理论。Slutzky（1937）的文章最早在 1927 年以俄文发表，是一篇有关时间序列分析技术的文章。他发现，随机原因的加总可以产生周期序列，而这种人造的周期序列和现实的经济周期波动序列多少有相似的性质。

与 19 世纪的边缘地位相比，到 20 世纪初叶，经济周期理论作为一个重要课题真正进入了主流经济学。在深受瓦尔拉斯一般均衡理论影响的信奉自由市场经济的经济学家们看来，经济周期现象已经不能再用偶然的偏离来搪塞了，必须在现有的框架中给它找到一个合适的位置。哈耶克的想法代表了当时的普遍观点：“把周期现象引入经济均衡理论体系仍是经济周期理论的关键问题，此两者是明显冲突的。这里的‘均衡理论’当然是指关于所有经济数量的普遍依赖关系的现代理论，它由理论经济学的洛桑学派很完美地表达出来了”（Lucas，1977）。

（三）20 世纪中叶：联立方程模型和两个阿德尔曼（Adelman）标准

在许多新古典经济周期理论家看来，在经济周期理论发展过程中，凯恩斯革命是一段并不愉快的插曲。凯恩斯革命的一个主要后果是导致了经济周期理论研究的转向：从前述哈耶克式的问题转向明显更简单的在一个时点上的产出决定问题。这种转向的最后形式，就是 20 世纪五六十年代在宏观经济学领域得到广泛应用的联立方程框架，被卢卡斯称为"经济政策理论"（the theory of economic policy）（Lucas，1976）。这种转向的最后完成得益于两个理论传统：一是新古典综合派对凯恩斯《通论》的"正统"解释；二是主要由丁伯根（Jan Tinbergen）发展起来的计量经济模型。

转向后形成的这一框架在理论探索方面的发展空间其实相当有限，用方法论的语言表述，就是说作为一个研究纲领，其"硬核"很容易受到攻击。经济学家在模型设定上能做的变动相对较少，而这些变动又要受到数据的可获得性和计量技术的可行性两方面的限制，这显然不利于理论创新。最后，经济学家只能以增加变量和方程的数目取胜，或者以改进和发展计量技术取胜。

这一框架的式微源于经验和理论两方面的挑战。在经验方面受到挑战的是所谓"菲利普斯曲线"关系，也就是整个框架的总供给方面。Phelps（1967）和 Friedman（1968）最早对这一关系提出质疑，而美国 20 世纪 70 年代的宏观经济现实恰好支持了他们的论点。在理论方面，最强有力的挑战来自卢卡斯，这一工作后来被称为"卢卡斯批判"。Phelps 和 Friedman 的研究可以说是攻击了整个研究纲领的"保护带"，通过在模型中引入预期因素，这一质疑得到了比较满意的解释。在整个过程中，经济学家们对菲利普斯曲线关系有了新的更深入的认识，而整个框架的合理性并没有受到实质性伤害。但是，"卢卡斯批判"却直接攻击了整个研究纲领的"内核"，他从理论上论证了模型中需要估计的参数本身是不稳定的，从而使整个框架的合理性受到强烈质疑。在卢卡斯的一系列研究之后，理性预期和选择性微观基础成为宏观经济模型的"标准配置"，从方法论的角度来看，这标志着新的研究纲领的诞生。从这个意义上来说，卢卡斯确实引领了一场"革命"。

在此期间，Irma Adelman 和 Frank L. Adelman 的一个研究值得一提。他们给 Klein – Goldberger 模型（Klein & Goldberger，1955）加入了一个合理的随机外部冲击后，用计算机进行了模拟。他们发现，模拟所得的数据在经济周期波动方面与美国现实数据基本一致。利用 NBER 的经验研究方法，从周期的平均期间、扩张和收缩期的平均长度、波峰和波谷的位置等几个方面来看，模型经济与现实经济非常吻合（Adelman & Adelman，1959）。这个研究结果意义重大：它挖掘出了 Klein – Goldberger 模型在经济周期波动研究方面的意义，从而为该模型和整个研究框架提供了理论支持；它为理论研究设立了一个新的标准，即理论应该提供一个清晰设定的完备模型经济，模型经济的模拟结果在各重要方面要与现实经济相一致。

在"经济政策理论"框架下，短期宏观经济分析和预测发展到了一个较高的水平，对宏观经济政策的制定和实施产生了很大影响。另外，从方法论的角度来衡量，这一框架下的模型第一次符合了两个阿德尔曼（Adelman）所提出的标准，正如卢卡斯所说，凯恩斯主义宏观经济模型在如此大的程度上改变了理论一词的含义，以至于那些老的经济周期理论根本就不能被视为真正的"理论"了（Lucas，1977）。

（四）20 世纪 80 年代至今：DSGE 框架和 VAR 模型

以 Klein – Goldberger 模型为代表的传统凯恩斯主义联立方程模型，其最重要的特点是理论研究和经验研究是合二为一的。每个方程都有其理论含义，而参数估计过程就是经验验证。作为一个研究纲领，这一方式明显限制了研究者进行探索的空间，在"保护带"弹性不足的情况下，其"硬核"就很容易受到攻击。从方法论的角度看，20 世纪 80 年代以后的宏观经济学发展，一个最重要的特点就是理论研究和经验研究相对独立发展。这种分离给研究者提供了很大的自由空间，使整个研究进程能在总体框架不变的情况下，不断取得进展。

20 世纪 80 年代初的两篇文章，很大程度上决定了此后 40 年宏观经济学的发展。一篇是 Kydland 和 Prescott（1982）的《建造时间和总量波动》，一篇是 Sims（1980）的《宏观经济学和现实》。前者奠定了动态随机一般均衡（Dynamic Stochastic General Equilibrium，DSGE）框架，后者开创了向量自回归（Vector Autoreg Ression，VAR）模型。

Kydland 和 Prescott（1982）的研究最初被广泛关注的是其经济周期思想，而他们的理论也被称为实际经济周期理论（Real Business Cycle，RBC）。他们认为，首先，经济波动的主要驱动力是随机的技术冲击，名义变量和其他的总需求因素并不是关键性的，尤其重要的是，货币政策不会影响实际变量，甚至在短期货币也是中性的；其次，波动并不造成资源浪费和效率损失，宏观经济变量在任何时点上都是理性的经济主体行为最大化的结果，都代表均衡和帕累托最优，因此，失业是人们自愿选择的结果；最后，波动和增长是可以综合考虑的现象，它们应该用同一个理论框架来解释，而不是各自拥有不同的理论。在当时的环境下，这些结论非常有颠覆性和冲击力，以至 Summers（1986）惊呼："如果这些理论是正确的，那就意味着从凯恩斯革命以来发展起来的宏观经济学最好被扔进历史的垃圾箱里去。"

然而，到 20 世纪末，整个理论进展呈现出非常有趣的局面。一方面，在整个 90 年代该理论获得了惊人的发展，成为研究生课程不可或缺的内容，其方法也已经被认为是主流宏观经济学，在货币经济学、国际经济学、公共财政、劳动经济学和资产定价等领域获得了广泛应用；另一方面，随着理论发展，早期那些颠覆性的思想和结论却被认为不符合现实，逐步被抛弃。因此，King 和 Rebelo（2000）一方面自豪地宣布，作为现代宏观经济分析赖以进行的实验室，DSGE 方法牢固地建立了其地位，另一方面却以《复活实际经济周期》（Resuscitating Real Business Cycles）这样有些骇人听闻的论述作为题目。确实，代表研究方法的 DSGE 如日中天，代表经济思想的 RBC 却已经奄奄一息。

与 DSGE 方法几乎同时，Sims（1980）提出了 VAR 模型，促成了一个新的宏观计量框架。单变量自回归是一个单方程、单变量线性模型，其中变量的当前值由其自身的滞后值来解释。VAR 是一个 n 个方程，n 个变量的线性模型，其中每个变量依次由它自己的滞后值解释，再加上剩余的 n-1 个变量的当前值和过去值。这个简单的框架提供了在多个时间序列中捕获丰富动态的系统方法，其附带的统计工具包易于使用和解释。该模型为数据描述、预测、结构推断和政策分析提供一种连贯可信的方法（Stock & Watson，2001）。

与凯恩斯主义联立方程模型相比，VAR 模型完全摆脱了经济周期理论框架的束缚，使其成为最成功、最灵活、最容易使用的多元时间序列模型。它是单变量自回归模型向动态多变量时间序列的自然扩展，已被证明对描述经济和金融时间序列的动态行为和预测特别有用。比起单变量时间序列模型和基于理论的联立方程模型它通常能提供更好的预测。VAR 模型的预测是非常灵活的，因为它们可以根据模型中指定变量的潜在未来路径来设定条件。VAR 模型在技术方面的工作也一直在进行，比如扩展到更高维度和更丰富的非线性结构。

三　三次范式转换

正如 Prescott（2006）所强调的，“实际上，‘宏观经济学’一词的含义已经变为指称所用的研究工具，而不是仅仅指经济周期波动研究本身”。理论家从恼人的理解现实和指导政策中抽身而出，专心致力于提供分析工具，这一趋向也许是大家始料未及的。不过，对普通民众和政策制定者而言，他们更关心的是经济周期波动本身，而不是研究者所用的分析工具。他们更关心的是经济波动的原因和政策应对，而不是模型的设定和估计。因此，刻画经济周期理论进展，还有一个视角是从经济周期波动的思想出发，从自由放任和政府干预的基本分野进行阐释。

（一）凯恩斯革命以来的“革命—综合”链条

现代宏观经济理论的起点是 20 世纪 30 年代开始的凯恩斯革命（Keynes，1936），其核心要义是说市场无法通过自我调整摆脱萧条，需要政府采取扩张性的财政政策。这是对此前自由放任气氛浓厚的传统经济学的一次革命，当然，1929—1933 年的大萧条对革命的成功至关重要。在经过精巧的形式化（Hicks，1937）和一些经验研究的补充（Phillips，1958）之后，凯恩斯主义迅速占据了宏观经济学的主流。然而，传统理论中的很多资源是无法摒弃的，比如边际分析和一般均衡。于是，在凯恩斯主义的全盛期出现了所谓新古典综合（neoclassical synthesis）（Samuelson，1955）。这是一个内在联系相对薄弱的拼盘。简言之，传统理论和凯恩斯经济学分工为：一般均衡等理论资源用来解释长期和微观问题，凯恩斯理论用来解释短期和宏观问题。

凯恩斯主义经济学在20世纪50年代到70年代遭遇了两场革命，即货币主义革命和理性预期革命。凯恩斯主义宏观经济学很大程度上忽视了货币的作用，货币主义者在强调货币重要性（Friedman & Schwartz，1963）的同时，也小心翼翼地划定了货币政策的界限（Friedman，1968）。货币主义革命对政府稳定政策提出了质疑，但却并未真正挑战凯恩斯主义宏观经济学的基本理论框架，这一任务最终由理性预期革命完成。理性预期革命以及此后形成的新古典宏观经济学，要求建立拥有选择性微观基础和市场迅速出清的均衡经济周期理论，并且批评凯恩斯主义的总量计量模型设定是不恰当的（Lucas，1976；Lucas & Sargent，1978）。这两场革命和20世纪70年代的滞胀让凯恩斯主义宏观经济学走下前台，自由放任重占上风。

20世纪80年代出现的是RBC理论和新凯恩斯主义宏观经济学的对垒。前已述及，RBC理论家是新古典宏观经济学建模策略的忠实践行者，其理论框架是DSGE模型，其最初的思想和结论极具颠覆性。新凯恩斯主义宏观经济学承认传统凯恩斯主义的理论缺陷，但是也并不完全接受新古典宏观经济学和RBC理论的理想世界。新凯恩斯主义者将价格和工资刚性、不完全竞争和协调失败等因素引入宏观经济模型，指出市场并非完美，政府稳定政策也确实有用武之地（Mankiw & Romer，1991）。20世纪末，RBC理论和新凯恩斯主义宏观经济学出现融合，形成所谓新新古典综合（New Neoclassical Synthesis，NNS）框架（Goodfriend & King，1997）。新新古典综合以RBC的基本方法（DSGE）为基础，引入不完全竞争和名义刚性等更贴近现实的凯恩斯主义元素，而这些元素在新凯恩斯主义者的工作中已经获得了很好的理解和技术处理。

上面的理论简史可以总结为三点：首先，现代宏观经济理论有些像是由革命和综合串联起来的主义和学派链条；其次，其发展的内在张力来自经济思想中的最基本对立：自由放任和政府干预；最后，每次关键转折都有重大经济历史事件的背景和影响。任何宏观经济理论发展简史都难逃Hoover（2012）的嘲讽。因为简史必定要去掉很多枝蔓，而这往往就意味着误导和错误。在充满争议的宏观经济学领域更是如此。因此，毫不夸张地说，上面的论述几乎每一处都有可能存在争议。好在可以参考的版本极多，Woodford（1999）的处理体现了大家风范，Snowdon 和 Vane（2004）的论述很详细，适合初学者。

（二）DSGE 框架：从 RBC 到 HANK

从最初的 RBC 理论到最近出现的异质性代理人新凯恩斯主义（Heterogeneous Agents and New Keynesian，HANK）模型（Kaplan & Violante，2018），DSGE 框架一直在不断地扩展和变化。在国际金融危机爆发之后，所谓新新古典综合（NNS）框架遭受到严厉批评，人们也似乎看到了范式转换的希望。然而，十年过去了，DSGE 框架再次显示出其超强的融合能力，在纳入金融摩擦和异质性代理人等特征之后，模型的解释力大大增强。在《牛津经济政策评论》（Oxford Review of Economic Policy）“重建宏观经济理论”的专辑中，Vines 和 Wills（2018）在开篇即开宗明义地指出，“结果将不是范式转换，而是朝着更加多元化的学科发展”，同时，核心模型需要在金融摩擦、预期设定、异质性代理人和微观基础四个方面进行有效扩展。

在 Kehoe 等（2018）看来，DSGE 框架已经演化到了第三代模型。第一代模型是 RBC 理论模型，用实际经济冲击来解释经济周期波动。第二代模型是纳入价格和工资黏性后的新凯恩斯主义模型，或者说是前面提到的 NNS 框架。这些模型被很多中央银行用来做短期预测和反事实的政策推演。第三代模型是国际金融危机后迅速发展起来的，借助新算法和电脑计算能力的不断增强，主要特征是加入了异质性代理人和金融摩擦等更现实的因素。

与三代模型相对应，以 DSGE 为核心的研究纲领经受了两轮批评。第一轮批评是在 RBC 理论阶段，主要批评来自传统凯恩斯主义者和所谓新凯恩斯主义者。这些批评在 NNS 框架成型之后逐渐消退，其代价是一些原初经济周期思想的式微。对此，索洛的评论（Solow，2000）是中肯的：“在我看来，原初的真实经济周期理论计划——把观察到的波动理解为一个功能良好的，跨期替代竞争经济对不可预见的技术和偏好冲击的有效反应——在获得很少的成果之后已经逐渐枯竭了”。第二轮批评始于 2008 年的国际金融危机。危机爆发后，各种批评纷至沓来。

一方面，此前的批评者开始了新一轮的攻击；另一方面，以前的中立者和沉默者也都有了充分的理由加入声讨者队伍。确实，此次经济危机也是经济理论的危机（Kirman，2010），宏观经济学显然首当其冲。

Colander 等（2008）呼吁超越 DSGE 模型，建立基于经验主义的宏观经济学。他们一直是 DSGE 模型的坚定批评者，火力一直集中在其最薄弱的环节——代表性代理人（representative agent）假设和加总问题。DSGE 采用代表性代理人假设，即所有家庭可以用一个典型家庭代表（效用函数），所有厂商可以用一个典型厂商代表（生产函数）。这样就可以在一个简化模型中处理优化问题，而优化的最终结果可以直接推广为总量结果。现实世界中的家庭和厂商明显存在很大差异，无视这些差异在直觉上多少令人不安。不过，这还不是其主要问题。经济生活的一个最重要特征是个体之间的相互作用，这种处理实际上是简单规定了作用模式，完全取消了这些相互作用的复杂性。因此，DSGE 所谓坚实的微观基础并不牢靠，充其量只是微观经济学基础。

Buiter（2009）从金融角度指出主流宏观经济学有三大缺陷：第一，完全市场范式将拖欠、破产和无力偿还（illiquidity）等情况排除在研究之外；第二，有效市场假设假定存在一个全能的最后拍卖人，从而将数学规划的练习结果和分散市场的竞争均衡混为一谈；第三，对模型进行线性化操作抹杀了经济的不确定性和复杂性。他认为，目前的宏观经济研究主要为主流范式的内在逻辑和审美难题所推动，而不是为理解现实经济如何运行的强烈愿望所推动，整个研究把许多人们最感兴趣的事情都排除在外了。主流宏观经济学不但不能回答诸如无力偿还和非流动性之类的问题，而且无法正确地提出此类问题。

Caballero（2010）坦言，他并不在意宏观经济学未能预测本次危机，因为危机本质上是不可预测的。他真正在意的是忝居主流的 DSGE 方法越来越陷入自身逻辑，混淆了模型经济和现实经济。宏观经济学的基本困境在于，现实经济无比复杂而经济学家却向往量化和精确。于是，当 DSGE 理论家离理想目标越来越近的时候，却离理解现实越来越远。这就导致学院派宏观经济学家在自己的小圈子内自说自话，而把现实问题留给财经评论员和所谓政策讨论。在 Caballero 看来，主流宏观经济学的中心（DSGE 模型和新新古典综合）已经无力整合其外围（如流动性消失、担保短缺、泡沫、危机、恐慌、火灾拍卖、风险转移、传染，等等），宏观经济学家需要抛开幻想，直面现实经济的复杂性。

在这些批评中，很多已经被整合到最近的模型中，成为未来进一步发展的方向。但是，有些批评却是直接攻击 DSGE 模型的，比如 Caballero（2010）对 DSGE 模型刻画复杂现实的质疑，以及最近 Romer（2016）激烈地称当前的宏观经济学为伪科学。Romer 将 DSGE 类比为物理学中弦理论，认为它们都是过分依赖数学而导致理论失败的例子，宏观经济伪科学正在破坏整个经济学的科学规范。

不过，总体而言，整个宏观经济学界对 DSGE 的未来还是相对乐观的。在经济危机爆发之初，Woodford（2009）就表示对宏观经济学的现状相对满意，认为大家在新新古典综合框架下达成很多共识，也对宏观经济政策产生了积极影响。Taylor（2010）认为，大衰退的主要原因是政府偏离了宏观经济政策规则，主流宏观经济学不应该成为替罪羊。在危机爆发十年后，Blanchard（2018）认为，当前的 DSGE 模型有缺陷，但它们包含了正确的基础，必须加以改进，而不是丢弃。Christiano 等（2018）指出，DSGE 建模是一个数据与理论不断互动的有机过程。危机前的 DSGE 模型存在一些缺陷，金融危机后已取得重大进展。除了将金融摩擦和异质性纳入模型，其他令人兴奋的工作还包括对理性预期的修正，比如 K 级思维、鲁棒控制、社会学习、适应性学习和放松对共同知识的假设。而 Gali（2018）则强调，新凯恩斯主义经济学依然生机勃勃，该模型相当灵活，研究人员正在开发越来越多的扩展，以便纳入新假设或解释新现象。新凯恩斯模型的两个决定性特征，即名义刚性和货币非中性，依然是当前宏观经济模型的重要支柱。

（三）三次范式转换

在 Vines 和 Wills（2018）看来，现代宏观经济学经历了两次重大范式转换。第一次是凯恩斯创立宏观经济学，第二次是 20 世纪 70 年代开始的微观基础革命。第一次范式转换从内容上来说包含外生名义工资、消费函数、乘数和流动性偏好，从方法上说是从局部均衡走向一般均衡。在第二次世界大战之后的 25 年里，这种新范式被用来指导宏观经济决策，结果也不错，这一时期被称为黄金时代。第二次范式转换在他们看来要复杂得多，包含演化和革命两个过程。演化过程包括四个步骤：纳入菲利普斯曲线、考虑适应性预期、创建一个明确的名义锚以及将模型的供给端内生化。革命过程主要始于“卢卡斯批判”，要求将理性预期和经济主体行为最大化纳入模型，最终完成 RBC 理论。

在我们看来，从方法论和模型构建的角度看，经济周期理论实际上经历了三次范式转换，这在本章第二部分的研究方法发展和演变中其实很明显。第一次是初步的动态分析和时间序列分析，第二次是大型联立方程模型，第三次是 DSGE 模型和 VAR 模型阶段。第一次范式转换和凯恩斯革命几乎同时发生，不过，凯恩斯对此并没有做多少贡献。这一时期在理论研究方面，动态分析得到应用，在有些经济学家看来，理论分析就是建立数学模型；在经验研究方面，统计资料更加丰富和翔实，时间序列分析技术也有了长足发展。第二次范式转换部分得益于凯恩斯革命，其主要特征是为理论研究设立了新的标准，即理论应该提供清晰设定的完备模型经济，模型经济的模拟结果在各重要方面要与现实经济相一致，我们称为两个阿德尔曼标准。第三次范式转换最终体现为两大分离。第一是理论研究和经验研究相对分离，这种宽松环境给双方都留出了探索空间。第二是研究方法和经济思想的分离，DSGE 方法已经完全脱离了其最初所承载的思想束缚，获得了长足发展。

就宏观经济学研究而言，目前的局面和 20 世纪 70 年代多少有些相似。首先，位居主流的都是一个综合框架，当时是新古典综合，目前是新新古典综合；其次，两个框架都统治日久，受到越来越多的批评；最后，都有重大经济事件发生，当时是滞胀（又称大通胀），目前是金融和经济危机（又称大衰退）。那么，宏观经济学是否已经到了革命和范式转换的关键时期？如果是，那么新的研究纲领将以何种面目出现？

在金融危机过去十年后，从各项研究的进展来看，第一个问题的答案越来越趋向保守。在加入金融摩擦和异质性代理人等因素后，DSGE 似乎重新焕发了活力，而那些积极鼓吹革命和范式转换的力量似乎并没有找到合适的继任框架。对于很多批评者来说，Vines 和 Wills（2018）的结论多少让人无奈，“结果将不是范式转换，而是朝着更加多元化的学科发展”。不过，从 RBC 和 DSGE 框架发展的轨迹看，直到 20 世纪 80 年代末该理论框架仍相当弱小，以致写一个理论综述都很难找到足够的材料，而且一个小型讨论会就可以包括大多数的研究参与者（King and Rebelo，2000）。不过，此后三十年该框架获得了飞速发展，并一直居于主流地位。也许，新的研究纲领正处在这样的蛰伏阶段。如果确实存在下一代的研究纲领，那么我们可以做出如下几个简单判断。首先，既然是革命和范式转换，那就肯定不是简单的修修补补，而是另起炉灶；其次，鉴于近 30 年自由放任占据优势，新范式在思想倾向上会偏向于政府干预；再次，新范式不会凭空出现，而是会在以前的反对派和异端中孕育；最后，新范式应该更加贴近现实，直面宏观经济的复杂性，致力于解决最重要的现实宏观经济问题。

四　金融摩擦与经济周期

国际金融危机爆发和随之而来的所谓大衰退，对整个宏观经济学和经济周期理论研究造成很大震动。将金融体系、金融机构和金融因素引入宏观经济模型，探讨金融和实体的互动，成为这十年来的研究热点。也有研究开始挖掘前人关于金融体制和货币政策的思想和灵感，希望能对当前的现实有所助益。比如，Benes 和 Kumhof（2012）重温倡导100%存款准备金的“芝加哥计划”，并探讨其在当下的可行性。Aikman 等（2018）利用手工收集的《拉德克利夫报告》时期英国信贷政策信息，研究货币政策和宏观审慎政策的协调配合。

国际金融危机和大衰退清晰表明，金融摩擦是经济周期波动的关键驱动因素。失衡在看似平静的时期逐步累积，直到触发机制导致大规模且持续的财富破坏，并有可能蔓延到实体经济。虽然在正常时期金融部门能够缓解金融摩擦，但在危机时期金融部门的脆弱性却加剧了不稳定。这种逆向反馈循环和流动性螺旋会导致非线性效应，并且有可能引发信贷紧缩（Brunnermeier et al.，2012）。当代宏观经济模型一直致力于捕捉金融和实体部门之间的互动，虽然这些模型在细节上有所不同，但它们有几个共同的关键特征：借款人资产负债表的稳健程度（以资产净值衡量）会影响信贷获取，进而影响消费能力。反过来，金融危机是借款人资产负债表急剧收缩的时期，导致信贷流动严重中断。随之而来的是支出和经济活动的大幅下滑（Gertler & Gilchrist，2018）。

早期的文献大多关注资产负债表约束对非金融企业的影响，近期的研究已经迅速扩展到家庭部门和金融企业部门。事实上，在本次金融危机中，这三个行业都出现了财务困境。而且，在本次金融危机中，最初易受金融危机影响的主要是高杠杆家庭和高杠杆银行。因此，在 Mian 和 Sufi（2014）以及 Mian 等（2013）开创性的实证工作的推动下，Eggertsson 和 Krugman（2012）、Justiniano 等（2010）、Guerreri 和 Lorenzoni（2017）等的研究纳入了对家庭的资产负债表约束。金融市场的困境引发了其他研究，如 Gertler 和 Kiyotaki（2011），He 和 Krishnamurthy（2013），Brunnermeier 和 Sannikov（2014）将对银行的资产负债表约束纳入其中。在这些研究中，金融加速器机制仍在发挥作用，但危机通过不同经济部门的传导，与实际发生的情况更为接近。

金融危机显然是高度非线性的事件，因为危机的典型特征是信贷利差的大幅上升，资产价格和产出的大幅收缩，然而，在繁荣时期却并没有经历这些变量的对称反向运动。此外，金融危机期间经济急剧收缩，其原因往往并非遭受了任何直接的重大非金融冲击，就像 2008 年最后几个月的美国经济一样。因此，在模型中如何产生非线性动态，是近期研究的另一个重要特征。

早期的金融加速器模型考虑的是确定性稳态周围的对数线性近似，无法捕捉非线性动力学。最近的研究以多种方式来处理这个问题。Mendoza（2010）、He 和 Krishnamurthy（2014）在模型设定中允许资产负债表约束只在经济衰退时期有效，而在繁荣时期无效。换句话说，繁荣时期的经济在很大程度上表现得就像没有摩擦的金融市场。然而，负面扰动可能会将经济带入一个约束条件具有约束力的地区，从而放大冲击对经济低迷的影响。Brunnermeier 和 Sannikov（2014）的研究框架还指出，出于预防的原因，借款人在应对资产负债表收缩时减少的支出要多于在应对类似规模的增长时增加的支出。这种不对称可以帮助解释，为何在最近的经济衰退期间，家庭消费对削弱家庭资产负债表的房价收缩的反应，要强于对早些时候房价上涨的反应。Gertler 等（2017）将银行挤兑作为非线性的关键来源。这里的关键因素是像投资银行这样的金融机构是否能够展期他们的短期贷款。在这种模式下，在银行资产负债表健康的正常时期，放贷者相信，即使其他债权人不展期，银行也有资源偿还债务。然而，在银行资产负债表疲弱的经济低迷时期，如果其他债权人撤资，银行就不能再确定自己的存款是否安全。因此，一种自我实现的展期恐慌成为可能，这将导致信贷利差出现高度非线性的上升，资产价格和产出出现大幅收缩。

五　异质性代理人模型

国际金融危机和大衰退的不断发展清晰表明，一切都源于房地产和信贷市场。房价暴跌对不同家庭造成的影响是不同的，这取决于家庭资产负债表的状况。家庭财富损失转化为消费支出下降，其程度是由边际消费倾向决定的，而边际消费倾向也是非常不均匀的，而且与家庭获得流动性的能力密切相关（Mian et al.，2013；Kaplan et al.，2014）。最后，总消费需求的下降和银行对企业贷款的同期崩溃导致劳动力需求严重收缩，这种收缩在不同职业和技能水平上表现得也不均衡。所有这些都是在收入和财富不平等长期加剧的背景下发生的。

上述现象包含着各种类型的异质性，用代表性代理人方法来分析经济周期，其局限性暴露无遗。针对代表性代理人设定的这些局限性，出现了一个结合异质性代理人（Heterogeneous Agent，HA）和新凯恩斯主义（NK）模型的关键特征的新框架，即异质性代理人新凯恩斯主义模型（HANK）（Kaplan & Violante，2018）。HANK 模型提供了对家庭消费行为更为准确的描述，能够生成现实的收入、财富分配以及家庭资产负债表。与此同时，它还可以容纳许多宏观经济波动的来源，包括由总需求驱动的冲击。总而言之，它为定量分析截面分布与总量动态之间的相互作用提供了一个丰富的理论框架。

具有代表性代理人设定的传统新凯恩斯主义（RANK）和 HANK 框架之间具有相似性，关键取决于所分析的冲击。为了应对家庭贴现因素变化引起的需求冲击，HANK 和 RANK 通过基本相同的经济机制产生了相同的总量动态。为了应对技术冲击，这两种模型也产生了类似的总量动态，但通过的经济机制不同。在财政和货币政策冲击之后，这两种模型产生了不同的总量动态学。这些差异反映了这样一个事实，即在 HANK 模型中，家庭消费对收入更敏感，而对利率的敏感程度低于

RANK 模型。有关经济周期波动的有些重要宏观经济问题只能在 HANK 模型中处理，因为在该模型中总需求冲击具有更合理的微观基础，比如通过借款能力和未保险收入的意外变化，而不是家庭更加耐心。

其实，异质性代理人设定的产生几乎和 DSGE 框架一样久远，但一直主要用于研究消费和储蓄行为、不平等、再分配政策、经济流动性等截面现象，而代表性代理人模型一直是研究经济周期波动现象的基准。造成这种情况的原因有两个：一是计算的复杂性；二是所谓“近似加总”（approximate aggregation）现象（Kaplan & Violante，2018）。随着算法的进步和计算能力的不断提升，第一个问题逐渐得到解决。近年来，很多新的计算方法被提出，也出现了很多可以精确求解的模型。哪种算法和模型会被广泛接受，仍然悬而未决。

Krusell 和 Smith（1998）发现的“近似加总”结果表明，在许多异质性代理人模型中，均衡财富分布的均值足以预测所有相关的未来价格。其基本逻辑是令人信服的：对于利率的动态而言，重要的是持有经济中大部分财富的家庭的行为。这些富裕家庭对波动有很好的保险，他们的储蓄函数与财富大致呈线性关系。面临借款约束（储蓄函数具有曲率）的家庭，其对资本存量和消费的贡献很大程度上无关紧要。因此，在异质性代理人的基准版本中，产出、消费和投资对全要素生产率冲击的总体动态几乎与对应的代表性代理人模型相同。随着时间的推移，“近似加总”被证明具有惊人的稳健性，许多经济学家得出这样的结论：在两种设定下，总体动力学本质上是等价的。正是由于这一误解，放弃代表性代理人设定被大多数经济学家认为只会带来可以忽略的好处与高昂的计算成本。

异质性代理人的引入为 DSGE 的应用提供了更加丰富的场景，相关研究方兴未艾，有很多有希望的发展方向。比如，利用产品市场的搜寻摩擦来使总需求冲击具有实际效应，而不是价格和工资刚性；更加精细地刻画劳动力市场，将相关风险内生化；更加精细地刻画家庭，引入家庭债务和杠杆率；结合金融摩擦模型，引入更加现实的金融中介部门；除了家庭异质性外，还可以纳入异质性的非金融企业和金融部门。

六 小结

除了经验研究和理论研究的划分之外，经济周期理论还可以从思想和方法两个层面去考察。虽然政策制定者和普通民众更关注理论的思想内容，但是现代宏观经济学却越来越变为一门有关模型和方法的学科。正如 Prescott（2006）所言，“宏观经济学”一词的含义已经变为指称所用的研究工具，而不是仅仅指经济周期波动研究本身。理论家从恼人的理解现实和指导政策中抽身而出，专心致力于提供分析工具，这一趋向让人始料不及。宏观经济学的范式转换，与其说是思想的发展和转变，不如说是方法的创造和革新。

国际金融危机和随之而来的大衰退确实改变了宏观经济学，后危机时期的经济周期理论也确实有了新的气象。但是，到目前为止，批评者所企盼的范式转换并没有如期来临。DSGE 框架展现出惊人的包容力和适应性，在引入金融摩擦、异质性代理人、非理性预期等因素后，一些固有的批评得以化解，而近十年来发生的很多宏观经济事实也得到解释。

参考文献

［美］米契尔：《商业循环问题及其调整》，陈福生、陈振骅译，商务印书馆 1962 年版。

［美］约瑟夫·熊彼特：《经济分析史》（第一、二、三卷），商务印书馆 1991 年版。

Adelman, I. and F. L. Adelman, “The Dynamic Properties of the Klein – Goldberger Model”, *Econometrica*, Vol. 27, No. 4, 1959, pp. 596 – 625.

Aikman, David, Oliver Bush, and Alan M. Taylor, “Monetary Versus Macroprudential Policies: Causal Impacts of Interest Rates and Credit Controls in the Era of the UK Radcliffe Report”, NBER Working Paper No. 22380, 2018.

Benes, Jaromir, and Michael Kumhof, “The Chicago Plan Revisited”,

IMF Working Paper WP/12/202, Research Department, Washington D. C, 2012.

Blanchard, Olivier, "On the future of macroeconomic models", *Oxford Review of Economic Policy*, Vol. 34, No. 1 – 2, 2018, pp. 43 – 55.

Brunnermeier, Markus K., and Yuliy Sannikov, "A Macroeconomic Model with a Financial Sector", *American Economic Review*, Vol. 104, 2014 (2): 379 – 421.

Brunnermeier, Markus K., Thomas M. Eisenbach, and Yuliy Sannikov, "Macroeconomics with Financial Frictions: A Survey", NBER Working Paper No. 18102, 2012.

Buiter, Willem H., 2009, "The Unfortunate Uselessness of Most 'State of the Art' Academic Monetary Economics", Willem Buiter's Maverecon, http://blogs.ft.com/maverecon/2009/03/.

Caballero, Ricardo J., "Macroeconomics after the Crisis: Time to Deal with the Pretense – of – Knowledge Syndrome", *Journal of Economic Perspectives*, Vol. 24, 2010, pp. 85 – 102.

Christiano, Lawrence J., Martin S. Eichenbaum, and Mathias Trabandt, "On DSGE Models", *Journal of Economic Perspectives*, 2018, 32 (3): 113 – 40.

Colander, David, Peter Howitt, Alan Kirman, Axel Leijonhufvud and Perry Mehrling, "Beyond DSGE Models: Toward an Empirically Based Macroeconomics", *American* Economic Review, Vol. 98, 2008, pp. 236 – 240.

Eggertsson, Gauti B., and Paul Krugman, "Debt, Deleveraging, and Liquidity Trap: A Fisher – Minsky – Koo Approach", *Quarterly Journal of Economics*, Vol. 127, 2012 (3): 1469 – 1513.

Friedman, Milton, "The Role of Monetary Policy", *American Economic Review*, Vol. 58, 1968, pp. 1 – 17.

Friedman, Milton, and Anna Schwartz, *A Monetary History of the United States* 1867 – 1960, Princeton: Princeton University Press, 1963.

Frisch, Ragnar, "Propagation Problems and Impulse Problems in Dynamic

Economics", Economics Essays in Honor of Gustav Cassel. London: George Allen Unwin, 1933, pp. 171 –205.

Galí, Jordi, "The State of New Keynesian Economics: A Partial Assessment", *Journal of Economic Perspectives*, 2018, 32 (3): 87 –112.

Gertler, Mark, and Nobuhiro Kiyotaki, "Financial Intermediation and Credit Policy in Business Cycle Analysis", Chap. 11 in *Handbook of Monetary Economics*, Vol. 3A, edited by Benjamin M. Friedman, and Michael Woodford. Amsterdam, Netherlands: Elsevier, 2011.

Gertler, Mark, and Simon Gilchrist, "What Happened: Financial Factors in the Great Recession", *Journal of Economic Perspectives*, Vol. 32, No. 3, 2018, pp. 3 –30.

Gertler, Mark, Nobuhiro Kiyotaki, and Andrea Prestipin, "A Macroeconomic Model with Financial Panics", NBER Working Paper, No. 24126, 2017.

Goodfriend, M. and King, R., "The New Neoclassical Synthesis and the Role of Monetary Policy", In: Bernanke, B., and Rotemberg, J. (Eds.), *NBER Macroeconomics Annual.* MIT Press, Cambridge, MA, 1997, pp. 231 –295.

Guerrieri, Veronica, and Guido Lorenzoni, "Credit Crises, Precautionary Saving and the Liquidity Trap", *Quarterly Journal of Economics*, Vol. 132, 2017 (3): 1427 –1467.

He, Zhiguo, and Arvind Krishnamurthy, "Intermediary Asset Pricing", *American Economic Review*, Vol. 103, 2013 (2): 732 –770.

He, Zhiguo, and Arvind Krishnamurthy, "A Macroeconomic Framework for Quantifying Systemic Risk", NBER Working Paper, No. 19885, 2014.

Hicks, John, "Mr. Keynes and the Classics. A Suggested Interpretation", *Econometrica*, Vol 5, 1937, pp. 147 –159.

Hoover, Kevin D., "Man and Machine in Macroeconomics", Center for the History of Political Economy Working Paper Series 2012 –07, Center for the History of Political Economy.

Justiniano, Alejandro, Giorgio E. Primiceri, and Andrea Tambalotti, "Investment Shocks and Business Cycles", *Journal of Monetary Economics*, Vol. 57, 2010 (2): 132 – 45.

Kaplan, Greg, and Giovanni L. Violante, "Microeconomic Heterogeneity and Macroeconomic Shocks", *Journal of Economic Perspectives*, 2018, 32 (3): 167 – 194.

Kaplan, Greg, Gianluca Violante, and Justin Weidner, "The Wealthy Hand – to – Mouth", *Brookings Papers on Economic Activity*, No. 1, 2014, pp. 77 – 138.

Kehoe, Patrick J., Virgiliu Midrigan, and Elena Pastorino, "Evolution of Modern Business Cycle Models: Accounting for the Great Recession", *Journal of Economic Perspectives*, 2018, 32 (3): 141 – 166.

Keynes, John Maynard, 1936, *The General Theory of Employment, Interest, and Money*, London: Macmillan.

King, Robert G. and Sergio T. Rebelo, "Resuscitating Real Business Cycles", NBER Working Papers, No. 7534, 2000.

Kirman, Alan, "The Economic Crisis is a Crisis for Economic Theory", *CESifo Economic Studies*, Vol. 56, 2010, pp. 498 – 535.

Klein, Lawrence Robert and Arthur Stanley Goldberger, *An Econometric Model of the United States*, 1929 – 1952, Amsterdam: North Holland Publish Company, 1955.

Krusell, Per, and Anthony A. Smith, 1998, "Income and Wealth Heterogeneity in the Macroeconomy", *Journal of Political Economy*, Vol. 106, 1998 (5): 867 – 896.

Kydland, Finn E. and Edward C. Prescott, "Time to Build and Aggregate Fluctuations", *Econometrica*, Vol. 50, 1982, pp. 1345 – 1370.

Lucas, Robert E. and Thomas Sargent, 1978, "After Keynesian Macroeconomics", in *After the Phillips Curve: Persistence of High Inflation and High Unemployment*, Boston, MA: Federal Reserve Bank of Boston.

Lucas, Robert E., "Econometric Policy Evaluation: A Critique", *Carnegie – Rochester Conference Series on Public Policy*, Vol. 1, 1976, pp.

19 -46.

Lucas, R. E. , Jr. , "Understanding Business Cycles", In *Carnegie - Rochester Conference Series on Public Policy*, Vol. 5, 1977, pp. 7 -29.

Mankiw, N. Gregory and David Romer (Eds.), 1991, *New Keynesian Economics*, Cambridge: MIT Press.

Mendoza, Enrique G. , "Sudden Stops, Financial Crises, and Leverage", *American Economic Review*, Vol. 100, 2010 (5): 1941 -1966.

Mian, Atif and Amir Sufi, "What Explains the 2007 -2009 Drop in Employment", *Econometrica*, Vol. 82, 2014 (6): 2197 -2223.

Mian, Atif, Kamalesh Rao, and Amir Sufi, "Household Balance Sheets, Consumption, and the Economic Slump", *Quarterly Journal of Economics*, Vol. 128, 2013 (4): 1687 -1726.

Phelps, Edmund. S. , "Phillips Curves, Expectations of Inflation and Optimal Unemployment over Time", *Economica*, Vol. 34, No. 135, 1967, pp. 254 -281.

Phillips A. W. , "The Relation between Unemployment and the Rate of Change of Money Wage Rates in the United Kingdom, 1861 -1957", *Economica*, Vol. 25, 1958, pp. 283 -299.

Prescott, Edward C. , "Nobel Lecture: The Transformation of Macroeconomic Policy and Research", *Journal of Political Economy*, 2006, 114 (2): 203 -235.

Romer, Paul, "The trouble with macroeconomics", The American Economist, 2016, www. sagepub. com.

Samuelson, Paul A. ,: "Interactions between the Multiplier Analysis and the Principle of Acceleration", *Review of Economic Statistics*, Vol. 21, 1939, pp. 75 -78.

Samuelson, Paul A. , *Economics* (3rd edition), New York: McGraw - Hill, 1955.

Sims, Christopher A. , "Macroeconomics and Reality", *Econometrica*, Vol. 48, 1980, pp. 1 -48.

Slutzky, Eugen: "The Summation of Random Causes as the Source of Cycle

Processes", *Econometrica*, Vol. 5, 1937, pp. 105 – 146.

Snowdon, Brian, and Howard R. Vane, *Modern Macroeconomics: Its Origins, Development and Current State*, Cheltenham: Edward Elgar, 2005.

Solow, Robert M., "Toward a Macroeconomics of the Medium Run", *Journal of Economic Perspectives*, Vol. 14, No. 1, 2000, pp. 151 – 158.

Stock, J. H., and M. W. Watson, "Vector Autoregressions", *Journal of Economic Perspectives*, Vol. 15, 2001, pp. 101 – 115.

Summers, Lawrence H., "Some Skeptical Observations on Real Business Cycle Theory", *Federal Reserve Bank of Minneapolis Quarterly Review*, 1986, 10 (4), pp. 23 – 27.

Taylor, John B., "Macroeconomic Lessons from the Great Deviation", *NBER Macroeconomics Annual*, Vol. 25, No. 1, 2010, pp. 387 – 395.

Vines, David, and Samuel Wills, "The rebuilding macroeconomic theory project: An analytical assessment", *Oxford Review of Economic Policy*, Vol. 34, No. 1 – 2, 2018, pp. 1 – 43.

Woodford, Michael, *Revolution and Evolution in Twentieth – Century Macroeconomics*, Manuscript, Princeton University, 1999.

Woodford, Michael, "Convergence in Macroeconomics: Elements of the New Synthesis", *American Economic Journal*: Macroeconomics, Vol. 1, 2009, pp. 267 – 279.

第二章　中国经济周期波动的历史考察

一　引言

2018 年 12 月 18 日，中国举办了“庆祝改革开放 40 周年大会”，这象征着中国在过去近半个世纪的时间里所取得的伟大成就。而在众多的成绩中，经济成就无疑是最耀眼的一环。通过 40 年的发展，中国从一个世界上最贫穷的国家转变为一个中等收入国家，并即将迈过高收入国家的门槛。当然在整个经济增长的过程中，中国也经历了经济增速的起起落落。尤其 2008 年国际金融危机爆发后，中国经济出现了一个显著的经济增速放缓趋势。经济学将总产出围绕长期趋势周期性偏离的现象称为经济周期。本章要做的就是考察改革开放以来中国经济周期波动的轨迹特征，并剖析其运行背后的基本原理。

本章后面的论述包含四个部分。第二部分介绍改革开放以来中国经济周期波动的基本轨迹，使我们对过去 40 年的经济周期波动有个基本的了解。分析发现，中国 1978—2017 年一共经历了四轮周期，分别为 1978—1988 年、1988—1996 年、1996—2007 年、2007 年至今。该划分不仅与中国的重大历史经济事件相吻合，对于不同的趋势和周期分离方法也是稳健的。第三部分从供给和需求两方面对中国经济周期波动的特征事实加以描述。分析发现中国的经济结构并不稳定，但投资始终是中国经济增长的主要驱动力；中国目前正处于改革开放以来最漫长的经济减速期，且尚未出现显著的复苏迹象。第四部分通过经济周期核算方法（Business Cycle Accounting）剖析中国经济周期波动背后的运行机理，并重点考察了目前中国所处的经济周期阶段。研究发现，人口、外贸等条件的变化是中国经济增速出现显著下滑的重要诱因。政府通过短期拉动需求的经济刺激政策来应对，一定程度上可以稳定经济增长，但是要避免造成要素投入的扭曲，从而陷入越减速越刺激，越刺激越扭曲，越扭曲越减速的恶性循环。第五部分是结论和政策建议。

二　中国经济周期波动的基本轨迹

中国自 1978 年以来在经济增长方面取得了举世瞩目的成就。虽然受 1998 年亚洲金融风暴和 2008 年国际金融危机的冲击，中国在过去 40 年的年平均人均实际国内生产总值增速依然达到了 7.9%①，总的经济规模增长超过 30 倍。另外在摆脱贫困方面，中国尽管在改革开放初期是世界上最贫穷的国家，人均收入仅有当时撒哈拉以南非洲国家人均收入的 1/3，但预计到 2020 年中国将实现全面脱贫，贫困人口累计减少超过 7 亿人。显然，无论从哪方面看，我们都可以将中国过去 40 年的经济表现称为“经济奇迹”。当然，在各种内外部因素的作用下，中国经济的增长并不是线性的，而本部分要做的就是找出对中国经济长期趋势的周期性偏离，即经济周期。

对时间序列进行趋势和周期分离的方法有很多，包括对数二次退势（Log - Quadratic Detrending，LQD）、HP 滤波、BP 滤波、Kalman 滤波等。每种方法都有各自的优缺点，这里我们首先用 LQD 方法找出中国经济过去 40 年的趋势和周期。具体而言，令 y_t 表示原时间序列的对数值，y_t^s 和 y_t^c 分别代表 y_t 的趋势和周期：

$$y_t \equiv y_t^s + y_t^c$$

对于 t = 0，1，2，…，y_t^s 和 y_t^c 分别通过对如下方程回归估计得到：

$$y_t = a + b \cdot t + c \cdot t^2 + \varepsilon_t$$

其中，$\hat{y}_t^s = \hat{a} + \hat{b} \cdot t + \hat{c} \cdot t^2$

$$\hat{y}_t^c = y_t - \hat{y}_t^s$$

① 这里及其下文所指的人均变量都是以 15—64 岁的劳动年龄人口数作为分母。

图 2－1 给出了用上述方法计算得到的 1978—2017 年的经济趋势和经济周期。从图中我们可以看出，根据“峰—峰”的经济周期划分方法，改革开放以来中国至少经历了 1978—1988 年、1988—1996 年、1996—2007 年、2007 年至今四轮经济周期。回顾历史，我们可以将一些重大的经济历史事件与各轮周期，尤其是经济增速的减速期联系起来，例如：1978—1983 年，由于财政赤字过高而对经济的投资规模进行压缩所引致的经济降速；1988—1991 年，为应对恶性通货膨胀，政府对投资和货币供给“急刹车”所引致的经济降速；1996—2001 年针对经济过热而采取的适度从紧的宏观调控政策，以及受 1998 年亚洲金融风暴的影响导致经济增速进一步的下滑；2007 年至今，由国际金融危机所引发的全球经济不景气，以及我国内部经济结构因素，尤其是人口因素所导致的经济增速的长时间下滑。

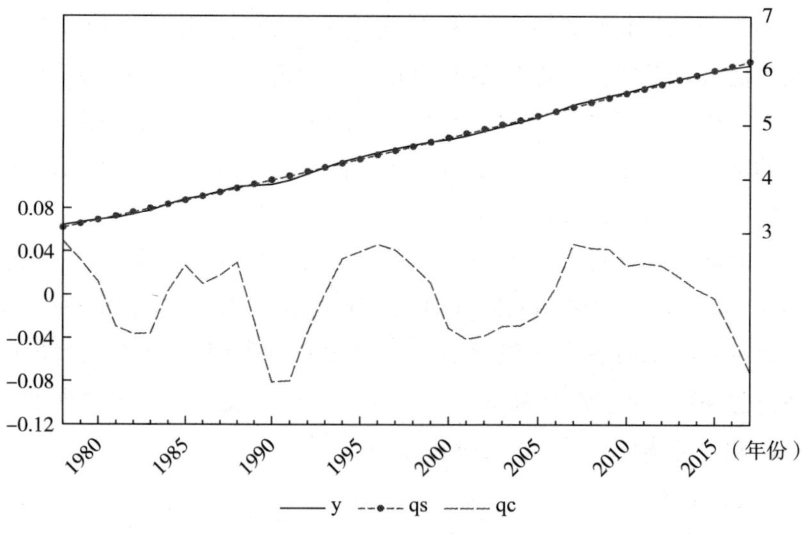

图 2－1 中国 1978—2017 年的经济趋势和经济周期（LQD 方法）

注：y 代表人均实际 GDP 的对数值，qs 和 qc 分别代表 y 二次退势后的趋势和周期；y 和 qs 取右坐标，qc 取左坐标。

除 LQD 方法外，HP 滤波也是宏观经济学文献中常用的一种对时间序列进行周期性分离的统计方法。HP 滤波的计算原理如下：

$$\min\left\{\sum_{t=1}^{T}(y_t^c)^2+\lambda\cdot\sum_{t=2}^{T-1}[(y_{t+1}^s-y_t^s)-(y_t^s-y_{t-1}^s)]^2\right\}$$

其中，λ 为平滑系数，也被称作 HP 滤子，其表示对于趋势增长率变动的惩罚权重。λ 越大，HP 滤波将原时间序列的波动更多地归因于周期。在极端情况下，当 λ→∞，由 HP 滤波得到的趋势部分是关于时间的线性函数；当 λ =0，HP 滤波则将 y_t 的所有变动都认定为是趋势波动，而完全没有周期成分。不考虑极端情形，如果样本时间序列的频率越低，通常认为其波动更多反映的是趋势的变化，λ 取值就越低。例如，人们习惯上对于季度数据的 λ 取 1600，对于年度数据的 λ 取 100。

图 2 -2 给出了通过上述两种方法计算得到的 1978—2017 年对数人均实际 GDP 趋势和周期，样本研究对象依然为 1978—2017 年的年度数据。从图中我们可以看出，LQD 方法和 HP 滤波方法得到的结果十分接近——趋势部分几乎重叠，周期的相关性也高达 0. 95。换言之，上文对于改革开放以来中国的经济周期划分不仅与重大历史经济事件相吻合，而且对于不同的经济周期，处理方法也是稳健的。

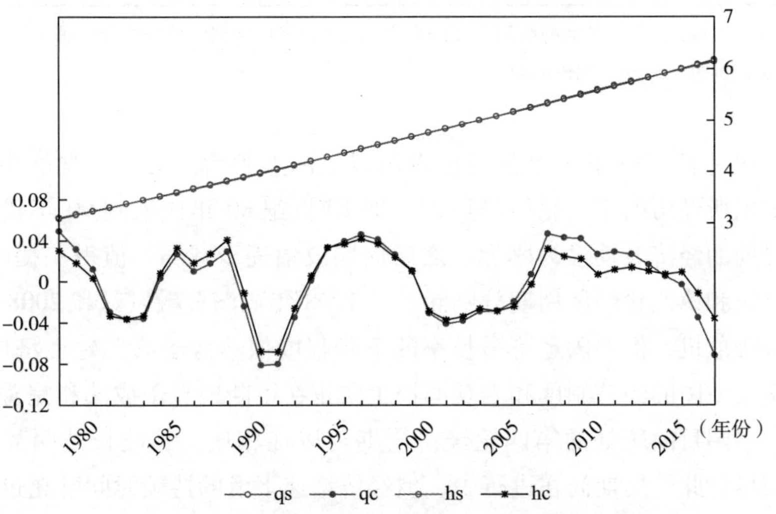

图 2 -2　中国 1978—2017 年的经济趋势和经济周期
（LQD 方法和 HP 滤波）

注：（1） qs 和 qc 分别代表对数人均实际 GDP 二次退势后得到的趋势和周期；hs 和 hc 分别代表对数人均实际 GDP 进行 HP 滤波后的趋势和周期；qs、hs 取右坐标；qc、hc 取左坐标。

（2） qs 和 hs 几乎重合。

表 2－1 进一步给出了 1978 年以来中国各轮经济周期的具体特征，包括经济周期的波动幅度和经历的波长。具体的，表中的波峰为 y_t^c 在每轮经济周期的初始值，波谷为 y_t^c 在每轮经济周期的最低值，波幅为 y_t^c 在各轮周期中从波峰到波谷的下降程度，波长为各轮经济周期的完整持续时间，减速期为每轮经济周期从波峰到波谷的持续时间，增速期为每轮经济周期从波谷到波峰的持续时间，即该轮周期结束的持续时间。

表 2－1　　中国 1978 年以来各轮周期的具体特征

序号	区间（年）	波峰	波谷	波幅	波长	减速期	增速期
1	1978—1988	3. 03	－3. 63	6. 66	10	4	6
2	1988—1996	4. 09	－6. 83	10. 92	8	3	5
3	1996—2007	4. 19	－3. 72	7. 91	11	5	6
4	2007—2017	3. 23	－3. 60	6. 83	10	10	Na.

注：波峰、波谷、波幅的单位为%；波长、减速期、加速期的单位为年；第 4 轮经济周期尚未出现明确的经济增速回调信号。

通过表 2－1 我们至少可以做出以下两点判断：第一，改革开放以来中国所经历的第二轮经济周期，即 20 世纪 80 年代末到 90 年代初这段时期的经济波动最为剧烈，之后周期波幅逐步减弱。值得一提的是，第三轮和第四轮经济周期分别涵盖了 1998 年亚洲金融风暴和 2008 年国际金融危机，但中国经济增长率的下降程度依然低于第二轮经济周期，这说明中国的经济制度和宏观调控手段正在不断地趋于成熟和完善。第二，中国目前所处的第四轮经济周期与以往相比，其波长被明显地拉长。尽管此轮周期尚在进行中，但经济增速下滑的持续时间已超过了以往任何一轮周期的减速期，且至今仍未出现明确的经济复苏信号。有学者认为中国此轮的经济降速有别于以往的“U”形或“V”形，而是“L”形，即经济增速将会长时期地在中低位水平徘徊。显然，种种迹象显示，中国作为一个处于转型期的发展中国家，其在经济发展的不同阶段有着显著的不同特征，在分析时应加以区别对待。

三　改革开放以来中国经济周期波动的特征事实

本部分我们将从需求和供给两方面来描述中国的经济周期波动。在通常情况下，人们习惯于使用季度数据作为考察经济周期波动的样本数据。但由于中国缺乏支出法 GDP 和就业人数的季度数据，因此我们以年度数据作为样本分析对象。

（一）需求分析

具体的，本部分以国内生产总值代表总产出，居民消费支出和政府消费支出的加总代表消费，固定资本形成总额代表投资，货物与服务的净出口加上存货变动代表外贸余额。所有数据都通过 2000 年为基期的 GDP 平减指数以及劳动年龄人口数转化为相应的实际人均数据。需要注意的是，本部分的消费数据对应于耐用品、非耐用品和服务消费三者的加总。根据经济学定义，耐用品消费应归属于投资而非消费，许多研究发达国家或地区经济周期波动的文献也都将耐用品消费归为投资。另外从统计角度看，耐用品消费的波动性要远高于非耐用品和服务消费的波动性，因此不宜将两者简单地混为一谈。但由于中国缺乏对耐用品消费支出的细分数据，因此本部分采用的消费数据的波动性要比标准定义下消费数据的波动性大得多。

图 2 -3 给出了中国 1978—2017 年人均实际产出、消费、投资和外贸的波动情况，其中每个变量先取对数，再通过 HP 滤波保留各自的周期。从图中我们可以看出：就波动性而言，中国的外贸波动最为剧烈，投资其次，产出和消费波动性最低；就与产出的相关性而言，消费和投资都与产出有着较强的相关性，外贸变动同产出的相关性较弱。除此之外，我们还发现变量间的相互关系在样本的不同区间有着显著的差别。例如，在 1997 年以前，产出和消费的波动几乎是同步的；但在 1997 年以后，两者的相关性显著减弱，甚至出现反向波动的情形。类似的，外贸同产出的相关性在 1997 年以前很弱；但随着中国对外开放程度的不断扩大，两者的相关性自 1997 年以来有了显著的提高。

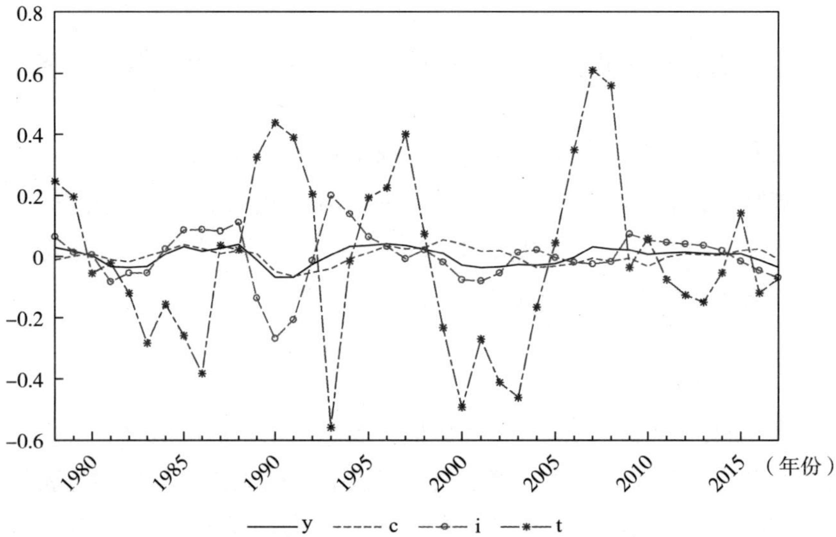

图 2-3　中国 1978—2017 年产出及其各组成部分的经济周期波动

注：y、c、i、t 分别代表 GDP、最终消费、固定资本形成总额、贸易余额与存货变动的加总，所有变量均为对数人均实际变量经 HP 滤波后的周期。

为了能够更准确地掌握主要宏观经济变量的动态关系，表 2-2 给出了产出、消费、投资、外贸在不同样本区间的二阶矩。从表中我们可以看出：第一，中国经济日趋稳定，自 2007 年以来产出波动不到 1997 年以前产出波动的一半；第二，产出与消费的相关关系在逐步减弱，甚至在 2007 年以后出现了负相关关系；第三，产出与投资的关系在 1997—2007 年出现了一定程度的下降，但之后又有了显著的回升；第四，产出与外贸的关系在 1997 年之后得到了显著的提高，尤其是 1997—2007 年更是高达 0.78。

（二）供给分析

本部分假设经济中一共包括资本和劳动两种生产要素。其中对于资本存量，假设资本的折旧年限为 15 年，并通过永续盘存法利用期初资本存量以及各期的投资数据计算得到。对期初（1978 年）的资本存量，本部分借鉴 Young（2003）的做法，利用折旧率与 1979—1983 年年均投资增长率之和去除 1978 年的实际投资得到。对于劳动投入，由于中

表 2-2　　　　中国分阶段各主要宏观经济变量的周期性特征

变量		标准差（%）	各变量与产出的跨期相关系数（滞后期数）				
			-2	-1	0	1	2
1978—2017 年	产出	2.98	0.18	0.69	1	0.69	0.18
	消费	2.73	-0.28	0.07	0.49	0.58	0.41
	投资	8.64	0.37	0.70	0.75	0.30	-0.22
	外贸	28.55	0.01	0.11	0.18	0.19	0.22

(a)

变量		标准差（%）	各变量与产出的跨期相关系数（滞后期数）				
			-2	-1	0	1	2
1978—1996 年	产出	3.58	0.04	0.64	1	0.64	0.04
	消费	3.00	-0.13	0.30	0.74	0.70	0.28
	投资	11.81	0.34	0.79	0.84	0.30	-0.33
	外贸	27.08	-0.49	-0.47	-0.24	0.05	0.44

(b)

变量		标准差（%）	各变量与产出的跨期相关系数（滞后期数）				
			-2	-1	0	1	2
1997—2007 年	产出	2.82	0.11	0.55	1	0.55	0.11
	消费	3.07	-0.52	-0.23	0.26	0.58	0.73
	投资	3.64	0.28	0.36	0.37	0.11	-0.43
	外贸	37.63	0.42	0.69	0.78	0.14	-0.23

(c)

变量		标准差（%）	各变量与产出的跨期相关系数（滞后期数）				
			-2	-1	0	1	2
2008—2017 年	产出	1.76	0.00	0.39	1	0.39	0.00
	消费	1.71	-0.44	-0.67	-0.13	-0.09	-0.18
	投资	4.75	0.27	0.43	0.71	0.46	0.15
	外贸	21.20	-0.14	0.32	0.40	-0.04	-0.06

(d)

注：所有变量均为人均实际变量的对数值，并通过 HP 滤波保留周期；外贸中包含了存货的变动。

国缺乏工作时间数据，假设每位劳动者的劳动时间是固定的，因此人均劳动的变化主要取决于就业率的变化。由于国家统计年鉴在 1990 年前后的就业人口数据经过了重大的统计调整，因此 1978—1989 年的就业数据取自 Holz（2005），1990 年以后的数据取自国家统计年鉴。

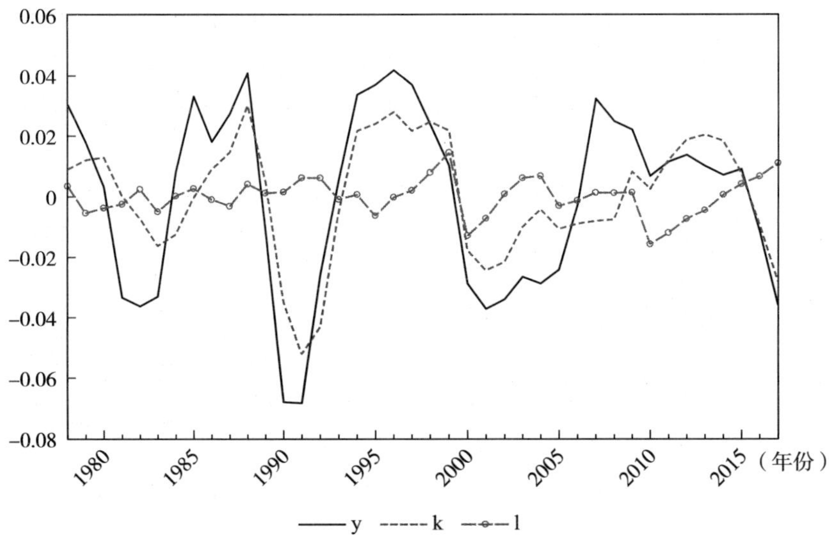

图 2－4　中国 1978—2017 年的产出、资本与劳动的周期

注：y、k、l 分别代表经 HP 滤波后的对数人均实际产出、对数人均资本存量和对数人均劳动的周期。资本存量数据利用永续盘存法计算得到，其中投资为各期的资本形成总额，期初资本存量借鉴 Young（2003）的做法，利用折旧率与 1979—1983 年年均投资增长率之和去除 1978 年的实际投资得到。劳动数据以就业率数据表示，其中 1978—1989 年的就业数据取自 Holz（2005），1990 年以后的就业数据取自国家统计年鉴。

图 2－4 给出了中国 1978 年以来通过 HP 滤波得到的产出、资本存量和劳动的周期。从图中我们可以看出，产出和资本有着很高的同步性，两者的相关系数达到了 0.82。劳动的波动则相对平稳，对产出的解释能力较弱，笔者认为这在一定程度上是由我国较差的劳动数据质量导致的。另外，从样本区间最后 10 年的图形表现上我们可以看出，除 2008 年国际金融危机的冲击外，目前中国经济的降速主要是由投资不振引发的，劳动供给对于经济的负面影响在周期层面几乎不存在。

对本部分进行归纳，我们可以做以下几点总结：第一，中国的经济结构并不稳定，它在1997年和2007年这两个时间节点上都发生了显著的变化；第二，投资始终是中国经济增长的主要推动力，外贸影响则随着中国对外开放程度的扩大而有所加深；第三，中国正处于改革开放以来最长的经济减速期，且尚未出现明显的复苏迹象；第四，至少从已有的数据上看，中国的劳动和产出在周期层面的关系并不密切。

四　危机后中国经济周期波动的运行机理

本部分借鉴Brinca等（2016）的经济周期核算（Business Cycle Accounting，BCA）方法，对危机过后中国经济周期波动背后的运行机理进行剖析，进而对上文给出的经济周期波动的特征事实做出解释。

（一）相关文献

BCA方法最初由Mulligan（2002）、Chari等（2002）提出的一种经济周期分析方法，Brinca等（2016）对其进行了详细的归纳总结。该方法主要包括以下步骤：第一，构建一个包含各种时变楔子的原模型。楔子是指对经济的扭曲，它的引入主要用于说明实际数据与模型预测之间存在的偏差。第二，利用数据计算各期楔子的具体数值。本部分所构建的模型包含影响生产效率、投资决策、劳动供给和国际贸易四种楔子，将实际数据代入原模型，能够得到各个楔子在整个样本区间内的具体数值。第三，评估经济周期波动中起主导作用的楔子。通过反事实模拟，我们可以得到各个楔子或楔子的组合对于主要宏观经济变量波动的边际贡献，以此找出各个时期引致经济周期波动的主导楔子，进而为理论研究以及相应的政策建议提供有益的借鉴。

BCA的主要目的是找出经济中影响经济周期波动的主要扭曲。当人们对某段时期经济波动背后的原因存在分歧时，BCA能够帮助人们对这些可能的原因进行筛选。而事实上，但凡人们在遇到经济的重大波动时，无论是国内还是国外，其解读往往是不同的，这就为BCA方法留出了很好的发挥平台。目前，BCA已被广泛地运用于各国或地区的研究，包括被用于分析美国经济（Christiano et al.，2015）、东亚经济体（Cho and Doblas－Madrid，2013）、日本经济（Chakraborty，2009）、英国经济（Kersting，2008）、墨西哥经济（Meza，2008）等。国内学者，如蒋涛（2013）、吕一清和邓翔（2017）也利用该方法分析中国问题。基于已有的研究，本部分进一步利用 BCA 方法对危机后中国的经济周期波动加以分析，并且针对中国作为一个转型期的发展中国家，经济结构并不稳定的特点，对楔子的估计方法加以修正，以使研究结果更加准确。

（二）模型构建

本部分构建的原模型重点参考了 McGrattan（2006），并在其基础上进行了一定程度的修正。McGrattan（2006）所构建的模型是同时包含了对效率、消费、投资、资本、工资、政府支出扭曲的封闭条件下的 RBC 模型，其中政府消费支出近似地对应于政府消费支出和外贸余额的加总。由于该模型的封闭经济假定，使其无法考察外部经济波动对于国内经济的冲击。但由上文的分析可知，中国的对外开放程度在不断地扩大，本国实体经济与国际贸易之间的联系也自然越来越紧密。另外，自 2008 年以来，外部经济不景气始终是人们解读中国目前经济低迷的一个重要原因。基于这些考虑，本部分的做法是将 McGrattan（2006）的模型由封闭转为开放，并将政府消费支出与居民消费支出一并归类为消费，而将外贸余额作为单独的外生变量。

假设家庭在各期拥有总量为 1 的时间禀赋，且总的效用由消费和闲暇共同决定，这时家庭的效用函数可表示为：

$$u(c_t,\ l_t) = \ln c_t + \varphi \ln(1 - l_t)$$

其中，c_t 代表 t 期的人均消费，l_t 代表 t 期的人均劳动。考虑到中国缺乏具体的劳动时间数据，因此借鉴 Hansen（1985）、Rogerson（1988）的不可分劳动模型，假设经济中的每个家庭成员只能选择工作与否，但不能决定具体工作时间。同时，根据 King 等（1988）为了使模型在均衡增长路径上维持一致，效用函数中的消费取对数形式。

t 期能够获得的生产技术由 $z_t F_t(K_t,\ L_t)$ 表示，其中，$z_t F_t$ 表示利用 K_t 单位资本和 L_t 单位劳动所生产的总产出。函数 $F_t(\cdot) \equiv K_t^{\alpha} L_t^{1-\alpha}$ 为规模报酬不变的生产函数。z_t 代表全要素生产率，它反映了由各种要素导致的模型预测产出与实际产出之间的偏差。

家庭在各期可以对新的资本进行投资，这时资本的运动方程可以表示为：

$$\eta k_{t+1} = (1-\delta)k_t + i_t \tag{2-1}$$

其中，η 表示人口增长率，k_t 代表 t 期期初的人均资本存量，i_t 表示 t 期的人均投资，δ 代表资本折旧率。

假设每个家庭须缴纳投资税和所得税，则其在各期所面临的预算约束为：

$$c_t + (1+\tau_{it})\ i_t = (1-\tau_{lt})\ w_t l_t + r_t k_t + tr_t \tag{2-2}$$

其中，w_t 代表税前工资率，r_t 代表资本租金率，τ_{it} 和 τ_{lt} 分别代表对投资和工资的税率。tr_t 代表政府在 t 期向各个家庭的人均转移支付，其等于人均税收与净出口 ne_t 的差额。

对所有家庭进行加总，偏好可由如下代表性家庭预期效用现值表示：

$$\sum_{t=0}^{\infty}\beta^t u(c_t, l_t)N_t$$

其中，β 代表时间贴现因子，N_t 代表 t 期的总人口数。将效用函数代入上式，家庭问题可转化为对如下拉格朗日函数求解：

$$L = E\sum_{t=0}^{\infty}\beta^t N_t\{\ln c_t + \varphi\ln(1-l_t) + \lambda_{kt}[(1-\delta)k_t + i_t - \eta k_{t+1}] + \lambda_{bt}[(1-\tau_{lt})w_t l_t + r_t k_t + tr_t - c_t - (1+\tau_{it})i_t]\}$$

分别对 c_t、l_t、i_t 和 k_{t+1} 求解并整理可得如下一阶条件：

$$\frac{\varphi \cdot c_t}{1-l_t} = (1-\tau_{lt})w_t \tag{2-3}$$

$$\frac{1}{c_t}(1+\tau_{it}) = \beta E_t\left\{\frac{1}{c_{t+1}}[(1+\tau_{it+1})(1-\delta) + r_{t+1}]\right\} \tag{2-4}$$

在均衡条件下，工资率和租金率应分别等于劳动和资本的边际产出，因此有：

$$w_t = (1-\alpha)z_t K_t^{\alpha} L_t^{-\alpha} = (1-\alpha)z_t k_t^{\alpha} l_t^{-\alpha} \tag{2-5}$$

$$r_t = \alpha\eta^{(1-\alpha)t} z_t K_t^{\alpha-1} L_t^{1-\alpha} = \alpha\eta^{(1-\alpha)t} z_t k_t^{\alpha-1} l_t^{1-\alpha} \tag{2-6}$$

将式（2-3）与式（2-5）、式（2-4）与式（2-6）相结合可得：

$$\frac{\varphi \cdot c_t}{1-l_t}=(1-\tau_{lt})(1-\alpha)z_t k_t^{\alpha} l_t^{-\alpha} \tag{2-7}$$

$$\frac{1}{c_t}(1+\tau_{it})=\beta E_t\left\{\frac{1}{c_{t+1}}\left[(1+\tau_{it+1})(1-\delta)+\alpha z_{t+1}k_{t+1}^{\alpha-1}l_{t+1}^{1-\alpha}\right]\right\} \tag{2-8}$$

令 y_t 代表经济在 t 期的人均产出，则根据生产技术方程，以及经济在各期的市场出清条件有：

$$y_t=z_t k_t^{\alpha} l_t^{1-\alpha} \tag{2-9}$$

$$y_t=c_t+i_t+ne_t \tag{2-10}$$

综上，模型的均衡条件由式（2-7）—式（2-10）以及资本的运动方程式（2-1）组成，其一共包含了内生变量 $\{y_t, c_t, i_t, k_t, l_t\}$、外生楔子 $\{z_t, ne_t, \tau_{it}, \tau_{lt}\}$ 以及参数 η、α、δ、β 和 φ。

（三）楔子的度量

要计算各个时期对于模型的扭曲，我们须要先估计模型的参数，并将具体数据代入模型得到各楔子的具体数值。

本部分利用1978—2017年中国的宏观经济年度数据来估计参数。具体的，对于模型中的总人口数 N_t，本部分以中国15—64岁劳动年龄人口数表示。总产出、消费、投资和净出口由支出法GDP及其各组成部分计算得到，其中消费由居民消费支出和政府消费支出的加总表示，投资由固定资本形成总额表示，净出口为余值。各个变量均通过2000年为基期的GDP平减指数转化为实际数据，并由劳动年龄人口数转化为人均实际数据。对于劳动，由于中国缺乏劳动时间数据，因此，假设每个劳动者只能选择工作与否，但不能决定劳动时间，即所有劳动者的劳动时间均标准化为1。在该假设条件下，中国在各个时期所能提供的人均劳动由就业率表示。主要宏观经济变量的数据具体见图2-5。

很显然，从图2-5我们可以清晰地看出，除了 ne_t 和 l_t 以外，y_t、c_t、i_t 和 k_t 都有一个很显著的上升趋势，这说明模型中除劳动外各主要宏观经济变量都拥有一个长期的增长趋势。本部分的待估计参数包括人口增长率 η、资本收入份额 α、资本折旧率 δ、时间贴现因子 β 以及闲暇在效用函数中的相对权重 φ。由于这些参数都是一些常见的设定，因此，我们将对这些参数直接进行校准。根据中国1978—2017年劳动年

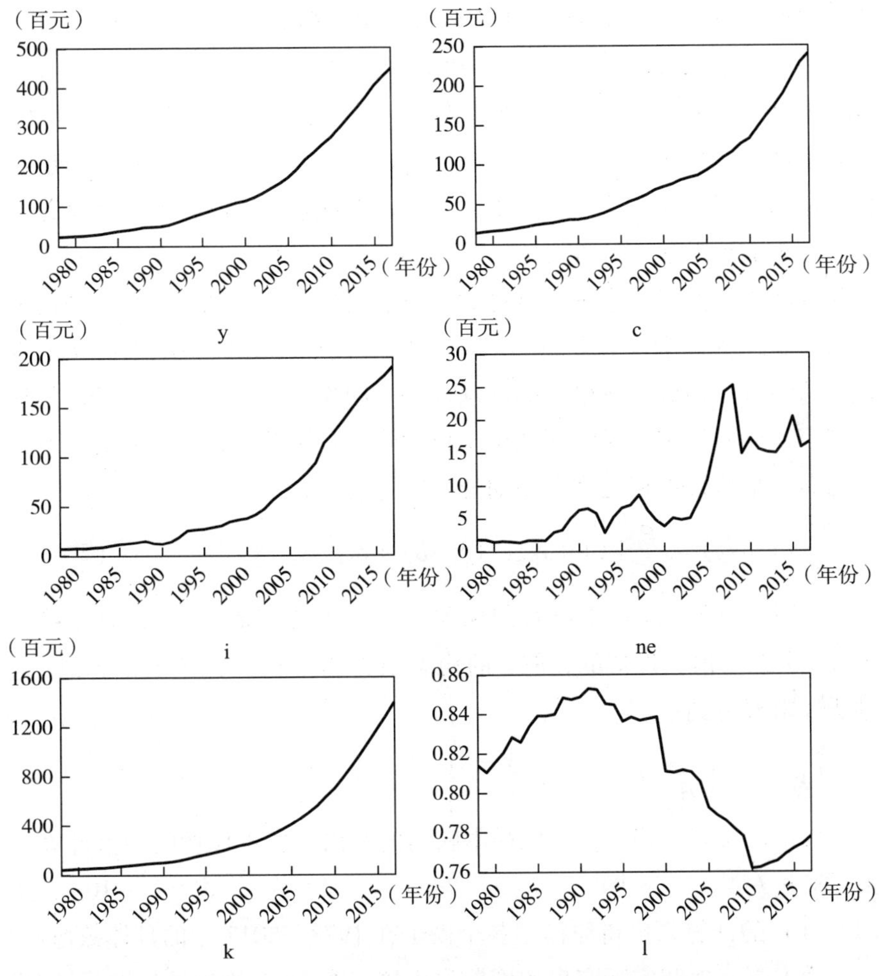

图 2－5　中国 1978—2017 年主要宏观经济数据

注：资本存量 k_t 通过式（2－1）计算得到，其中折旧年限设为 15 年，期初资本存量借鉴 Young（2003）的做法，利用折旧率与 1979—1983 年年均投资增长率之和去除 1978 年的实际投资得到。

龄人口的年均增长率和平均资本收入份额，分别将 η 和 α 校准为 1.015 和 0.5。假设资本的平均折旧年限为 15 年，因此，δ 校准为 1/15。由于本部分选择年度数据，故而将时间贴现因子 β 校准为 0.98。最后，对于闲暇在效用函数中的相对权重，根据式（2－13）在稳态时的条件，以及消费占产出的平均份额和劳动的平均值，将 φ 校准为 0.2。

这时，利用中国1978—2017年的具体数据 $\{y_t, c_t, i_t, l_t\}$，以及校准得到的参数值 η、α、δ、β 和 φ，利用式（2-1）、式（2-7）、式（2-9）、式（2-10），我们能够很容易地得到上文设定的效率楔、外贸楔和劳动楔 $\{z_t, ne_t, \tau_{it}\}$。对于式（2-8），由于其包含预期项，已有文献包括 Brinca 等（2016）、吕一清和邓翔（2017）的做法都是先将模型近似地转化为线性方程，假设各楔子的外生运动方程后，将系统转化为状态空间形式求解。这种做法虽然是标准的解法，但该方法的前提条件是经济位于稳态附近，否则对模型线性化处理将产生严重的偏差，这将极大地破坏各楔子的准确性。中国作为一个处于转型期的发展中国家，要假设中国长时期地位于稳态附近是十分勉强的。对此，本部分的做法是假设模型是完全预期的，即将式（2-8）转化为：

$$\frac{1}{c_t}(1+\tau_{it})=\frac{\beta}{c_{t+1}}[(1+\tau_{it+1})(1-\delta)+\alpha z_{t+1}k_{t+1}^{\alpha-1}l_{t+1}^{1-\alpha}] \quad (2-11)$$

这时式（2-11）中没有预期项，要得到各期的 $\{\tau_{it}\}$，只需给定 τ_{it} 的一个初始值。近似的，取 τ_{it} 的稳态值作为期初值，其中稳态值 τ_i 通过下式求解得到：

$$(1+\tau_i)\left(\frac{1}{\beta}+\delta-1\right)=\alpha\frac{y}{k}$$

其中，等式右边的 y/k 由样本区间内产出与资本比例的均值计算得到。通过对式（2-1）、式（2-7）、式（2-9）、式（2-10）、式（2-11）的计算，可得原模型各个楔子在1978—2017年的具体数值。

为了更好地和实际产出的周期作比较，图2-6给出了各楔子经 HP 滤波后的周期。从图中我们可以初步得到以下几点结论：第一，从总体上看，中国的经济周期波动主要由效率楔（z_t）所主导。图2-6中效率楔的波动与图2-2中经济周期波动最为一致，这说明剔除了趋势部分以后，中国的经济周期波动主要由全要素生产率的波动所主导。换言之，本部分的分析支持经典的 RBC 模型关于技术冲击主导经济波动的假设。第二，外贸楔（ne_t）在样本周期的后半段与经济周期波动较为吻合，但前半段则相关性较差。这一点的原因十分直观，即在改革开放初期，中国的国际贸易份额较小，因此对于经济的影响也相对有限。而随着中国加入 WTO，国际化程度的逐步加深，中国的内部经济与外部经济的联系在逐步地增强。第三，劳动楔（τ_{it}）从总体上看表现为先升后降，如果我们重点关注 1998 年以来的样本区间。笔者认为这与我国的实际情况是一致的，即随着经济的发展，中国的人口红利被不断地摊薄，并在 2010 年出现了劳动年龄人口的负增长。但之后随着中国经济增速的放缓，劳动力短缺的矛盾又得到了一定程度的缓和。第四，投资楔（τ_{it}）与劳动楔恰好相反，在样本区间后半段表现出先抑后扬的趋势。这说明我国在国际金融危机爆发前后，金融条件都是十分宽松的。但自 2010 年以来，中国的劳动年龄人口数停止增长，进一步地增加投资只会加剧对资本和劳动力生产关系的扭曲，从而表现为投资楔的上升。

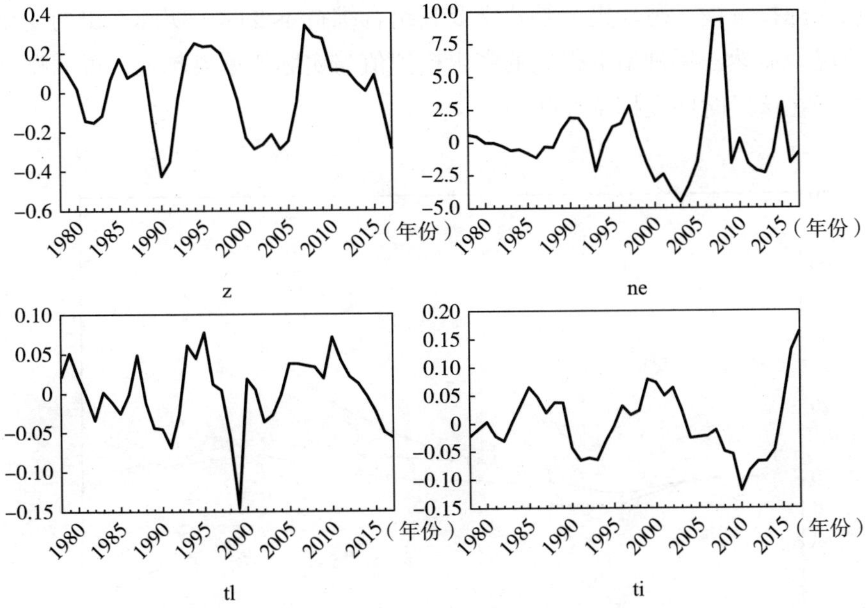

图 2－6　中国 1978—2017 年的主要楔子

注：z、ne、tl、ti 分别代表｛z_t、ne_t、τ_{lt}、τ_{it}｝经 HP 滤波后的周期。

（四）反事实模拟

虽然图 2－6 给出了各时变楔子的具体波动情况，但为了更加准确地评估各个楔子在不同时期对经济周期波动所发挥的具体作用，这部分我们将对模型进行反事实模拟。由上述分析可知，当把所有楔子 $\{z_t,$ $ne_t, \tau_{lt}, \tau_{it}\}$ 都代入原模型，能够得到与具体观测变量 $\{y_t, c_t, i_t,$ $l_t\}$ 数据完全一致的结果。因此，如果我们假设某一楔子是固定的，其余楔子维持原值，也能够得到各观测变量的反事实模拟结果。将模拟结果与真实观测值进行比较，差别越大，说明该楔子的影响越显著。Chari 等（2007）将该过程称为分解（Decomposition）。

BCA 方法能够考察每个观察变量 $\{y_t, c_t, i_t, l_t\}$ 在各个时期受到各种楔子 $\{z_t, ne_t, \tau_{lt}, \tau_{it}\}$ 的影响。因为本章主要讨论的是经济周期，因此这里只给出产出波动的结果。另外，由图 2－6 可知，产出的波动始终受效率楔 z_t 的主导，若假设 $z_t = z$，则即便将其余楔子全部代入模型，模拟得到的结果也将严重偏离实际产出 $\{y_t\}$。因此，本部分仅考虑投资楔、劳动楔、外贸楔及其组合维持不变时，实际产出的变化情况。显然，哪种情形得到的产出模拟值与实际值偏离越远，说明哪种楔子在该段时期发挥主导作用。

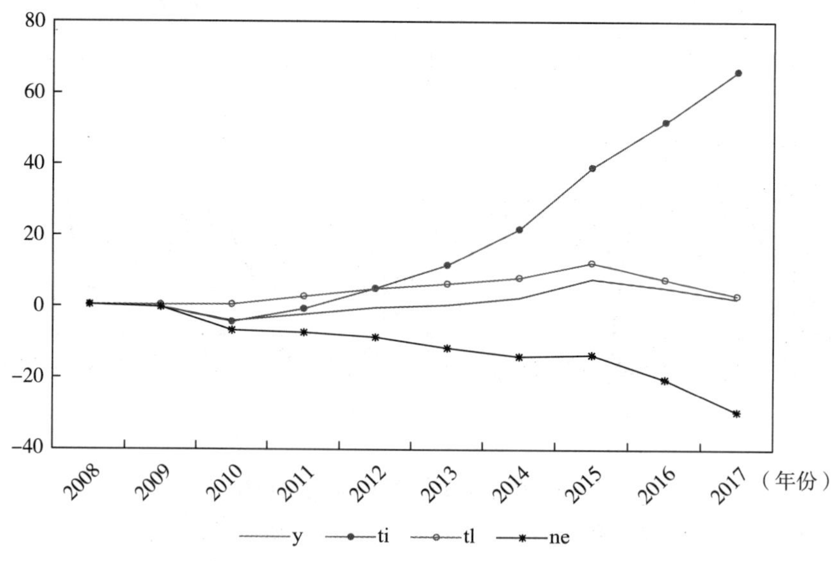

图 2－7　中国 2008—2017 年关于产出的反事实模拟

注：y 表示实际产出的真实值，ti、tl、ne 分别表示 τ_{it}、τ_{lt}、z_t 维持固定时模拟得到的实际产出值。

由图 2－7 可知，2008 年国际金融危机爆发以来，劳动楔τ_{lt}对于实际产出波动的影响是最弱的。对于该结果，笔者认为主要是由于中国缺乏劳动时间数据。由于培训和解聘员工都需花费一定的成本，因为企业可能更愿意通过调节雇用人员工作时间的方法来应对外部冲击。由于本部分以就业率作为劳动力投入的代理变量，因此工作时间的变动都被归结到效率楔 z_t 中。当然，以就业率作为劳动的代理变量（假设人们只能选择就业与否，但无法对具体劳动时间进行谈判）也能反映一定的实际情况。在危机爆发后，确实由于造成一定程度的失业而抑制了总产出。但随着中国的人口红利消失，中国的劳动力基本上进入到一种紧约束的饱和状态。这时，无论人们关于消费和闲暇的边际替代率与劳动边际产出的关系如何变化，就业人数都不会有太剧烈的调整，这使劳动楔对于总产出的波动影响有限。

相对的，图 2－7 显示人们关于消费的跨期替代率与资本边际产出之间的扭曲——投资楔，其对于产出的影响仅次于效率楔。对此，笔者的解读是随着中国人口红利的消失，过去传统的粗放型增长模式难以为继。这时，中国政府为了避免经济增速过分下滑而推出的大规模经济刺激政策，其必然结果就是产能过剩，生产要素配置关系被严重扭曲。有鉴于此，我国必须防止陷入一种越减速越刺激、越刺激越扭曲，越扭曲越减速的恶性循环。

总的说来，本部分的研究结果显示，中国近年来的经济周期波动是由全要素生产率和投资楔主导的，人口因素和外贸因素的影响相对有限。伴随着中国内部人口红利的消失，资源环境约束的收紧，以及外部经济环境的趋冷，中国在未来一段时期内经济增速维持中高速的态势不会改变。面对这种状况，我们不能简单使用需求管理的方法刺激投资，而是应该更加关注经济的供给侧结构性调整。通过优化生产要素配置，改善营商环境，鼓励创业创新等方式来提升经济效率，拉抬经济的长期增长潜力。

五　结论和政策建议

由上文的分析可知，中国在人口红利消失、外部经济不景气以及资源环境约束逐渐收紧的背景下，经济增速放缓是难以避免的正常趋势。但在过去传统的凯恩斯需求管理理论的指导下，政府为对抗经济下滑而采取了过度激进的经济刺激政策，包括大规模的财政支出以及由此带动的信贷扩张（见图 2－8），又进一步地破坏了生产要素投入的合理配置和经济增长潜力。对此，一些较为乐观的学者可能从国际比较的视角出发，认为中国的人均资本与发达国家仍有较大的差距，因而不认为这会影响中国的经济增长潜力。但实际上，人均资本存量的变化是应该随着人均素质、制度环境、产业结构等因素而逐步累积的。如果在短期内通过政府干预快速地拔高人均资本，它必然会导致资本和现有劳动力的配置失衡，资本的边际回报率不断下降（见图 2－9）。

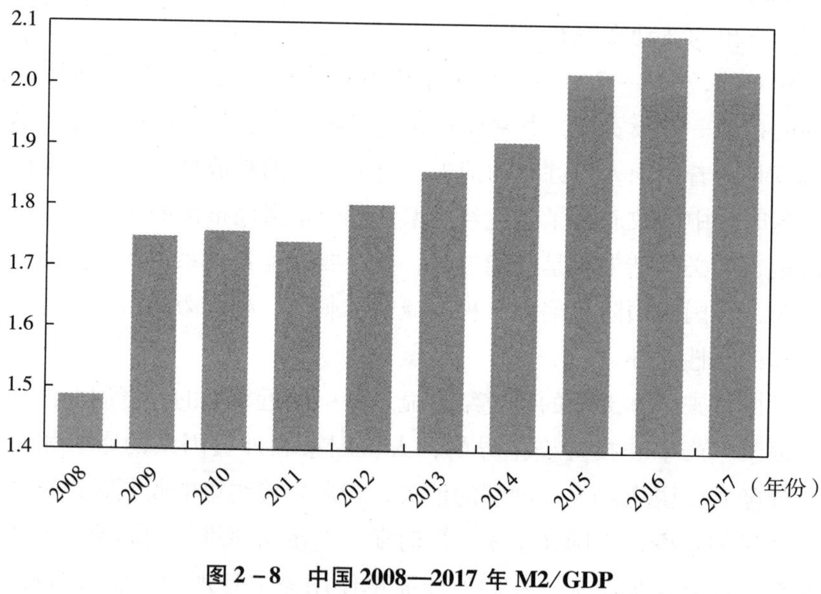

图 2－8　中国 2008—2017 年 M2/GDP

从图 2－9 我们可以发现，自 2011 年（该年恰好是中国劳动年龄人口数的峰值，次年便开始出现劳动年龄人口数绝对数量的下降）起中国的资本产出比开始持续攀升，从 2011 年的 1.6 上升至 2017 年的 1.7，这意味着每单位产出需要更多的资本。实际上，资本与劳动力生产要素配置的扭曲不仅仅反映在总量层面。由于政府的示范效用，以及为了促使项目能够尽快落地而通过的各种补贴、激励政策，还将造成“潮涌现象”，这将导致大量的社会资源，包括劳动力等已经相对紧缺的社会资源涌向特定行业，从而造成经济结构的进一步扭曲，破坏经济增长潜力。这一点在经济上最直观的体现就是人口红利消失，劳动成本快速上升的同时却出现了大量行业的产能过剩，中国的经济增长率也快速地从2011 年的9.5%跌落至2012 年的不足8%，并由此进入经济增速的下行通道。

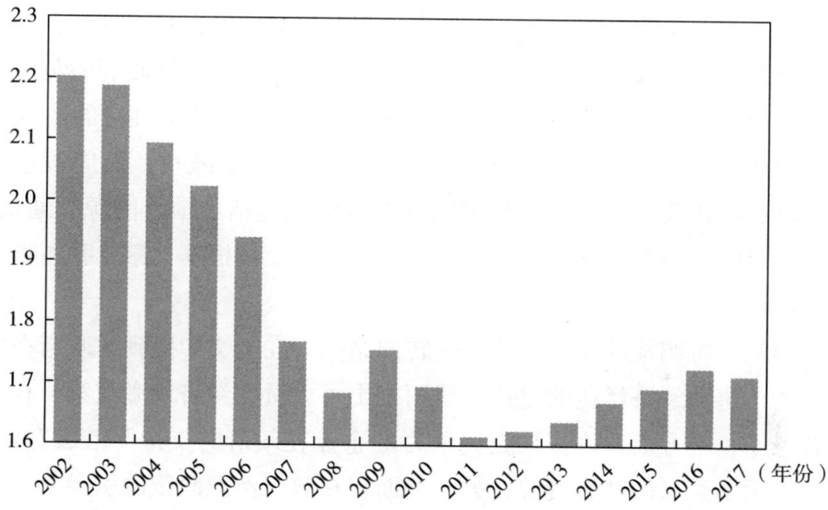

图 2-9　中国 2002—2017 年资本存量与产出的比值

针对中国经济的现状，笔者认为应该采取如下的举措：

第一，降低地方政府政绩考核中经济增长的权重。自 2008 年国际金融危机爆发以来，尤其是中国政府推出了“四万亿”大规模经济刺激政策以后，有许多的学者指出中国的经济增速难以维持过去的高速增长，并呼吁政府尽量避免过去的那种激进的需求管理政策（白重恩，2017）。实际上这一点也得到了中国政府某种程度的认同，但在经济放缓程度的认知上，或者在具体的执行上仍然存在落差。一些最根本的制度，如经济增长速度或与其高度相关的指标仍然是考核地方政府的主要指标。在这种条件下，中国政府的负债率不断攀升，地方政府债务问题逐渐成为中国经济增长的一个潜在风险。对此，笔者认为应当严格地方政府债务的管理，将债务管理纳入地方政府的考核指标，这样才能在有效控制杠杆率的同时减轻资本与劳动力配置所存在的扭曲。

第二，从高速发展向高质量发展过渡，集中精力提高生产效率。从危机爆发后政府对于危机的处理和中国经济的具体表现上看，中国过去的那种粗放型经济增长模式已经难以为继。对此，笔者认为政府应该着力为经济“减负”，降低企业的经营成本。目前社会舆论对于减税的呼声很高，但笔者认为这只是暂时性的，且空间有限。因为在经济低迷的时候，政府的税收本来就会自动下降。但在多数情况，政府支出在经济低迷时期并不会减少，甚至会增加。许多学者提出，中国政府的负债率与发达国家相比并不高，但实际上这种估算并没有考虑政府的隐性债务。因此，笔者认为“降成本”的举措不应局限于减税，而应该进一步推进市场化改革，打破行政垄断，有效降低包括土地、能源、通信、物流、融资在内的基础性成本。只有这样，才能从根本上激发我国整体的经济活力。

第三，将调控的注意力从总量转向结构。在上文中提到，政府在危机后为了避免经济增速的过快下滑而推出了大量的经济刺激政策。在这种背景下，一方面，许多缺乏竞争力的企业在政府的支持下继续存活，从而占用了大量的社会资源；另一方面，在政府产业政策的引导下，可能由于“潮涌现象”而导致诸多行业出现产能过剩现象。这时，政府在调控的过程中必须做到精准。对于产能过剩的行业和丧失自我发展能力的“僵尸企业”要严格限制其发展，避免社会资源被进一步的挤占；对于一些新兴的、有前途的行业，政府应通过市场的手段对其加以扶持和鼓励，如放宽经营限制、建立基础设施相对齐全的产业园区等。

参考文献

白重恩：《高质量的经济增长动力尚未形成，新周期未至》，《金融经济》2017 年第 10 期。

白重恩、张琼：《如何保持经济中高速增长》，《中国经济报告》2017 年第 3 期。

邓翔、吕一清：《基于 BCA 模型的中国经济波动因素的再测算》，《统计与决策》2017 年第 6 期。

蒋涛:《怎样解释中国经济波动:基于 BCA 的分析》,《经济理论与经济管理》2013 年第 12 期。

Bernanke, Ben S., and Mark L. Gertler, and Simon Gilchrist, "The Financial Accelerator in a Quantitative Business Cycle Framework", *In Handbook of Macroeconomics*, Vol. 1C, edited by John B. Taylor and Michael Woodford, 1341 - 1393. Amsterdam: North - Holland, 1999.

Bordo, Michael D., Christopher J. Erceg, and Charles L. Evans, "Money, Sticky Wages, and the Great Depression", *American Economic Review*, . 2000, 90 (5): 1447 - 63.

Brinca, Pedro, V. V. Chari, Patrick J. Kehoe, and Ellen R. McGrattan, "Accounting for Business Cycles", *In Handbook of Macroeconomics*, Vol. 2, edited by John B. Taylor and Harald Uhlig, 1013 - 63. Amsterdam: North - Holland, 2016.

Chari, V. V., Patrick Kehoe, and Ellen R. McGrattan. "Business Cycle Accounting", *Econometrica*, 2007, 75 (3): 781 - 836.

Cho, Dooyeon, and Antonio Doblas - Madrid, "Business Cycle Accounting East and West: Asian Finance and the Investment Wdege", *Review of Economic Dynamics*, 2013, 16 (4): 724 - 44.

Christiano, Lawrence J., Martin S. Eichenbaum, and Mathias Trabandt, "Understanding the Great Recession", *American Economic Journal: Macroeconomics*, 2015, 7 (1): 110 - 167.

Cole, Harold L. and Lee E. Ohanian, "New Deal Policies and the Persistence of the Great Depression: A General Equilibrium Analysis", *Journal of Political Economy*, 2004, 112 (4): 779 - 816.

Hansen, Gary D, "Indivisible Labor and the Business Cycle", *Journal of Monetary Economics*, 1985, 16 (3): 309 - 327.

He, Qing, Terence Tai - Leung Chong, and Kang Shi, "What Accounts for Chinese Business Cycle?", *China Economic Review*, 2009, 20 (4): 650 - 61.

Holz, Carsten A, "The Quantity and Quality of Labor in China 1978 - 2000 - 2025", Manuscript.

Kersting, Erasums K, "The 1980s Recession in the UK: A Business Cycle Accounting Perspective", *Review of Economic Dynamics*, 2008, 11 (1): 179 -91.

King, Robert G. , Charles I. Plosser, and Sergio T. Rebelo, "Production, Growth and Business Cycles I. The Basic Neoclassical Model", *Journal of Monetary Economics*, 1988, 21 (2 -3): 195 -232.

Kobayashi, Keiichiro, and Masaru Inaba, "Business Cycle Accounting for the Japanese Economy", *Japan and the World Economy*, 2006, 18 (4): 418 -40.

Meza, Felipe, "Financial Crisis, Fiscal Policy and the 1995 GDP Contraction in Mexico", *Journal of Money, Credit, and Banking*, 2008, 40 (6), 1239 -61.

McGrattan, Ellen R. , "Real Business Cycles", Federal Reserve Bank of Minneapolis Research Department Staff Report 370, 2006.

Mulligan, Casey B, "A Dual Method of Empirically Evaluating Dynamic Competitive Equilibrium Models with Market Distortions, Applied to the Great Depression and World War II", NBER Working Paper, 8775, 2002.

Neumeyer, Pablo A. , and Fabrizio Perri, "Business Cycles in Emerging Economies: The Role of Interest Rates", *Journal of Monetary Economics*, 2005, 52 (2): 345 -80.

Rogerson, Richard, "Indivisible Labor, Lotteries and Equilibrium", *Journal of Monetary Economics*, 1988, 21 (1): 3 -16.

Saijo, Hikaru, "The Japanese Depression in the Interwar Period: A General Equilibrium Analysis", *The B. E. Journal of Macroeconomics*, 2008, 8 (1), Topics, Article 25: 1 -24.

Solow, Robert M. , "Technical Change and the Aggregate Production Function", *Review of Economics and Statistics*, 1957, 39 (3): 312 -20.

Young, Alwyn, "Gold into base Metals: Productivity Growth in the People's Republic of China During the Reform Period", *Journal of Political Economy*, 2003, 111 (6): 1220 -1261.

第三章　中国的金融周期：资产负债表视角*

一　引言

中国的改革开放与伟大的增长奇迹联系在一起，一直是经济理论研究的热点和焦点（林毅夫等，1994；Song et al.，2011；Yao，2014）。目前人们最关心的问题是，在日本、韩国和中国台湾的经济发展相继受挫之后，作为东亚奇迹最后支点的中国大陆将何去何从？（史塔威尔，2014）具体而言，人们越来越关心这样的问题：中国能否实现"无危机的转型"？（特纳，2016）中国的渐进主义对金融发展有效吗？（Brunnermeier et al.，2017）

史塔威尔（2014）把东亚经济体的成功归功于三项政策：实行精耕细作的家庭农业模式，制定出口导向型的制造业政策，同时还要对金融业实行密切监管，使其服务于上述两个领域的发展目标。日本和韩国利用这种政府主导的金融抑制和高投资率取得了经济腾飞，然而，在随后的转型过程中，都未能避免金融危机。中国能否实现"无危机的转型"，成为众人瞩目的问题。特纳（2016）精确地将此拆解为两个问题，"如何转变信贷密集型经济增长模式？原先的信贷密集型增长模式所产生的存量债务积压应如何解决？"

---

* 本章内容主要基于汤铎铎、张莹（2017），汤铎铎、李成（2018），李成、汤铎铎（2018），汤铎铎（2019）。

当日本、韩国和一些新兴经济体遭遇金融危机时，发达经济体的经济精英们认为错在这些国家，因为它们达不到这一体系的严格要求，而且这些国家的政府还犯下了一系列的政策错误。当2008年同样的事情发生在他们自己国家的时候，他们才发现流行范式面临严峻挑战，可能错在整个体系，需要反思和改革整个体系（罗德里克，2011；Blanchard and Summers，2017）。关于经济体系的金融特性造成的不稳定，明斯基（2015）给出了深刻阐释。他认为，随着时间的推移，金融体系有一种内在的趋势，从稳健的金融结构向脆弱的金融结构转变。这就是所谓金融不稳定假说的核心思想。在1997年亚洲金融危机爆发后，人们对离世不到一年的明斯基置若罔闻。不过，2008年国际金融危机爆发后，明斯基开始得到重视和认可，明斯基时刻很快成为金融崩溃和经济拐点的代名词。曾任美联储副主席的Kohn（2018）在国际金融危机10周年之际总结了五点经验，其中第一条就是：明斯基是对的，借由金融体系的运作，长期繁荣蕴含着自身毁灭的种子。

国际金融危机后，曾经风光无限的金融业屡遭挞伐，金融业膨胀和金融体系复杂化对实体经济的负面影响成为研究焦点。Arcand等（2015）的经验研究表明，当私人部门获得的信贷超过名义GDP时，其对产出增长的影响就由正转负；特纳（2016）强调，金融密集度与经济发展的关系是非线性的，当债务规模越过某个阈值后，金融扩张可能是有害的，自由金融市场可能就不能满足社会需求；金（2016）解释了货币和银行体系如何导致当代资本主义经济屡遭危机，并提出如何终结所谓金融炼金术；Cecchetti和Kharroubi（2018）的经验研究也发现了信贷增长和人均产出增长的负相关关系，并且从企业规避风险的角度给出了理论解释。

英国著名调查记者Shaxson（2018）近期提出了一个非常震撼的概念：金融诅咒（finance curse）。与所谓资源诅咒一样，过度膨胀的金融业有三方面的弊端。首先是所谓“荷兰病”，金融业的高收入推高了价格和成本，金融业的高薪吸纳了高端人才，这都会侵蚀其他行业的竞争力；其次，金融业的周期波动与实体经济相差较大，在金融业的盛衰循环中被挤出市场的其他经济部门，在复苏来临时不容易重建，存在棘轮效应；最后，最复杂也最根本的是金融业对治理体系的影响。过度发展的金融业包含着大量非生产性的经济“租金”，无须通过技能和努力就可以轻松获取。此时，政府就会对建设国家的艰巨挑战失去兴趣，经济也不再需要熟练、受过教育的劳动力，以致政府有可能被相关利益集团“俘获”，导致国家治理出现严重偏差。

因此，无论从哪个角度讲，中国40年的增长奇迹，首先需要认真面对的就是金融诅咒。我国政府一贯重视防范金融风险，1997年亚洲金融危机和2008年国际金融危机对我国经济造成较大冲击，也使我们更为警醒和坚定。面对救市政策出台后逐渐膨胀的影子银行体系，从2013年的“三期叠加”论断，到2015年供给侧结构性改革，到2016年金融去杠杆，再到2017年的三大攻坚战，以及2019年2月的金融供给侧结构性改革，政府的政策思路逐渐清晰，各种宏观调控和金融监管措施也在有序出台，实体部门和金融部门杠杆也都得到一定的抑制。

本章从资产负债表视角分析我国的金融稳定和金融风险问题。第二部分重点探讨我国的金融业膨胀和金融体系复杂化。正如潘宏胜（2017）所言，“近几年中国金融体系无论是规模还是复杂化程度，均非线性地迅速上升。金融业态呈现保险公司‘对冲基金化’、房地产金融化、非银机构‘银行化’等新特点，这些变化超乎业界、监管者和政策制定者的普遍想象。”去杠杆和金融监管必将是一项艰巨的长期任务。第三部分转向非金融企业的杠杆背离，讨论资产负债率和债务率的背离，并且指出这种背离源于资产收益率下降和资产价格上升。同时，后两个事实又互为因果，相互交织。一方面，收入增速赶不上资产膨胀的速度，会拉低资产收益率；另一方面，实体经济不振，会使新增资金投入金融领域，从而进一步推高资产价格。第四部分探讨居民财富积累和结构变化，特别指出在安全、优质资产不足的条件下，住房作为最主要的私人财富价值载体这一“金融属性”难以弱化，导致住房资产在居民财富配置中长期占据最主要地位，房价居高不下隐含金融风险。第五部分转到政府政策，探讨宏观调控的转型，重点是要加强针对金融稳定的宏观审慎政策。第六部分是小结。

二 金融业膨胀和金融体系复杂化

（一）国际背景

在美国1982年至2007年的大稳定时期，除了产出和通胀的低波动外，另一个引人注目的现象是金融业的快速增长。无论从金融业增加值占GDP比重，还是金融资产数量，抑或是金融业就业和平均工资来看，这一点都非常明显（Greenwood and Scharfstein，2013）。从金融增加值占GDP比重看，美国1950年这一比值是2.8%，1980年为4.9%，2006年达到峰值8.3%。从金融资产数量看，1980年美国金融资产是GDP的5倍，到2007年翻了一番，达到GDP的10倍。从就业和平均工资看，在1980年美国金融业平均工资和其他行业基本持平，到2006年，金融业平均工资比其他行业高出70%。高工资把最优秀的人才都吸引到了金融业。

Greenwood和Scharfstein（2013）的研究表明，在此期间美国金融业增长的主要来源有两个，即证券业的资产管理业务和银行业的家庭信贷业务。共同基金、养老金和交易所基金等传统资产管理业务在1997年之前快速增长，此后便维持稳定。从1990年开始，对冲基金、私募股权（private equity）和风险资本（venture capital）开始迅猛增长，从几乎可以忽略不计到掌管超过2万亿美元资产，收取不菲的管理费用。另外，在此期间大宗商品和金融衍生品交易带给证券业的收入也迅猛增长。从1980年到2007年，美国银行业传统的存贷款业务稳中稍降，其收入占GDP的比重略高于2%。迅速增长的是中间业务的收入，尤其是与消费信贷和房屋按揭贷款相关的经纪费。在此期间，企业信贷变化不大，家庭信贷（主要是按揭贷款）的增长异常迅猛，从1980年占GDP的48%增长到2007年占GDP的99%。不过，银行持有的家庭贷款份额变化并不大，大致还在40%以上，新增贷款都被证券化了，成为所谓资产支持证券（asset-backed security）。

无论贷款证券化的原因何在，其结果是导致了贷款数量的巨大增长。更重要的是，证券化和影子银行的兴起密切相关。影子银行负债端的各类短期债务工具，不受存款保险制度的保护，而且，影子银行也不能享受美联储作为最后贷款人可能提供的流动性支持。这都增加了金融系统的风险。当然，影子银行最受诟病的地方是加长了信用链条的环节，使金融体系更加复杂，也更加脆弱。信用链条长度可以用全社会总负债与资金最终使用者总负债的比值来度量。根据 Greenwood 和 Scharfstein（2013）的计算，在美国这一比值从 1980 年的 1. 8 增长到 2007 年的 2. 2。美国 2007 年爆发的金融危机其实主要是影子银行危机。美国金融业的增长和影子银行的兴起并非偶然现象，很多国家在不同历史时期也都出现过类似情况（Philippon and Reshef，2013）。

对金融业增长的评价充满了争议。在国际金融危机之前，在金融创新和金融发展的名义下，基本上正面评价占据主导地位，有活力的金融市场被认为是促进经济增长和保持宏观稳定的关键。不过，在危机后各种反思和质疑逐渐多了起来。比如，Greenwood 和 Scharfstein（2013）指出，在美国，资产管理和家庭信贷的增长是以高额管理费和金融稳定为代价的。Philippon 和 Reshef（2013）的研究表明，从很多国家的长时段数据看，金融业规模和经济增长之间并没有确定的相关关系。Turner（2010）更是对最近二三十年发达国家的金融发展提出质疑，认为与其说这些金融活动向实体经济传送了经济价值，还不如说是从实体经济抽取了租金。

（二）中国金融业的规模增长和结构变化

21 世纪以来，我国金融业经历了一个快速增长时期。如图 3 – 1 所示，金融业总资产占 GDP 的比重，从 2004 年的 2. 55 倍增长到 2016 年的 3. 85 倍。金融业增加值占 GDP 比重，从 2005 年的低点 3. 99% 增长到了 2015 年的高点 8. 4%，2016 年略有回落。对比金融业平均工资和全社会平均工资，在 1992 年之前两者基本持平，有些年份金融业还要低于全社会平均。1993 年的金融业工资制度改革，使金融业平均工资相对全社会提高了 40%—50%。此后，金融业平均工资稳步增长，在 2010 年至 2014 年接近全社会平均工资的 2 倍，最近两年才开始有所下滑。2015 年金融业平均工资是全社会平均工资的 1. 85 倍，2016 年进一步降到 1. 74 倍。金融业平均工资的下降可能有以下几个原因：①2015

年股灾后证券行业从业人员收入下降较多；②2015 年实施的国企高管限薪令对金融业影响较大；③IT 等新兴行业的平均工资近几年上涨较快，已经超过了金融业；④近几年兴起的一些新兴金融业态，其从业人员的工资可能没有纳入统计。

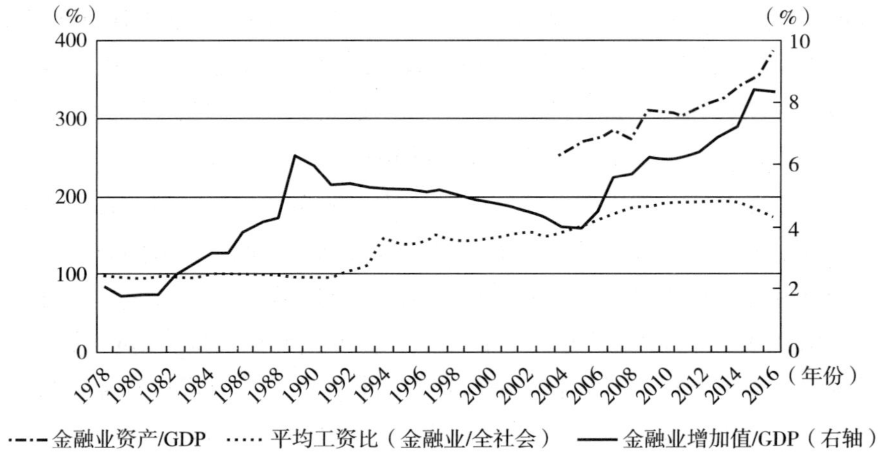

图 3－1　中国金融业规模

资料来源：Wind、中国人民银行《金融稳定报告》各期。

近几年来，我国金融业除了规模增长外，在结构上也有很多新的变化。由于我国金融业仍然以间接融资为主，银行业资产占金融总资产的比例在 90% 以上，因此，了解了银行业的资产和负债的结构变化，也就大致可以窥见我国金融业的总体发展态势。不过，从最近几年的发展来看，单纯考察银行业资产负债表已经不能满足需要，银行业的表外业务规模已经达到不容忽视的地步。根据中国人民银行《中国金融稳定报告 2017》，截至 2016 年年末，银行业金融机构表外业务余额 253.52 万亿元（含托管资产表外部分），表外资产规模相当于表内总资产规模的 109.16%，比上年末提高 12.04 个百分点。

图 3－2 显示的是我国其他存款性公司（相当于剔除央行后的银行业）资产负债表的资产端。其中，其他资产、对政府债权、储备资产和国外资产四项相对稳定，合计占总资产的比重在 25% 上下。对中央

银行债权主要由中央银行票据构成，央票一段时期内曾是我国中央银行回收过剩流动性的有力工具。对中央银行债权占银行业总资产的比重在2007 年和 2009 年都曾一度超过 8%，此后随着我国外汇占款的逐渐回落，央票也逐步停发，目前该项目占总资产的比重已经接近于零。对非金融机构债权对应企业贷款，这是银行业最传统的业务。该项目在2005 年第一季度为 17. 7 万亿元，占总资产的 54%，到 2017 年 6 月为86. 7 万亿元，占总资产的 36. 1%，下降了近 18 个百分点。对应央票和企业贷款下降的，是居民部门贷款和同业资产的上升。对其他居民部门债权大致对应住户贷款，该项目在 2005 年第一季度为 2. 1 万亿元，占总资产的 6. 3%，到 2017 年 6 月为 36. 7 万亿元，占总资产的 15. 3%，上涨了近 9 个百分点。同业资产有两个科目，即对其他存款性公司债权和对其他金融机构债权，前者发生在银行业之间，后者发生在银行与证券、保险等其他金融机构之间。两者合计在 2005 年第一季度占总资产

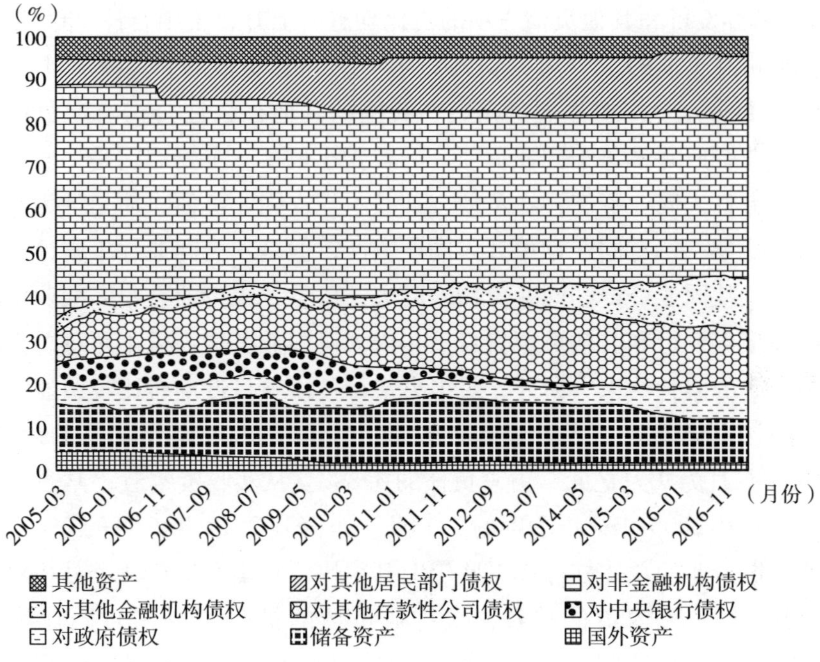

图 3－2　我国其他存款性公司资产负债表（资产端）

资料来源：Wind。

的 10.8%，到 2017 年 6 月占总资产的 24.2%，上涨了 13.4 个百分点。因此，从表内资产端看，居民部门贷款和同业资产的增长是银行业资产扩张的两大主要来源，而传统的对企业贷款业务相对萎缩。

图 3-3 显示的是我国其他存款性公司资产负债表的负债端。负债中最大的项目是对非金融机构及住户负债，主要对应单位和个人在银行的存款。该项目在 2005 年第一季度占总负债的 76.6%，到 2017 年 6 月占总负债的 62%，下降了 14.6 个百分点。图中将该项目分成两部分，即对非金融机构负债（包括单位活期存款、单位定期存款、不纳入广义货币的存款和本项目中的其他负债）和个人存款（对应居民储蓄存款）。前者在总负债中的占比相当稳定，在 35% 左右；个人存款则变动较大，2005 年第一季度占总负债的 39.4%，到 2017 年 6 月只占总负债的 26.7%，下降了 12.7 个百分点。也就是说，对非金融机构及住户负债占总负债比重的下降，主要是由居民储蓄存款的下降造成的。与此相对应，同业负债（包括对其他存款性公司负债和对其他金融性公司负债）、债券发行和其他负债三项的占比均有所上升，三项合计 2005 年第一季度占总负债的 15.8%，到 2017 年 6 月占总负债的 31.4%，上升了 15.6 个百分点。需要注意的是，在我国的其他存款性公司资产负债表中，同业资产并不等于同业负债，后者要小很多。主要原因是一些交易在资产方计入同业资产，在负债方却并不计入同业负债，而是计为其他科目。比如，持有同业存单计入同业资产，但是发行同业存单则计入债券发行。从同业资产和同业负债的巨大差额看，银行业有很多同业负债隐藏在债券发行和其他负债科目下，以规避同业负债规模不超过总负债规模 1/3 的监管约束。另外，对中央银行负债项目近期有比较明显的上升，应该主要反映了央行最新创设的几个公开市场操作工具的余额，2017 年 6 月为 9 万亿元，占总负债的 3.8%。从实收资本看，其占总负债的比重从 2005 年第一季度的 3.13%，下降到 2017 年 6 月的 2%，这也说明银行业的总体杠杆率近些年上升很快，只是在最近几个月相对稳定。总之，从表内负债端看，银行业负债的扩张主要来自同业负债（包括隐藏在其他科目下的部分），而传统上占比最大的居民储蓄存款则下降较快。

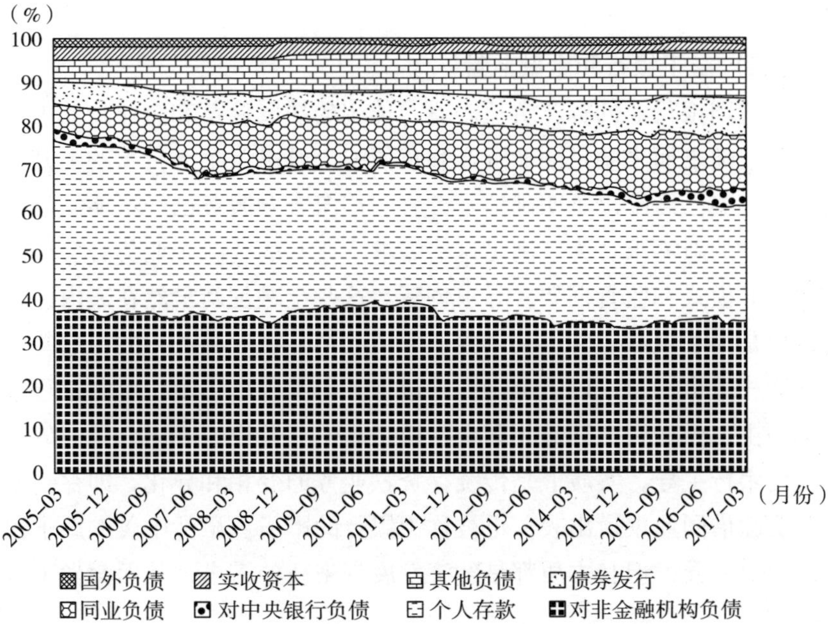

图3-3 我国其他存款性公司资产负债表（负债端）

资料来源：Wind。

在我国银行业主导的传统金融体系中，银行的资金来源主要是居民储蓄存款，银行的资金运用主要是企业贷款。银行作为金融中介，将实体经济的储蓄转化为投资。目前来看，这种传统融资模式正在遭受挑战而日趋萎缩，居民储蓄存款占总负债的比重已经下降到26.7%，企业贷款占总资产的比重已经下降到36.1%，随之而来的是更加多元化的融资手段和更加复杂的业务模式。显然，随着我国经济的不断发展，传统银行业已经不能满足越来越多元化的金融服务需求。就资金供给方而言，存款已经远远不能满足需求，需要发展多元化的金融产品和专业的资产管理业务；就资金需求方而言，除了大型企业和国有企业，中小企业、私营企业和居民户的资金需求越来越强烈，而银行业传统的业务模式无法满足这些需求。经济发展导致的对金融服务的新需求促进了金融发展和金融创新，而金融发展和金融创新无疑又会进一步促进经济发展。然而，金融是力量和脆弱性的结合（Bagehot，1873），金融体系越复杂就越脆弱，这给金融风险防范和金融监管带来了巨大挑战。

（三）影子银行和金融监管

从我国银行业的资产负债表看，传统的居民储蓄和企业贷款占比明显下降，随之而来的是同业资产和负债的上升以及个人贷款的上升。表内项目其实已经给出了明确信号，表明传统金融服务已经不能满足经济发展带来的新需求。为了满足这些需求，逐利的金融企业势必会摆脱原有的业务模式和监管框架，寻求创新。这些金融创新虽然在表内已露端倪，但是为了规避监管，其主要业务活动都是在表外进行的。这些业务活动和相关机构，可以统称为影子银行。与美国影子银行以非银行金融机构为主，依托资产证券化和金融衍生品的业务模式不同，我国的影子银行由银行主导，实质上是传统存贷款业务的变相和异化，即存款变理财、贷款借同业渠道出表，也被称为银行的影子。虽然中美的影子银行具有明显差异，但其本质都是经济发展带来新的需求，从而激发了各类金融创新。

根据中国人民银行《中国金融稳定报告（2017）》，截至2016年年末，银行表内、表外理财产品资金余额分别为5.9万亿元、23.1万亿元；信托公司受托管理的资金信托余额为17.5万亿元；公募基金、私募基金、证券公司资产管理计划、基金及其子公司资产管理计划、保险资产管理计划的规模分别为9.2万亿元、10.2万亿元、17.6万亿元、16.9万亿元、1.7万亿元。剔除交叉持有的因素后，各行业金融机构资产管理业务总规模为60多万亿元。而同期，我国居民储蓄存款也是60万亿元。从资产端看，截至2016年年末，银行业金融机构表外业务余额253.5万亿元（含托管资产表外部分），而表内资产也才230万亿元。

可见，从国际金融危机爆发至今10年左右的时间里，我国发展出了与传统金融体系体量相近的影子银行体系。这是在我国经济当前发展阶段，居民资产配置需求和企业、居民融资需求变化所推动的，有其合理性和必然性。然而，由于发展过快和配套改革不到位，这一进程也导致了很多弊端，积累了巨大的金融风险。首先，由于国家隐性担保的存在，影子银行体系部分支持了房地产企业、地方融资平台和一些“两高一剩”僵尸企业，导致地方政府和企业杠杆率攀升，增加了相关改革的难度和复杂性；其次，在传统的金融业分业经营理念下，银行业资金不会直接作用于资产价格，影子银行的发展一定程度上打破了这一壁垒，资产管理业务增加了资产价格的波动和相关金融风险；再次，在资产价格快速上涨，实体经济疲弱、收益下降的时期，影子银行导致了资金脱实向虚，长期滞留在金融业内部，追逐高风险资产；最后，影子银行体系客观上方便了资金的跨境流动，增加了监管难度，影响我国的汇率稳定和经济对外平衡。

面对以上种种弊端和乱象，我国政府开始探索和实施针对影子银行的监管。金融监管和金融创新实际上是一个既相互制约又相互促进的动态博弈过程。监管激发了规避监管的金融创新，而金融创新带来新的金融风险，又引发新一轮的监管措施。我国的影子银行和金融监管发展，正是这样一个过程。在简单的业务模式遭受监管制约之后，金融机构就开发出更复杂的模式来规避监管，监管部门则再出新规来规范这些新业务。从银信合作、信贷出表，到银银、银证多渠道合作、非标融资，再到银基合作、资金链条进一步拉长，我国影子银行已经经历了多个发展阶段，而监管机构的各种监管新规也层出不穷。

目前来看，这些措施的直接后果有三个方面。第一，影子银行规模和金融业杠杆率水平得到遏制。这在 M2、银行业总资产和银行业同业资产等指标上均有所表现。第二，经由基建投资和房地产开发投资渠道，金融去杠杆对我国的实体经济增长造成一定冲击。第三，民营企业和中小企业受到更大冲击，融资难和融资贵问题更加严峻。

如图 3－4 所示，根据穆迪的估算，截至 2018 年第三季度，中国影子银行规模为 62. 1 万亿元，占银行业总资产的 24. 1%，与 GDP 的比值为 70. 6%。我国影子银行绝对规模的最高峰出现在 2017 年，为 65. 6 万亿元；相对规模的最高峰出现在 2016 年，金融总资产占比为 28. 5%，与 GDP 的比值为 87. 2%。从总量看，2016 年开始逐步加强的金融去杠杆政策效果明显，影子银行总规模得到控制。除影子银行本身资产规模以外，还有很多其他指标也印证了金融去杠杆的成效。从银行业资产负债表看，反映影子银行业务的同业资产的比重从 2016 年 12 月最高的 25. 2%，下降到 2018 年 12 月的 20. 4%，同业负债的比重从 2016 年 12 月的 13. 1%，下降到 2018 年 12 月的 11%。从金融业总体规模指标看，金融业增加值占 GDP 的比重连续三年下降，金融业总资产与 GDP 的比值也连续两年下降。从货币总量看，M2/GDP 在 2017 年第一季度达到 212% 的高点，此后开始下降。

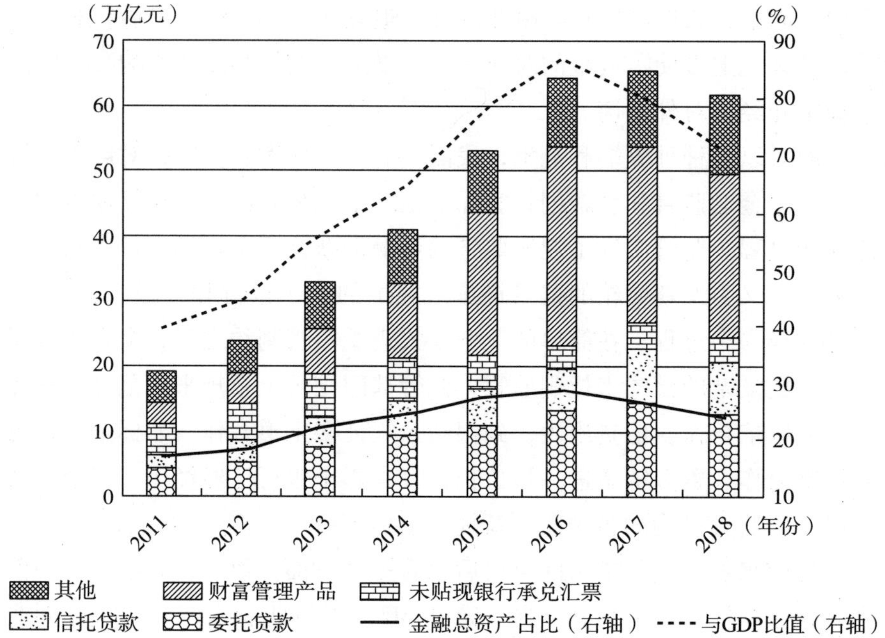

图 3－4　中国影子银行规模与结构

注：2018 年为第三季度数据。

资料来源：Moody's 和笔者计算。

针对金融业膨胀和金融体系复杂化，我国政府果断采取了金融去杠杆政策。围绕这一政策，很多宏观经济问题交织在一起。影子银行体系膨胀造成金融风险增大和货币政策有效性下降，治理和规范影子银行的金融去杠杆政策一方面造成经济增速放缓，另一方面也使企业竞争非中性问题更加凸显，民营企业和中小企业遭受到更大冲击。在此局面下，政府不但要积极应对经济增速放缓，纠正和补偿竞争非中性，稳定预期，也要着眼长远，不断深化市场化改革和完善宏观调控，促进企业竞争环境改善和政府治理能力提高。

三　非金融企业的杠杆背离

（一）杠杆率背离

衡量债务风险有两个常用指标，第一个是财务报表中的资产负债率，第二个是宏观经济研究中常用的债务/GDP 比率（债务率）。两者都可以称为杠杆率。图 3－5 显示的是我国非金融企业的这两种杠杆率。资产负债率给出了四个口径的数据。其中，国有企业数据来自《中国财政年鉴》，工业企业和上市公司数据来自 Wind 数据库，全口径数据来自中国社会科学院非金融企业资产负债表（李扬等，2018）的更新版。从总资产规模看，2016 年中国非金融企业总资产约为 420 万亿元，其中，国有非金融企业占 37%，工业企业占 26%，非金融上市公司占 11%。债务率数据来自 BIS，其中 2017 年为年中数据。

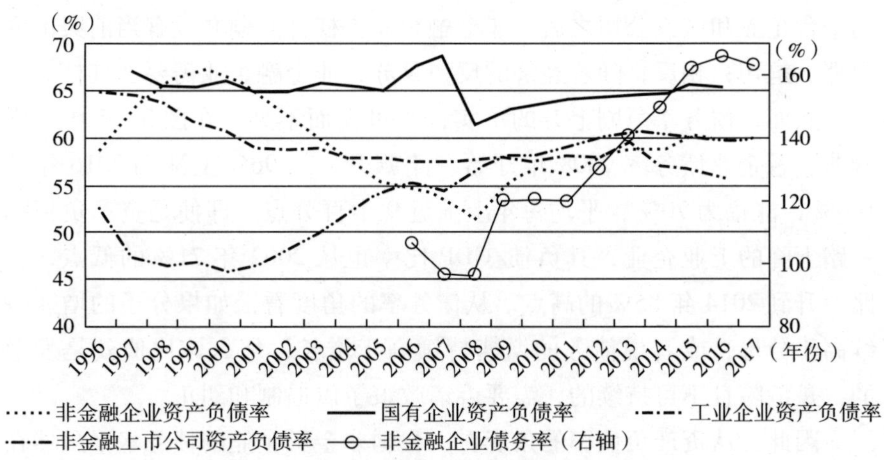

图 3－5　中国非金融企业的资产负债率和债务率

资料来源：《中国财政年鉴》各年份、Wind、BIS 及笔者计算。

如图 3－5 所示，非金融上市公司资产负债率从 1998 年的 47%，上升到 2012 年的 60%，此后一直维持在这一水平；国有企业的资产负债率

1997 年以来大致维持在 65% 以上，2006 年开始有所上升，到 2007 年达到 68.7% 的高点，2008 年国际金融危机后大幅下降到 61.6%，此后又开始缓慢上升，2016 年为 65.5%；工业企业资产负债率一直处在缓慢下滑的过程中，从 1996 年的 65% 一路下降到 2016 年的 56%；全口径非金融企业资产负债率呈现出明显的“V”字形走势，2008 年的低点是 52%，此后一路上涨至 2016 年的 60% 左右，涨幅为 15%，平均每年上涨 1 个百分点。总而言之，自金融危机以来，我国非金融企业部门的整体资产负债率呈上升态势，但是幅度并不算大，而且部门内部各类企业分化极大。工业部门资产负债率一直处在下降趋势中，私营企业资产负债率增长小于国有企业，小型企业资产负债率增长小于大型企业。

有鉴于此，有些研究对我国非金融企业去杠杆的紧迫性持不同看法。比如，钟宁桦等（2016）认为，一些现有的“主流”观点给人一种“中国企业的资产负债率普遍都在上升”的错觉，其实，资产负债率的上升主要是由占所有企业总数很小的一部分的企业所导致的，主要是大型、国有、上市公司。殷剑峰等（2017）更是指出，在涤除地方的平台企业和城投公司之后，非金融企业去杠杆问题并没有当前舆论说得那么迫切；相反，随着经济的反弹复苏，非金融企业需要加杠杆。

然而，债务率急剧上升的事实也不可视而不见。在图 3－5 中，中国非金融企业债务率 2008 年开始一路飙升，从 96% 上涨到 2016 年的 166%，涨幅为 70%，平均每年上涨近 9 个百分点。即使是资产负债率一路下降的工业企业，其负债/GDP 比率也从 2002 年 71% 的低点，一路上升到 2014 年 85% 的高点。从债务率的角度看，如果分子的增速持续高于分母，或者说债务的增速持续高于增长，那么该比值就是发散的，是危险且不可持续的，需要诉诸政策予以遏制和纠正。

因此，从资产负债率的角度看，我国非金融企业的债务水平虽然在上升，但是并没有到非常急迫需要政策介入的程度。然而，从债务率的角度看，无论是纵向比较还是横向比较，我国非金融企业的债务问题都到了非常严重的程度，需要设法处理和化解。显然，资产负债率和债务率两种杠杆率的这种明显背离，使我们对非金融企业债务风险状况的判断出现了严重分歧。那么，从理论上到底应该如何理解两种杠杆率的这种明显背离？我们所谓去杠杆，去的到底是谁的杠杆，哪一种杠杆？应该如何全面评估我国当前的债务问题，所谓去杠杆到底是应该继续坚持，还是选择放弃？

（二）资产收益率下降

在全面回答上述问题之前，还有两个事实需要指出。从资产负债率（负债/资产）和债务率（债务/GDP）的表达式出发来看，如果两者分子项增速相同，那么两者的背离就来自分母项的增速差异，即资产价值增速快于名义 GDP 增速。资产价值增速快于名义 GDP 增速，可以用两组指标来验证：一是资产收益率；二是资产价格增速和通货膨胀的差异，即资产价格剔除通胀后的实际增速。

从经济机制上讲，一方面，两种杠杆率的这种背离可能源于新增债务虽然形成了投资，带来资产增加，但是却没有带来预期的经济收益（经济增长），从而资产负债率虽变化不大，但债务率却上升较快，这最终表现为资产收益率下降；另一方面，两者的背离也可能源于新增债务没有形成投资而是直接进入资本市场，率先推高了存量资产价格，担保品价值上升又带来新的债务，但是在这个正反馈循环中通货膨胀却相对保持稳定，从而使名义 GDP 增速落后于债务和资产价值增速。也就是说，前者主要源于实体经济领域投资效益下降，后者则主要源于金融层面的资产价格上涨。当然，这种区分只是理论层面的机制探讨，在现实经济中两种效应是互为因果，相互交织在一起的。

图 3－6 显示的是我国三个口径的非金融企业资产收益率。如图 3－6所示，上市公司资产收益率从 2007 年最高的 6.9%，一路下滑到了 2017 年第三季度的 3% 左右；国有企业资产收益率从 2007 年 6.4% 的高点，一路下滑到 2015 年的 2.9%；工业企业资产收益率则从 2011 年 8.3% 的最高点下降到 2015 年 6.4% 的低点。净资产收益率的情况也类似。上市公司净资产收益率从 2007 年 15% 的高位，下降到 2017 年第三季度的 7% 左右；国有企业净资产收益率从 2006 年 12.4% 的最高点滑落到 2015 年 5.2% 的低点；工业企业净资产收益率则从 2011 年的 19.3% 下降到 2016 年的 14.3%。总之，无论从哪个口径看，我国非金融企业资产收益率的下降趋势是确凿的。从时间段上看，图 3－6 的非金融企业资产收益率下降和图 3－5 的非金融企业债务率上升基本同步，

而且都在 2016 年和 2017 年出现走平甚至稍有反转的迹象，两者高度相关是毋庸置疑的。因此，我国非金融企业资产负债率和债务率的明显背离，其中一个原因是非金融企业资产收益率的下降，即投资虽然形成了新的资产，但是产出并没有相应的增长。

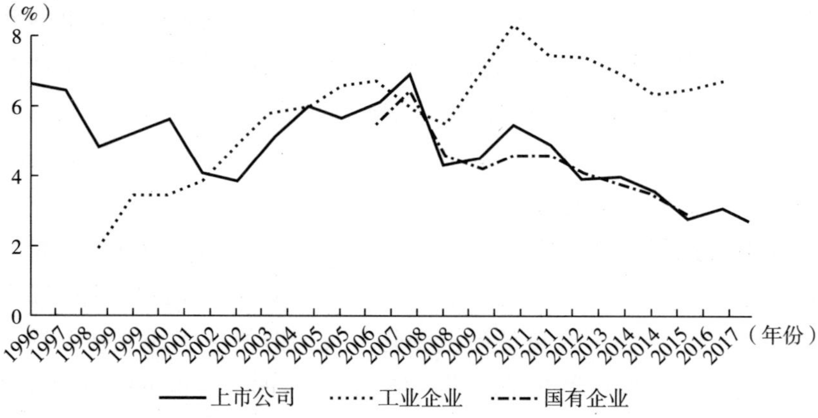

图 3－6　中国非金融企业资产收益率

资料来源：Wind、《中国财政年鉴》各年份。

上市公司数据还表现出另外一个有趣的特点。如图 3－7 所示，非金融上市企业经营活动收益与价值变动收益占利润总额的比重持续下降，从 2003 年的超过 100%，下降到 2015 年的不足 70%。同时，非金融上市企业价值变动收益与利润总额的比值则持续上升，从 2003 年的不足 5%，上涨到 2015 年超过 20%。也就是说，在资产收益率持续下滑的同时，非金融企业的利润来源也有所变化。正常经营活动的利润贡献有所下降，而持有资产公允价值和账面价值之间差额形成的当期利得有所增加。这说明资产价格上涨可以修饰企业的利润表，诱惑企业"脱实向虚"，更多地从事房地产和金融资产的投资和交易。同时，与非金融企业的债务率和资产收益率指标同步，这一指标在 2016 年和 2017 年也出现一定程度的反转，这应该都能说明我国的去杠杆进程取得了初步成效。

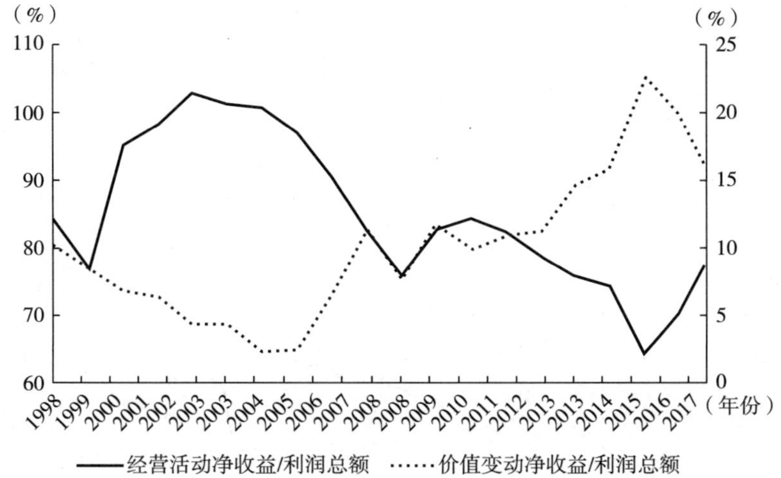

图 3－7　中国非金融上市公司经营活动收益和价值变动收益占利润总额的比重

资料来源：Wind。

（三）资产价格上涨

考察了资产收益率之后，再来看资产价格。图 3－8 和图 3－9 列出了四种价格指数，分别为 CPI、PPI、股价指数（上证综指）和房价指数（70 个大中城市住宅价格指数）。CPI 代表通货膨胀，股价指数和房价指数代表资产价格。PPI 兼具实体和金融两种属性，而且受国际因素影响较大（汤铎铎、张莹，2017）。

图 3－8 是四种价格指数以 2005 年 6 月为基期的月度定基指数。四种指数在 2005 年 6 月均设定为 100，截至 2017 年 11 月，股价指数涨幅最大（右轴），房价指数次之，CPI 排在第三位，PPI 涨幅最小。显然，资产价格增速要大于通货膨胀率，这意味着持有股票和房产平均而言可以跑赢通胀。房价指数总涨幅只有 71%，不太符合直觉，可能因为这是全国 70 个大中城市的平均水平，而我们日常关注较多的是热点城市的局部地段。北京和深圳的同期房价涨幅在 200% 以上，上海和广州涨幅在 100% 以上，局部地段会更高，远远超过全国平均水平。股票市场虽然经历了两次大的起落，但是到目前为止总体涨幅仍然超过 200%，相当可观。在资产价格大幅上涨的背景下，除了居民部门以外，非金融

企业部门也尝到了甜头，这在一定程度上造成了整个经济的“脱实向虚”，一些企业倾向于进行金融和房地产交易，而轻视主营业务的发展和投资。

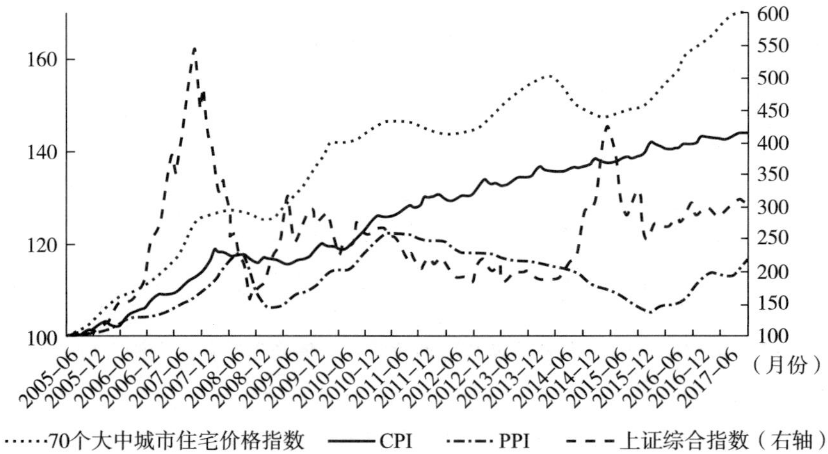

图 3-8　中国商品价格和资产价格定基指数

资料来源：Wind 及笔者计算。

另一个有意思的现象是四种价格指数的周期和振幅变化。图 3-9 列出的是四种价格指数的月度同比增长率。图中的两根垂直线分出了三个时段。第一根垂直线在 2009 年 3 月，第二根在 2012 年 6 月，均取在房价增长率的低点。以 2012 年 6 月为界，在左边的时段（Ⅰ）和时段（Ⅱ），通货膨胀和资产价格具有较强的同步性，而在右边的时段（Ⅲ），两者出现了非常明显的背离。这种背离是汤铎铎、张莹（2017）所强调的“双背离”，即不光是相关性的背离，也是波动性的背离。

在时段（Ⅰ）中，上证综指在 2007 年 10 月率先见顶，3 个月后房价见顶，再 1 个月后 CPI 见顶，PPI 最后在 2008 年 8 月见顶，前后不到 1 年时间。在时段（Ⅱ）中，还是上证综指率先在 2009 年 12 月见顶，4 个月后房价见顶，再一个月后 PPI 见顶；可能是由于危机后刺激政策的作用，CPI 迟至 2011 年 7 月才见顶，PPI 同月再创新高，形成“双头”形态。这整个过程前后不到 2 年时间。在时段（Ⅲ）中，四种价格指数的同步性完全被打破。首先，CPI 进入一种无法识别周期模式的低波动状态；其次，房价指数走出两个高点，股价指数走出一个高点，并且，两者的相关性发生大逆转，由强烈正相关的同步关系变为强烈负相关的“跷跷板”关系；最后，PPI 经过连续 54 个月的负增长后，与房价指数恢复了同步性，与 CPI 则越走越远。

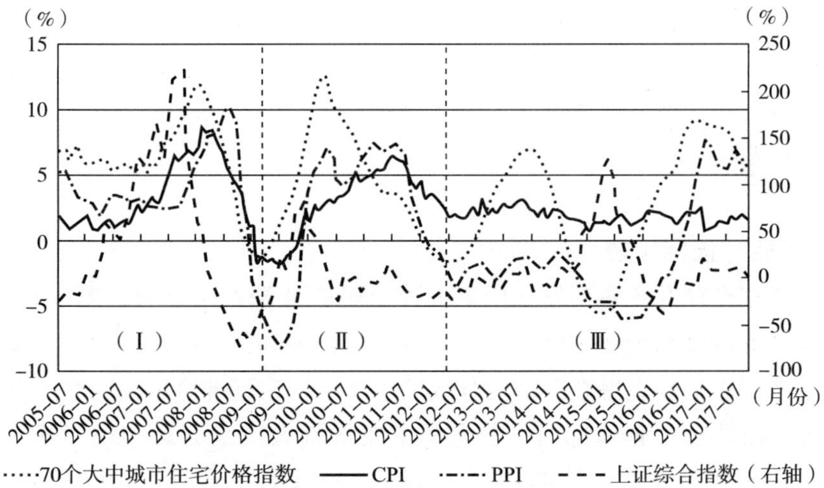

图 3－9　中国商品价格和资产价格当月同比

资料来源：Wind 及笔者计算。

从图 3－8 和图 3－9 可以看到，资产价格和通货膨胀不仅涨幅不同，而且从相关性到波动性发生了全面背离。首先，无论是在房地产市场还是股票市场，资产价格都大幅上涨，涨幅明显超过通货膨胀；其次，在图 3－9 所划分的三个时段中，资产价格和通货膨胀的相关性依次降低，目前各类价格指数呈现出此起彼伏的多种走势；最后，在资产价格维持固有高波动性的同时，作为通货膨胀指示器的 CPI 进入低波动状态，PPI 沉寂一段时间之后也在国际大宗商品价格的带动下恢复了高波动性。这一切都说明，自国际金融危机以来，我国的经济发展模式和经济周期形态发生了重要变化，实体经济和金融的互动进入更加复杂的模式，居民和企业面临更加复杂的经济环境，政府面临更加复杂的政策抉择和监管局面。

至此，我们全面呈现了与非金融企业密切相关的三个重要事实：①债务率大幅上升，并且与资产负债率出现明显背离；②资产收益率下降；③资产价格大幅上涨，超过通货膨胀，或者说，剔除通胀因素后的实际资产价格上升。可以说，后两个事实是前一个事实的原因，即债务率和资产负债率的背离源于资产收益率下降和资产价格上升。同时，后两个事实又互为因果，相互交织在一起。一方面，收入增速赶不上资产膨胀的速度，会拉低资产收益率；另一方面，实体经济不振，会使新增资金投入金融领域，从而进一步推高资产价格。显然，非金融企业部门的这种杠杆率背离并不简单，背后隐藏着重要的经济变革因素和复杂的经济运行机理。

（四）国际比较

考察全球几个重要发达国家的非金融企业资产负债表，可以看出，由于企业制度和金融制度的差异，资产负债率和债务率差异很大。美国金融账户中的非金融企业部门分成两个子部门，即非金融公司企业部门和非金融非公司企业部门。前者的主要融资渠道是股票和投资基金份额，这一项占其负债端的40%—60%，贷款和债券只占20%—40%；后者的主要融资渠道是贷款，这一项占其总负债的70%—90%。如果不考虑股票和投资基金份额，那么美国非金融公司部门的资产负债率很低，平均不到40%；如果把股票和投资基金份额视为类负债，那么美国非金融公司部门的资产负债率就变得很高，有时会超过100%，即净资产为负。美国非金融非公司企业部门外部融资相对较少，而且主要依靠贷款。从1960年到2017年，美国非金融非公司企业部门的资产负债率呈现非常平缓的上升趋势，从15%左右增长到40%左右。日本非金融企业的融资渠道大致也是两个：一是贷款和债券；二是股票和投资基金份额，两者的体量大致相当，有时前者多一些，有时后者多一些。如果剔除股票和投资基金份额，日本非金融企业的资产负债率目前在40%左右，不剔除的话则在80%左右。英国和德国也存在类似情况。剔除股票和投资基金份额，英国非金融企业的资产负债率在50%左右，不剔除的话则会超过100%。德国的情况是，剔除股票和投资基金份额后非金融企业的资产负债率在30%左右，不剔除的话在60%左右，如

图 3－10 所示。

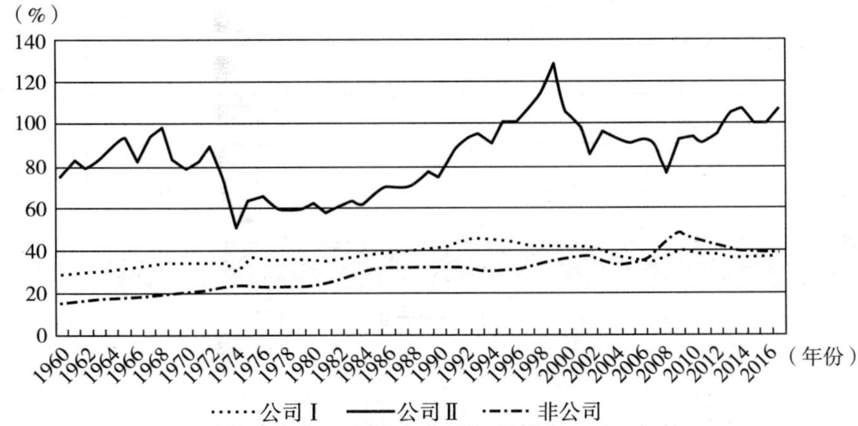

美国

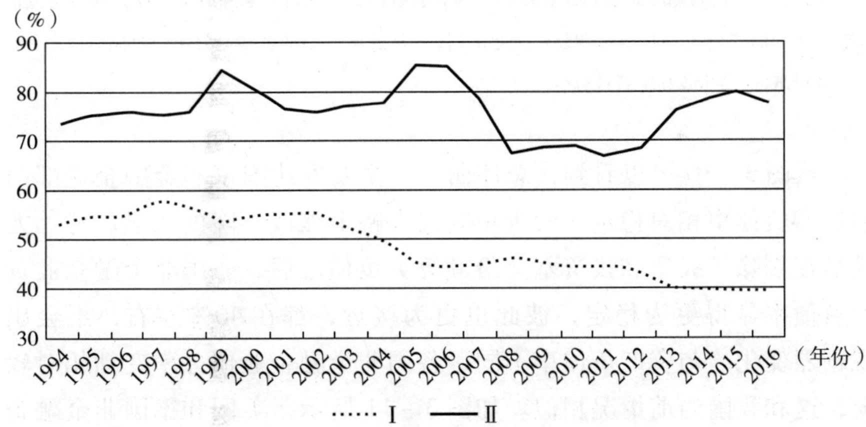

日本

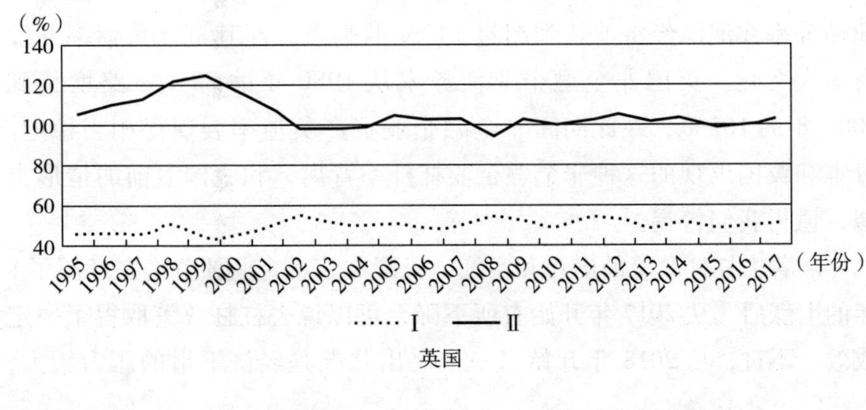

英国

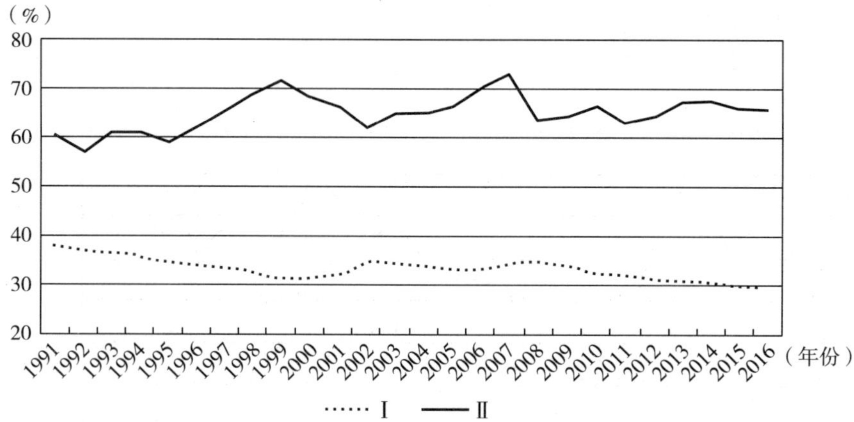

德国

图 3-10　主要经济体非金融企业资产负债率

注：其中Ⅰ代表剔除股票和投资基金份额后的数据，Ⅱ代表不剔除股票和投资基金份额的数据。美国的"公司"指非金融公司企业部门，"非公司"指非金融非公司企业部门。

资料来源：Wind 和笔者计算。

从图 3-10 可以看到，总体而言，主要发达国家非金融企业部门的资产负债率相对稳定，较少呈现出大幅上涨或下降的明显趋势。尤其是在剔除了股票和投资基金份额等类负债之后，各国非金融企业资产负债率显得更为稳定，彼此也更为接近，都在 40% 左右，不会出现剧烈变化。与资产负债率不同，各国非金融企业债务率变动相对较大，这和我国当前情况相似。如图 3-11 所示，美国和德国非金融企业债务率相对稳定，美国呈现出非常和缓的上升趋势。日本非金融企业债务率在泡沫经济前达到超过 140% 的高点，而其资产负债率并没有太大变化。英国非金融企业债务率从 1980 年的 28% 一路增长到 2008 年的 102%，在此期间非金融企业资产负债率表现得相当稳定。日本和英国出现的这种非金融企业杠杆率背离，和我国当前的情形类似，值得我们警惕。

随着去杠杆政策的出台和实施，我国非金融企业债务率在经历了 8 年的上涨后，从 2017 年开始有所下降，可以说去杠杆政策取得了一定成效。不过，从 2018 年开始，一个突出状况是经济下滑的压力增大，尤其是中小企业和民营经济融资不畅、经营困难，使相关政策的执行面临很大挑战。

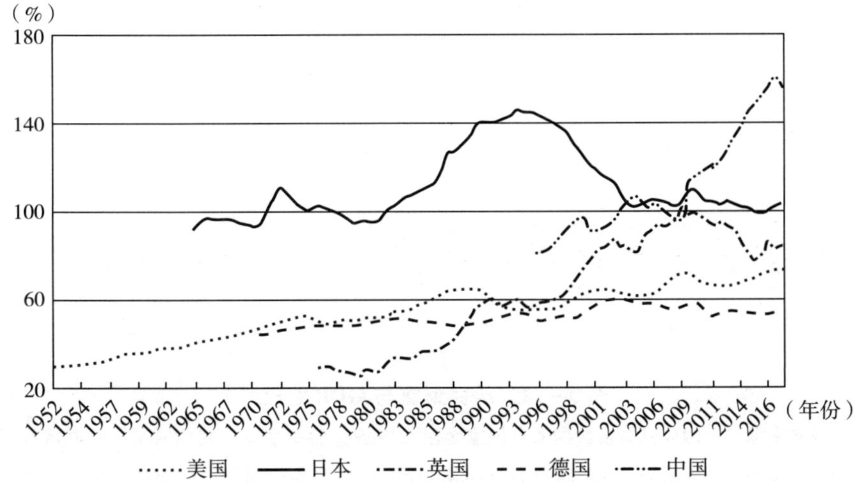

图 3－11 主要经济体非金融企业债务率

资料来源：BIS、国家金融与发展实验室。

四 居民财富规模扩张与结构变化

（一）中国居民财富的规模扩张

自改革开放以来，中国居民财富（资产与负债的差额，也称净资产）从一个较低的起点开始积累，并在十余年来持续超过了 GDP 的增长速度。如图 3－12 所示，在 21 世纪伊始，中国居民财富同 GDP 之比不足 3 倍，明显低于美国、日本、德国、英国、法国等发达国家同期水平。其间，虽然受到 2008 年国际金融危机的短暂冲击，但得益于高储蓄、高增长以及非公有制经济的快速发展，中国这一比率大体上保持了持续上升的态势，至 2016 年已经达到 4.3 倍，接近了发达国家水平（甚至超过了德国）。

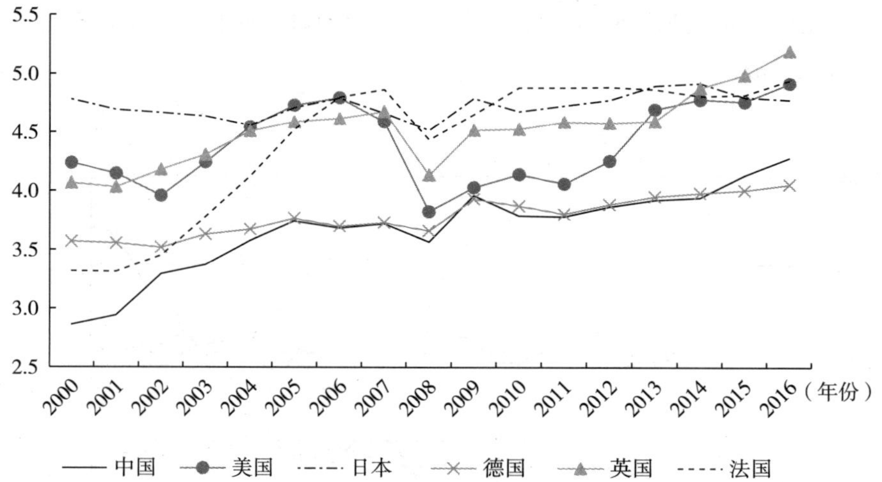

图 3－12 居民财富与 GDP 之比

资料来源：中国居民财富数据来自国家金融与发展实验室估算；其他国家居民财富数据分别来自美国经济分析局（Bureau of Economic Analysis）、日本内阁府（Cabinet Office）、德国联邦统计局（Statistisches Bundesamt）、英国国家统计局（Office for National Statistics）、法国国家统计局（Insee）。各国 GDP 数据来自世界银行 World Development Indicators（WDI）数据库。

作为结果，在市场化改革的背景下，财富的快速积累使居民成为国民财富的最大持有部门——这也符合许多发达国家的一般经验。然而，由于经济体制特点等因素——如不能取得土地等自然资源的完整所有权、公有制经济占有主导地位等，中国居民财富占国家总财富的比重仍相对较低，至 2016 年仅约为 73%，而主要发达国家同类指标达到近 90%（其中拥有较大公营部门的德、法两国略低，但仍超过中国）。相应地，中国广义公共部门（包括中央政府、地方政府以及国有企事业单位）的财富相对规模较大，达到近 27%（见图 3－13）。

尽管不能简单地据此判断孰优孰劣，但这一差异对于理解中国居民经济行为特点、宏观收入分配、税负以及金融风险分布及其应对等关键议题都具有十分重要的意义（Li，2018）。限于篇幅，此处仅举一例：图 3－13 实际上反映出在“藏富于民”方面，中国和发达国家明显不同：由于中国私人部门开始成规模积累财富的开始时间较晚且在宏观收入分配中的份额较低等，中国同美国等发达国家在人均 GDP 上的差距

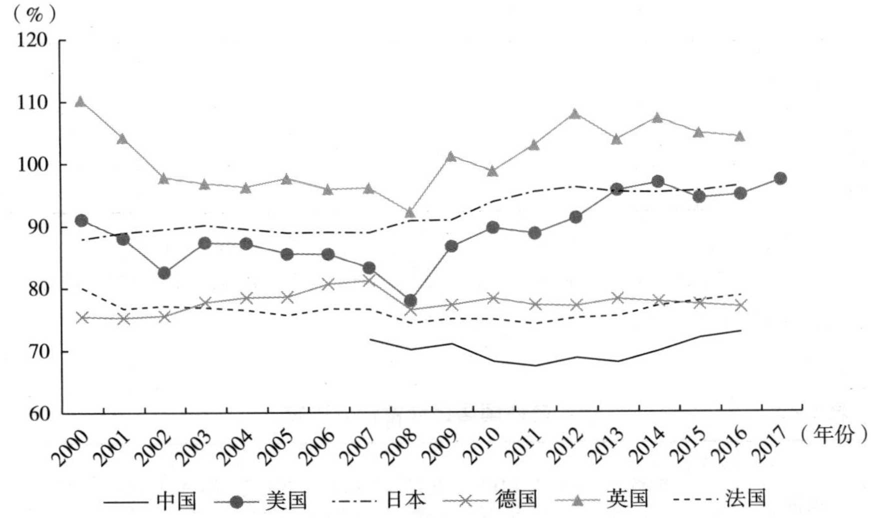

图 3－13　居民财富占国家总财富的比重

资料来源：同图 3－12。

小于在居民财富上的差距，而后者又小于在可支配收入上的差距（见表 3－1）。正是由于这一“不平衡”的差距，中国居民较高的储蓄倾向可以得到部分解释：如从表 3－2 进一步列示的中美比较可见，在考察期内，中国、美国两国居民在储蓄—可支配收入之比（常用的储蓄率）上的差异要明显大于在储蓄—财富之比（或简记为“存量储蓄率”）上的差异。这一结果表明，由于财富存量较少，中国居民通过储蓄进行财富积累（如购买住房资产），抑或预防不时之需的动机（预防性储蓄）也就越强烈。而这一财富存量视角在现有的所谓中国“高储蓄率之谜”的研究文献中被普遍忽视。

表 3－1　　中美两国居民收入、GDP、财富比较　　单位：美元

项目	2014 年			2015 年			2016 年		
	中国	美国	中国/美国	中国	美国	中国/美国	中国	美国	中国/美国
居民人均可支配收入	3283	40911	8.0%	3527	42356	8.3%	3586	43234	8.3%
人均 GDP	7591	54707	13.9%	8068	56207	14.4%	8127	57467	14.1%

续表

项目	2014			2015			2016		
	中国	美国	中国/美国	中国	美国	中国/美国	中国	美国	中国/美国
居民人均财富	30209	261528	11.6%	33264	268472	12.4%	34688	283452	12.2%

注：为便于比较，中国数据已按照各年人民币对美元年均汇率折合成现值美元。

资料来源：中国财富数据来自国家金融与发展实验室估算，其他数据来自国家统计局；美国数据来自美国经济分析局、世界银行 WDI 数据库。

表 3－2　　中、美两国居民储蓄行为比较

项目＼年份	2008	2009	2010	2011	2012	2013	2014	2015	2016
储蓄率_中国（%）	27.3	27.1	28.7	29.2	30.6	27.8	28.1	28.5	28.2
储蓄率_美国（%）	4.9	6.1	5.6	6.0	7.6	5.0	5.7	6.1	4.9
存量储蓄率_中国（%）	3.2	2.9	3.1	3.1	3.3	3.0	3.1	3.0	2.9
存量储蓄率_美国（%）	1.0	1.1	1.0	1.1	1.4	0.8	0.9	1.0	0.7
储蓄率倍数（中国/美国）	5.6	4.4	5.1	4.9	4.0	5.6	4.9	4.7	5.7
存量储蓄率倍数（中国/美国）	3.3	2.5	3.0	2.8	2.4	3.8	3.4	3.1	3.9

资料来源：中国居民储蓄率根据国家统计局住户调查计算，其余数据来源见表 3－1。

（二）中国居民财富的结构特征

在规模扩张的同时，中国居民财富也呈现出若干重要的结构特征。例如，在 20 世纪 90 年代末开启的住房市场化改革、快速城市化等推动下，住房构成了中国居民总资产的最大单项——在金融危机前占比超过一半，明显高于美国等发达国家（见图 3－14）。尽管在金融深化和房地产调控的过程中，这一占比在十余年间有所下降，但自 2014 年起，在城市土地供应趋紧、城市化继续推进等因素的作用下，住房资产相对规模又开始缓慢回升。在此需要强调的是，对住房资产的较高依赖，会使居民储蓄及负债行为同房价以及相关调控政策等高度关联，极不利于风险—收益的分散化管理，从而制约财富长期、稳定的增长。

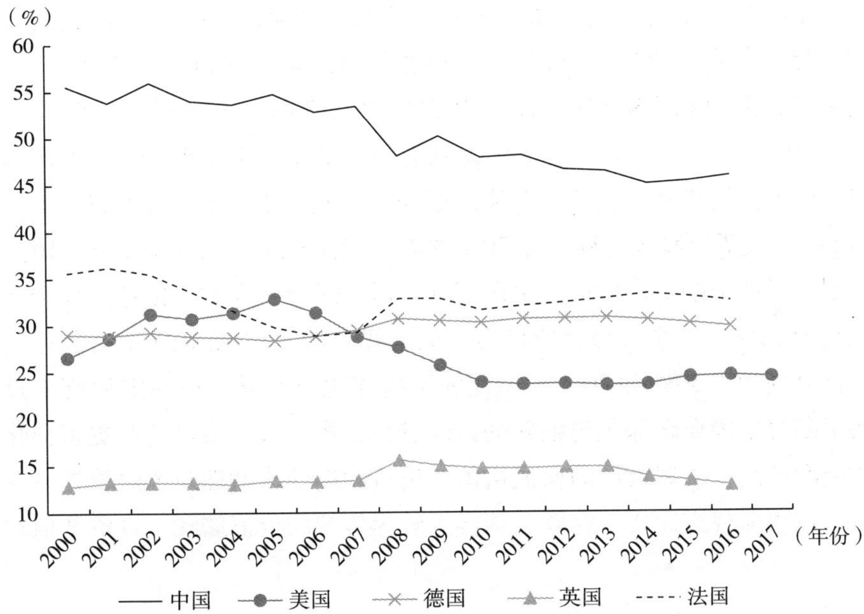

图 3－14　住房资产占居民总资产的比重

资料来源：同图 3－12。

当然也应指出，居民对住房资产的热衷，在某种程度上也是中国经济体制特点以及金融发展程度使然：即在长期的高增长过程中，居民部门持续积累财富，但在现有制度条件下其积累途径较为有限，尤其是难以通过土地、矿藏等自然资产以及海外资产的形式实现。换言之，优质、安全资产的不足是导致中国居民对持有住房偏好不减的主因之一。这也部分地解释了历次旨在“控房价”的政策措施成效不彰——从全国整体看，经过十余年的调控，城市（特别是重点城市）住房资产仍旧是最主要的私人财富附着物或价值储藏载体。只要这一基本性质没有根本上的改变，住房的“金融属性”难以削弱。有鉴于此，为实现我国政府提出的“坚决遏制房价上涨”这一要求，应注重“疏”“堵”结合：简单地“限购”“限售”“限贷”很难取得明显成效，甚至还可能强化升值预期。从长远计，更为重要的可能还在于通过发展资本市场、支持实体经济等举措，形成财富积累的新渠道、新载体。

再如，随着金融业的发展、深化，中国居民持有的金融资产构成也发生了值得关注的变化。如图 3 - 15 所示，2004—2016 年，居民持有的通货、存款（含公积金存款）、债券等金融资产项目占比持续下降：其中现金由 7% 降至 3%、存款由 51% 降至 36%、债券则由 5% 降至 2%。相应地，居民理财几乎从无到有，至 2016 年已经占金融资产的 13%。证券投资基金也从 1% 骤升至 8%、保险准备金占比则从 3% 升至 5%、股票及股权等维持在 20% 左右。横向对比可见（见图 3 - 16），中国居民的金融资产构成与美国迥异，后者通货、存款、债券三项合计仅约为 20%，其余大部分项目为“股权投资”和“保险及养老金等”，占比分别约为 50% 和 30%。如此的结构变化与差异，在一定程度上反映了随着中国金融深化与创新的持续进行，居民可以通过持有更多样化的金融产品，实现资产的保值增值并进行相应的流动性与风险管控。当然，在逐渐替换通货、存款、债券等较为传统的价值储藏、投资增值途

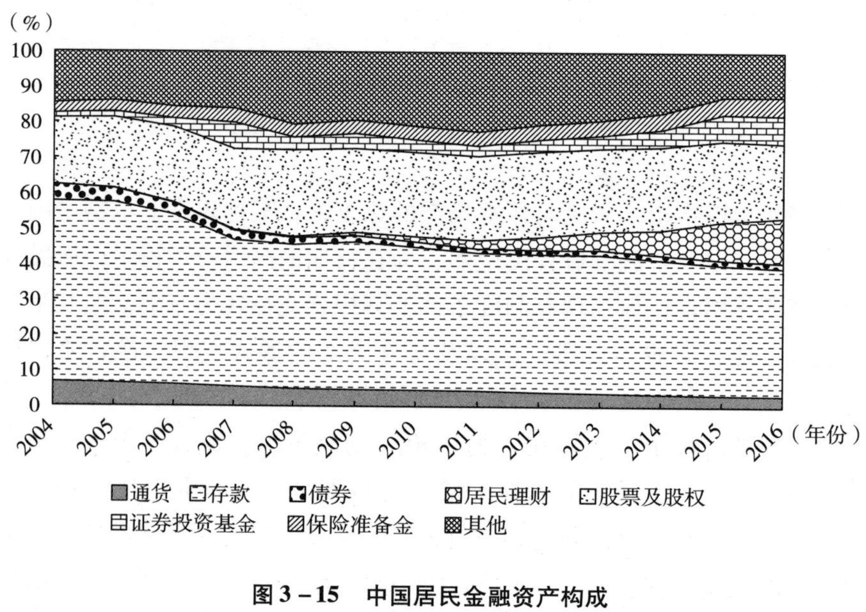

图 3 - 15　中国居民金融资产构成

资料来源：国家金融与发展实验室。

径的过程中，居民金融资产的流动性、风险水平及其传导机制等都会发生相应改变，享有的金融服务也更为繁复、迂回，相应的信息成本、管理成本、道德风险等也在提高。需要指出的是，同样为发达国家，日本、德国的通货、存款、债券等项目在居民金融资产中仍占有很大比重（分别约占55%和40%），且近年无明显方向性变化。而两国一般也被认为是实体经济高度发达、金融系统较为稳健的经济体。所以，尽管金融资产结构可以为评判金融发展水平、金融与实体经济关系等提供重要的分析视角，但也必须辩证对待——特别是要在风险—收益之间进行权衡，不存在单一、静止的优劣评价标准。

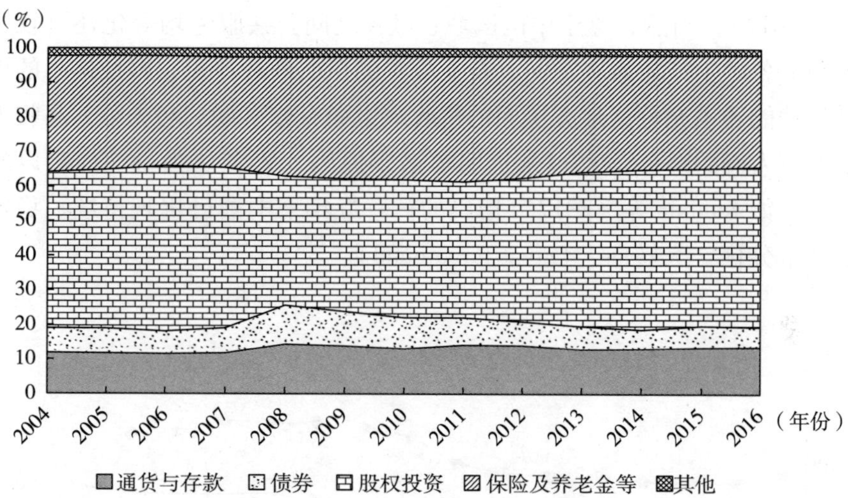

图3－16　美国居民金融资产构成

资料来源：美国经济分析局（Bureau of Economic Analysis）。

（三）中国居民财富分配

在中国居民部门整体财富快速积累、结构日益多元化的同时，也应注意到财富在不同人群之间的分配也出现了明显的分化态势。如在图3－17中，我们展示了“世界不平等数据库”（World Inequality Database）提供的关于中国等五大经济体顶端10%人群财富分布数据。从这一指标可见，在2000年，中国富裕人群的财富尚不足各类人群合计的50%，低于同期美国、法国、英国、俄罗斯等。然而在此之后，中国的财富分配从一个相对较为平等的水平快速上升，并已经明显超过英、法等较为侧重社会公平与福利的欧洲国家，接近俄罗斯、美国的水平。不过，从2012年开始，得益于城乡劳动力流动渐近均衡、扶贫开发力度加大等因素，中国财富集中化的态势开始趋于稳定——这同靳永爱和谢宇（2017）估算的2012年、2014年两年中国家庭财产基尼系数分别为0.727和0.70的结果一致。此外，尽管上述财富分配的集中度明显大于收入分配集中度，但也同顶端人群收入份额以及收入基尼系数等指标所反映的变化趋势较为吻合（Piketty et al.，2017；Kanbur et al.，2017）。当然，鉴于中国区域、城乡之间公共服务均等化还有较大差距，各种生产要素在空间、行业配置的扭曲尚较严重，财税体系的再分配功能还不充分，地方层面的税收政策尚有较多漏洞与失洽，高收入高净值人群的财务信息远未透明等诸多原因，笔者认为目前尚难以断言——如Kanbur等（2017）指出的——近年来中国已出现持续、稳定的贫富分化“大转向”（great turnaround）。

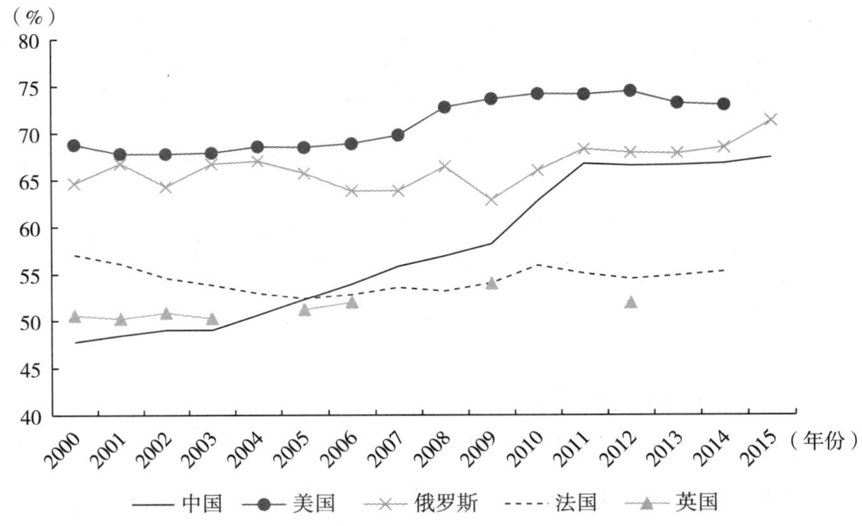

图3－17　顶端10%人群占居民财富总量的比重

资料来源：“世界不平等数据库”（World Inequality Database）。

五 宏观经济政策和宏观调控转型

2018 年年底的中央经济工作会议指出，宏观政策要强化逆周期调节，实施更大规模的减税降费，保持流动性合理充裕。2019 年《政府工作报告》重申要发挥好宏观政策逆周期调节作用，实施更大规模的减税，明显降低企业社保缴费负担；支持大型商业银行多渠道补充资本，增强信贷投放能力，鼓励增加制造业中长期贷款和信用贷款；拟安排地方政府专项债券 2.15 万亿元，比去年增加 8000 亿元，为重点项目建设提供资金支持。

虽然多次强调坚持不搞"大水漫灌"式强刺激，但是社会上对相关政策还是存有疑虑，担忧这些政策会和金融去杠杆互相矛盾，就好像一边踩刹车，一边踩油门。这就引出近期宏观经济政策理论和实践中的一个重要争论：货币政策和宏观审慎政策的关系。有经济学家认为（Borio，2014），货币政策和宏观审慎政策的使用方向相反，可能会造成相互龃龉的紧张关系。但是，Svensson（2018）则指出，两者的目标和机制有着根本的不同。货币政策对通货膨胀和就业具有很强的系统性影响，通常对金融稳定影响较小；宏观审慎政策对金融稳定有很强的系统性影响，通常对通胀和就业影响很小。在这种情况下，完全可以将物价稳定和充分就业的目标赋予货币政策，将金融稳定的目标赋予宏观审慎政策。两者处在不同维度，通常多少是正交的，可以避免出现矛盾。从 2010 年党的十七届五中全会提出"构建逆周期的金融宏观审慎管理制度框架"，到 2017 年党的十九大提出："健全货币政策和宏观审慎政策双支柱调控框架"，宏观审慎政策在我国已经从"金融机构改革"板块正式进入"宏观调控政策"板块，从改革的方向和内容成为真正落地的政策。在当下宏观审慎政策伤及实体经济的时候，适时出台宽松货币政策，正是对两者正交性的检验和协调配合的探索，不能将此简单解读为"放水"或者是政策转向。

除了强化宏观经济政策的逆周期调节，近期宏观经济政策的另一重点是扶持民营企业和中小企业。中国人民银行行长易纲 2018 年 11 月 6 日接受媒体采访，提出了支持民营经济的"三支箭"：增加民营企业的信贷，设计民营企业债券融资支持工具，以及研究设立民营企业股权融资的支持工具，缓解股权质押的风险。2019 年 2 月，国务院发布《关于加强金融服务民营企业的若干意见》，强调平等对待各类所有制企业，有效缓解民营企业融资难、融资贵问题。2019 年的《政府工作报告》特别指出，要加大对中小银行定向降准力度，释放的资金全部用于民营和小微企业贷款。2019 年国有大型商业银行小微企业贷款要增长 30% 以上。

商业银行对这一政策多少存在质疑，因为民营企业和中小企业确实经营风险大，坏账率高。不过，从宏观层面考虑，这些政策可以看作竞争中性原则真正确立之前的权宜之计。首先是纠偏，即纠正政策实施过程中对民营企业和中小企业的不公正和歧视，不要让这些企业在经济周期波动中遭受更大冲击。其次是补偿，即有些政策很难在实施过程中兼顾竞争中性，已经对弱势企业造成伤害，需要事后用其他政策进行补偿。另外，在舆论关注较多的情况下，这些措施也可以稳定预期，从而起到稳定经济的作用。最后，最重要的是要认识到，金融去杠杆背后并非简单的表外业务回表和传统体制回归，而是我国整个货币政策和金融监管的转型。这种转型是从理论基础到实施框架的全面转型，既反映了我国经济发展新阶段的现实需求，也反映了国际金融危机后国际层面的反思和共识。这一转型的成败，直接关系到我国建设现代化经济体系的成败，也直接关系到我国的增长奇迹能否打破金融诅咒。

我们用图 3－18 来刻画我国银行体系的行为，其中，中央银行总资产/GDP 反映中央银行的行为。单纯从总资产看，我国央行从 2009 年以来一直在“缩表”。[①] 2009 年第三季度，中央银行总资产为 22.3 万亿元，是同期 GDP 的 66%；到 2018 年年底，中央银行总资产才增加到 37.2 万亿元，与同期 GDP 的比值下降到 41%。在央行“缩表”的同时，代表银行体系资产端的贷款总额和负债端的 M2 却一直在扩张。2008 年年底我国贷款总额为 32 万亿元，与同期 GDP 相当，两者比值为

① 这里是指相对意义上的缩减资产负债表，即相对名义 GDP 增长而言，中央银行资产负债表的扩张较慢，导致二者比值下降。最近美联储的缩表是绝对意义上的，即资产负债表绝对规模的缩减。

100%；到2018年年底，贷款总额增加到141.8万亿元，是同期GDP的157%。2008年年底的M2为47.5万亿元，是同期GDP的149%；到2018年年底，M2增加到182.7万亿元，是同期GDP的203%。如图3－18所示，中央银行“缩表”和整个银行体系“扩表”［见图3－18（a）］，

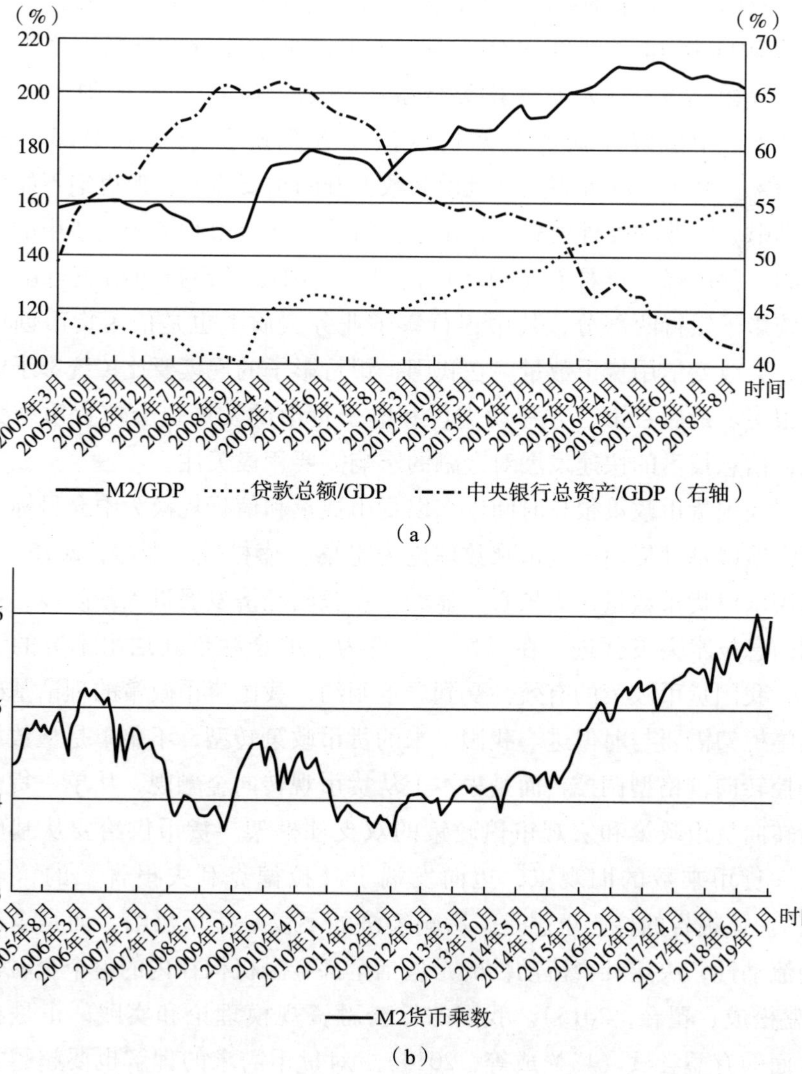

图3－18　中国银行体系总量指标与M2货币乘数

资料来源：Wind及笔者计算。

其所导致的一个后果就是货币乘数的不断攀升［见图3－18（b）］。或者说，探究这一扩一缩背后的原因，可以转化为探究货币乘数上升的原因。图中所示的是M2货币乘数，即M2和基础货币的比值，该乘数从2012年最低时的3.61，已经增长到目前接近6的水平。

我国M2货币乘数的攀升，大致有三方面原因。首先，中国人民银行从2011年12月到2019年1月，一共降低法定存款准备金率13次，累计降幅达8%。大型存款类金融机构法定准备金率从21.5%降到13.5%，中小型存款类金融机构法定存款准备金率从19.5%降到11.5%。其次，降准固然是货币乘数上升的重要原因，但也绝不能忽视在理财、同业和委外模式下，影子银行体系在货币和信用创造中的推波助澜。孙国峰、贾君怡（2015）指出，中国影子银行包括银行影子和传统影子银行两部分，其中银行影子业务实质上也是信用货币创造过程，会改变信用货币数量。在我国，银行影子的规模要比传统影子银行大很多。最后，第三方移动支付和电子货币的发展也会使货币乘数增大，信息技术的快速发展对金融的影响需要积极关注。

我国货币政策很长时间以来以货币数量和信贷规模为中介目标，货币供给以基础货币—货币乘数理论为圭臬（盛松成、翟春，2015），货币需求以货币数量论为核心。显然，在我国经济发展进入新阶段，互联网信息技术突飞猛进，在以影子银行为主的金融创新层出不穷的背景下，我国货币政策的有效性受到严重制约，我国货币政策的理论基础和实施框架需要与时俱进。我国未来的货币政策转型，不单单是从数量型调控转向价格型调控，而是根本上从货币观转向金融观，从单一货币政策转向货币政策和宏观审慎政策的双支柱框架。货币供给要从基础货币—货币乘数的旧观点，迈向发端于《拉德克利夫报告》的“新观点”。该报告的核心思想是，影响经济的不仅是货币供给，而是全部社会流动性，决定社会流动性的是包括全部金融机构在内的整个金融体系（盛松成、翟春，2015）。我国的社会融资规模理论和实践，正是在这方面的有益尝试（盛松成等，2014）。对货币需求的理解也要超越货币数量论。服务于实体经济的是整个金融体系，而不光是银行体系提供的货币。宏观经济政策需要关注的也不仅仅是通货膨胀和失业，还要包括金融风险，以保证金融体系顺畅运作，发挥其基本功能。

六　小结

21世纪以来，尤其是2008年国际金融危机之后，中国的金融业膨胀和金融体系复杂化逐步变成一个严重问题，对实体经济三大部门都造成了根本性影响。对非金融企业部门而言，这表现为债务率高企和收益率下降。对居民部门而言，这表现为财富总量膨胀、结构扭曲和分配恶化。对政府部门而言，这一方面降低了货币政策的有效性，削弱了政府对货币和信贷的控制；另一方面则累积了大量脱出金融监管的债务，金融风险陡增，监管当局面临巨大挑战。

我国政府不断加码的金融去杠杆政策取得了一定成果，抑制了各部门杠杆率的继续攀升，也局部释放了一些金融风险。其代价是经济增长速度放缓和民营经济、中小企业经营状况恶化。显然，我国宏观调控的主要矛盾，已经从传统的就业和通胀的折中，转变为更广泛的经济稳定和金融稳定的折中。金融去杠杆背后并非简单的表外业务回表和传统体制回归，而是整个货币政策和金融监管的转型。这种转型是从理论基础到实施框架的全面转型，既反映了我国经济发展新阶段的现实需求，也反映了国际金融危机后国际层面的反思和共识。这一转型的成败，既直接关系到我国建设现代化经济体系的成败，也直接关系到我国能否打破金融诅咒，续写增长奇迹。

参考文献

[美] 丹尼·罗德里克：《全球化的悖论》，廖丽华译，中国人民大学出版社2011年版。

[美] 海曼·P. 明斯基：《稳定不稳定的经济：一种金融不稳定视角》，石宝峰、张慧卉译，清华大学出版社2015年版。

[英] 阿代尔·特纳：《债务和魔鬼：货币、信贷和全球金融体系重建》，王胜邦、徐惊蛰、朱元倩译，中信出版社2016年版。

[英] 默文·金：《金融炼金术的终结：货币、银行与全球经济的未来》，束宇译，中信出版社2016年版。

[英] 乔·史塔威尔：《亚洲大趋势：中国和新兴经济体的未来》，蒋宗

强译，中信出版社 2014 年版。

靳永爱、谢宇：《家庭财产》，载谢宇、张晓波、李建新、涂平、任强编著《中国民生发展报告 2016》，北京大学出版社 2017 年版。

李成、汤铎铎：《居民财富、金融监管与贸易摩擦——2018 年中国宏观经济中期报告》，《经济学动态》2018 年第 8 期。

李扬、张晓晶、常欣等：《中国国家资产负债表 2018》，中国社会科学出版社 2018 年版。

林毅夫、蔡昉、李周：《中国的奇迹：发展战略与经济改革》，上海三联书店 1994 年版。

潘宏胜：《中国金融体系复杂化的成因及影响》，《比较》2017 年第 6 缉（总第 93 缉）。

盛松成、徐诺金、张文红等：《社会融资规模理论与实践》，中国金融出版社 2014 年版。

盛松成、翟春：《中央银行与货币供给》，中国金融出版社 2015 年版。

孙国峰、贾君怡：《中国影子银行界定及其规模测算——基于信用货币创造的视角》，《中国社会科学》2015 年第 11 期。

汤铎铎：《金融去杠杆、竞争中性与政策转型——2019 年中国宏观经济展望》，《经济学动态》2019 年第 3 期。

汤铎铎、李成：《全球复苏、杠杆背离与金融风险——2018 年中国宏观经济报告》，《经济学动态》2018 年第 3 期。

汤铎铎、张莹：《实体经济低波动与金融去杠杆——2017 年中国宏观经济中期报告》，《经济学动态》2017 年第 8 期。

殷剑峰、吴建伟、王增武等：《钱去哪了：大资管框架下的资金流向和机制》，社会科学文献出版社 2017 年版。

中国人民银行：《中国金融稳定报告 2017》，中国金融出版社 2017 年版。

钟宁桦、刘志阔、何嘉鑫、苏楚林：《我国企业债务的结构性问题》，《经济研究》2016 年第 7 期。

Arcand, Jean Louis, Enrico Berkes, and Ugo Panizza, "Too much finance?" *Journal of Economic Growth*, Vol. 20, No. 2, 2015, pp. 105 - 148.

Bagehot, Walter, Lombard Street: A Description of the Money Market, Henry S. King & Co. , 1873.

Blanchard, Olivier, and Lawrence H. Summers, "Rethinking Stabilization Policy: Evolution or Revolution?" NBER Working Paper No. 24179, 2017.

Borio, Claudio, "Macroprudential Frameworks: (Too) Great Expectations?" in Schoenmaker, Dirk (ed.), *Macroprudentialism*, A VoxeEU. org eBook: 29 -45.

Brunnermeier, Markus K. , Michael Sockin, and Wei Xiong, "China' s Gradualistic Approach: Does It Work for Financial Development?" *American Economic Review*, Vol. 107, 2017 (5): 608 -613.

Cecchetti, Stephen G. and Enisse Kharroubi, "Why Does Credit Growth Crowd Out Real Economic Growth?" NBER Working Paper No. 25079, 2018.

Greenwood, Robin and David Scharfstein, "The Growth of Finance", *Journal of Economic Perspectives*, Vol. 27, No. 2, 2013, pp. 3 -28.

Kanbur, R. et al. , "The great Chinese inequality turnaround", BOFIT Discussion Papers, No. 2017 -6, 2017, Bank of Finland.

Kohn, Donald, "From the great moderation to the great recession and beyond — how did we get here and what lessons have we learned?" Speech at 200th Anniversary of Danmarks Nationalbank, Copenhagen, 2018.

Li, Cheng, "China' s household balance sheet: Accounting issues, wealth accumulation, and risk diagnosis", *China Economic Review* (*forthcoming*), 2018.

Philippon, Thomas, and AriellReshef, "An International Look at the Growth of Modern Finance", *Journal of Economic Perspectives*, Vol. 27, 2013 (2): 73 -96.

Piketty, Thomas, Li Yang, and Gabriel Zucman, "Capital Accumulation, Private Property and Rising Inequality in China, 1978 -2015", NBER Working Papers, No. 23368, 2017.

Shaxson, Nicholas, The Finance Curse: How global finance is making us all poorer, Penguin Group, 2018.

Song, Zheng, Kjetil Storesletten, and Fabrizio Zilibotti, "Growing like China", *American Economic Review*, Vol. 101, No. 1, 2011, pp. 196 – 233.

Svensson, Lars E. O., "The Future of Monetary Policy and Macroprudential Policy", The future of central banking – Festschrift in honour of Vítor Constancio, ECB, 2018, pp. 69 – 123.

Turner, Adair, "What Do Banks Do? Why do Credit Booms and Busts Occur and What Can Public Policy Do about It?" Chap. 1 in The Future of Finance, edited by Adair Turner et al., London School of Economics, 2010.

Yao, Yang, "The Chinese Growth Miracle", *Handbook of Economic Growth*, Vol. 2, 2014, pp. 943 – 1031.

第四章　中国经济周期波动：体制和结构视角

一　引言

自1978年改革开放以来，经过四十年的不懈努力，我国已逐步建立了有中国特色的社会主义市场经济体制，经济发展取得了世界瞩目的成绩，2017年的不变价GDP总量是1978年的35倍，不变价人均GDP是1978年的24倍，2018年人均GDP将达到近一万美元的水平。在这一发展过程中，中国没有照搬西方的经验，而是在学习西方的同时，渐进地、稳妥地实现改革目标，在发展中保留了许多中国特色因素和社会主义的本质，这令中国的经济发展和经济周期波动有自身独有的特征，这也是令中国区别于世界其他主要市场经济国家的关键之处。

这些特色的体制与结构性特征，从微观经济个体到宏观经济的运行都造成了各方面的影响。有些影响是好的方面，当然有些也存在各种各样的问题，因此不能简单地判定这些中国特色的体制和结构性特征的好坏，事物总是有两面性，利弊常交织在一起。重点在于理解这些中国经济体制和结构中的特色之处，深入研究其中的机制和原理，从而采取针对性的政策措施，扬长避短，以促进中国经济的持续稳定健康发展。本章将从四个方面讨论中国经济的体制和结构性特征对经济周期波动的影响。

首先，由于转轨经济和渐进式改革的现实，以及我国的社会主义市场经济定位，决定了我国仍然保留了较高的国有企业和国有经济成分。这些国有企业历经改革，目前基本已建立了较为完善的现代企业制度。但是，这些国有企业不可避免地与民营企业、外资企业等在行为特征上有很多不同，这令我国的经济结构和经济周期特征明显异于与世界其他众多市场经济体。

其次，在中国的单一制政治体制下，上级政府对下级政府有完全的领导和监督责任，官员的任免主要是由上级政府和更高层官员决定，“上级”承担着对下级政府官员遴选、监督、考核、任命等职责。其中，地方的经济发展成绩是地方政府和地方官员表现评价中最重要的方面之一，这使地方有强烈的发展本地经济的冲动。与中央政府具有逆周期宏观经济调控的职责和权力不同，地方政府既不存在繁荣时期进行逆周期宏观调控的动机，也缺乏控制货币和财政政策的权力，这使地方政府的行为在经济繁荣时呈现顺周期特征。

再次，从计划经济向市场经济改革最重要的方面之一就是价格体制的逐步放开。从 20 世纪 80 年代的价格闯关确立价格双轨制的渐进改革路径，到 1992 年邓小平“南方谈话”重启市场化改革后 90 年代中期再次放开大量商品的价格，直到现在，仍然有部分商品的价格没有完全放开，存在较明显的政府管制。目前仍存在的管制主要集中在生产要素市场，特别是金融市场和土地市场。这些管制措施压低了融资和土地的成本，起到促进企业投资和固定资本形成的作用。

最后，经济的二元结构和非均衡增长。作为一个从农村人口超过 80% 的农业国向工业国转变的发展中国家，城乡二元是中国最主要的二元结构特征。除了遵循刘易斯的二元经济结构模型的特征外，我国还有自身的独特之处，特别是我国的三个导致城乡分割的体制：户籍制度、社会福利和保障制度，以及土地制度，加剧了我国城乡和区域之间发展的不平衡。

二　国有企业与经济周期波动

匈牙利经济学家 Kornai（1979，1980）最早提出预算软约束（Soft Budget Constraint）的概念，主要描述社会主义国家中，国有企业经营不善或濒临破产时，会得到国家以追加投资、减税、提供补贴等方式进行支持，以保证这些企业继续生存。现在，预算软约束现象的讨论已经不仅局限于社会主义计划经济和国有企业，也被用来讨论转型经济和市场经济、中央政府与地方政府以及中央银行与金融机构之间的关系（罗长林等，2014）。

预算软约束问题一直被国内学界高度关注。自 20 世纪 80 年代以来，我国的国有企业历经多次改革，许多国有企业通过改制和产权转让转为民营，国有企业从大量竞争性领域退出，国有企业的数量大大减少[①]，而剩余国有企业至今也已基本建立较完善的现代企业制度。大量国有企业目前已是混合所有制企业（根据国有成分多寡，又分为国有控股和国有参股），股权的多元化和国有成分的降低也起到硬化预算约束的作用，国有企业的行为更加市场化。地方的经济分权也会促进地方政府硬化地方国企的预算约束（Qian and Roland，1996；Qian and Roland，1998），因此，国有企业的预算软约束问题在过去几十年里总体在逐渐改善。

但不可避免的是，在部分领域或部分地区，预算软约束问题仍然广泛存在，且在新的时代背景下出现新的现象和问题。首先，虽然国有企业的数量总体有所减少，但部分国企的规模、体量则大大增加，形成许多“巨无霸”。企业规模越大，监管难度越大，信息不对称的程度也越强。同时，这也使企业出现经营不善问题时的社会成本越高，加重预算软约束问题。其次，为了减少国有企业亏损，甩掉“包袱”，20 世纪 90 年代后期，在“抓大放小”的国企改革总体方针下，国企改革有较大推进。而中国加入 WTO 后，随着宏观经济条件的改善和国企经营状况的好转，国企的产权改革又逐步趋缓。[②] 次贷危机和欧债危机接连爆发后，部分为了应对危机，国有企业数量又大幅增多，如图 4-1 所示。

---

① 更少的国企数量有利于政府监管和降低信息不对称，从而有利于硬化预算约束（Qian and Roland，1996）。

② 而郎咸平等在 2005 年前后掀起的对国企改革可能导致国有资产流失，甚至侵吞国有资产的责难和争论，也让政府对于国企的产权改革更加慎重。

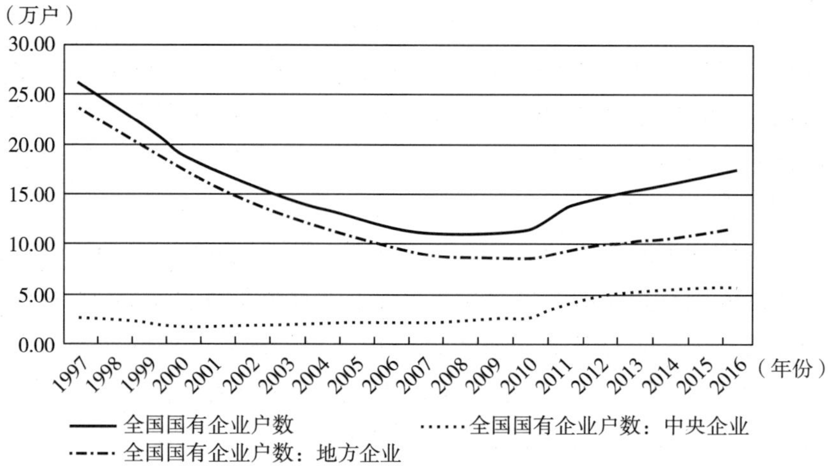

图 4－1　全国国有企业户数：中央和地方企业

资料来源：Wind。

（一）预算软约束的成因

预算软约束产生的原因主要可以从外生性和内生性两个角度进行解释，外生性侧重于从体制的角度进行解释，而内生性主要从经济系统中不同主体的理性的角度进行分析。外生性因素主要包括："父爱主义"、政策负担和政治家的政治目的等。内生性因素主要包括：公有制、时间不一致性等。

Kornai（1980）早期的"父爱观点"认为因为企业破产会给社会经济带来负面影响，所以国家会对这些濒临破产的企业提供援助。而由于存在政府的支持，企业的行为准则也会建立在期望政府干预的基础之上（胡汉辉等，2001）。

林毅夫等（2003，2004）认为，社会主义国家、转型经济和部分发展中国家的国有企业承担了政策性负担。为了追求经济转型升级，国家号召企业进入资本密集型产业，这些产业的前期研发阶段需要依靠政府补贴；另外，有些国有企业承担了冗员和工人福利等社会保障职能，这部分额外的成本负担可能导致企业亏损，政府会提供补贴。理论上，政府应对企业因承担政策性负担而导致的损失进行补贴，但因企业自身经营不善而导致的损失应自负。但是，以上两种政策性负担与经营不善导致的亏损总是混为一谈，由于信息不对称使政府无法甄别，只能进行统一补贴，导致预算软约束的产生（林毅夫等，2004）。

Shleifer 和 Vishny（1994）提出，政治家的非经济目标会导致预算软约束的产生。增加就业率和促进地区经济增长可以为政治家带来额外的政治收益，政治家也由此需要对企业的损失进行补偿。

李稻葵（Li，1992）认为，公有制是产生预算软约束的主要原因。在公有制背景下，融资决策是由政府、银行和企业共同做出的。企业对贷款的使用有决定权，即使贷款资金使用不当，也不会面临倒闭的风险，由此产生预算软约束。

Dewatripont 和 Maskin（1995）认为，预算软约束是由于时间不一致导致的。社会主义经济是高度集中的计划经济，政府更容易对未完工的无效率项目追加投资。而在资本主义经济的高度分权的制度下，追加投资的交易成本更大，反而达到硬化企业约束的目的。

（二）预算软约束的影响

预算软约束对经济有多方面的影响，包括：①预算软约束会导致国有企业对价格不敏感（罗长林，2014）。由于预算软约束的保障，企业财务成本和融资难度降低，引发国有企业对于企业内部现金流的依赖程度更低，随着国有股权比例的上升，企业对债务杠杆的敏感程度也逐渐降低（辛清泉等，2006）。②预算软约束削弱了债务融资对于公司治理的促进作用。一般金融理论认为，债务融资能够减少代理成本，提高公司质量，然而，预算软约束会降低政府补助的使用效率，导致国有企业杠杆治理扭曲（田利辉，2005）。③预算软约束会导致地方政府投资需求过剩。预算软约束机制导致地方国企无序扩张，容易引发地方投资需求过旺和负债过度，江曙霞等（2006）认为，预算软约束是地方政府主导性投资过热的主要支柱和催化剂。④预算软约束会使银行等存款性金融机构在放贷中更加偏向国有企业，从而降低金融资源的配置效率。

当然，预算软约束下的国有企业行为也有可取之处。相比民营企业，国有银行和国有企业偏好更加谨慎、保守的商业模式。[①] 在宏观经济面临较大风险时，国有企业有更强的抵御风险能力，更倾向于不解雇员工，甚至国有企业会在政府要求下增加雇佣和投资，从而发挥稳定就业和经济的职能，避免经济陷入下行的恶性循环中（梁琪和余峰艳，2014）。国有企业在经济下行时期可以起到稳定经济的压舱石作用。

1980 年以来，行政分权和包干制度强化了地方政府和财政的经济激励（江曙霞等，2006）。同时，以 GDP 为主导的政治绩效考核机制强化了地方政府支持本地企业扩张，做出过度投资的决策。由于企业的扩张需要大量资金，政府转而促成国有商业银行对企业大量放贷。

20 世纪八九十年代，我国逐步实现了“拨改贷”和银行商业化。“拨改贷”是指原来国家对国有企业固定资产投资的财政拨款转变为银行贷款，是固定资产投资管理体系的重要改革，自此政府为亏损国有企业直接注资大量减少（田利辉等，2005）。如图 4－2 所示，政府对于企业的亏损补贴 90 年代以来逐步减少。由于还贷的约束和政府对企业亏损补贴的降低，国有企业的预算约束问题得到一定改善。但是，通过控制国有银行进行间接资金扶持仍然普遍存在。由于国有银行不存在破产问题，所以不会与地方政府对抗，导致银行成为政府的金融工具。因此，国有商业银行倾向于对有政府隐形担保的国有企业提供大量贷款。

20 世纪 90 年代，中国的国有企业改革主要遵循“抓大放小”的原则。“抓大”是把大型骨干国有企业改革，做大做强。1999 年成立四大国有资产管理公司，对国有资产进行了大刀阔斧的改革和重组。但是，最终保留的国有企业，其预算软约束问题也并未完全得到有效解决。“放小”是指对大量中小型国有企业民营化，实现预算硬约束，这些企业在市场中优胜劣汰，和大量快速发展的民企为我国的经济发展做出了积极贡献。这次扩大企业自主权的改革取得巨大的成就，但是其本质仍是以增强国有企业的活力和效率为目的，并未触及计划经济体制的根本（钟祥财等，2014）。

近些年，特别是金融危机之后，国有企业的数量和规模又明显增

---

① 例如，从银行的资产负债率角度，国有银行的资产负债率普遍低于股份制银行。

多，这与新的时代背景下的预算软约束有密切的关系。国有企业规模与管理者的晋升关系密切，在预算软约束和中国式竞争锦标赛的大背景下，作为国企经营者，与可能的经营亏损相比，更关心的是企业规模能否做大、市场份额能否提高。

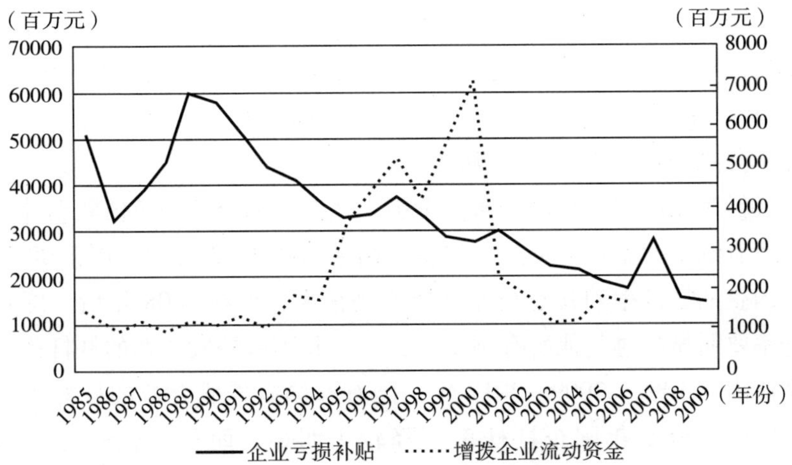

图 4－2　政府对企业的补贴情况

资料来源：CEIC 数据库，财政部。

因此，在地方政府、国有企业和国有商业银行三方的扩张规模之冲动下，银行对国有企业的贷款不具备硬性约束特征，难以发挥治理功能。由于地方政府的隐性担保，发放贷款的银行对国有企业的监督和贷款违约追究的动机减弱，导致债务的治理功能降低（辛清泉等，2006），国企也更容易得到贷款资源，从而实现举债扩张的目的。同时，由于政府对国有企业投资决策的干预，也使国有企业愿意不顾自身发展情况，盲目过度举债，支持企业扩张。

适当的负债有助于约束经理人行为，优化资产结构，加强外部监督。但是在预算软约束情景下，由于国有企业有政府的隐性担保，金融机构和金融市场会认为国有企业的违约风险更低，因此更愿意给国有企业债务融资，国有企业从而呈现出高杠杆率的特征。钟宁桦等（2016）对 1998—2013 年我国规模以上工业企业资产负债率进行分析后证实，多数企业进行了整体性的去杠杆，但是许多家大型国有上市企业反而显著增加了杠杆。研究发现，随着时间的推移，商业银行的贷款资金配置对于国有企业的偏向性越来越强。近年来，我国国有控股企业的资产负债率徘徊于高位，且显著高于同期的民营企业。尽管国有企业资产负债率出现小幅下降，但是曾刚（2018）的研究发现，国有企业与民营企业同期资产负债率差距曾达到10%左右。蒋灵多（2018）的研究也同样发现国有企业的杠杆率远高于非国有企业的杠杆率，从1998年到2007年，国有企业的平均杠杆率为77.54%，而民营企业和外资企业的杠杆率分别为59.13%和52.78%。

我们利用国家统计局公布的全国工业企业的资产和负债数据计算了不同所有制工业企业的资产负债率，结果如图4－3所示。在2008年以前，国企的杠杆率和其他企业差异不是很大，但在2008年后，国企的杠杆率要明显超过其他所有制企业，国有和国有控股企业的杠杆率比私营企业高约10%。2009—2017年，国有和国有控股企业的杠杆率均在60%以上，2018年国企杠杆率下降较为明显，而私营企业在2017—2018年杠杆率有较明显上升。

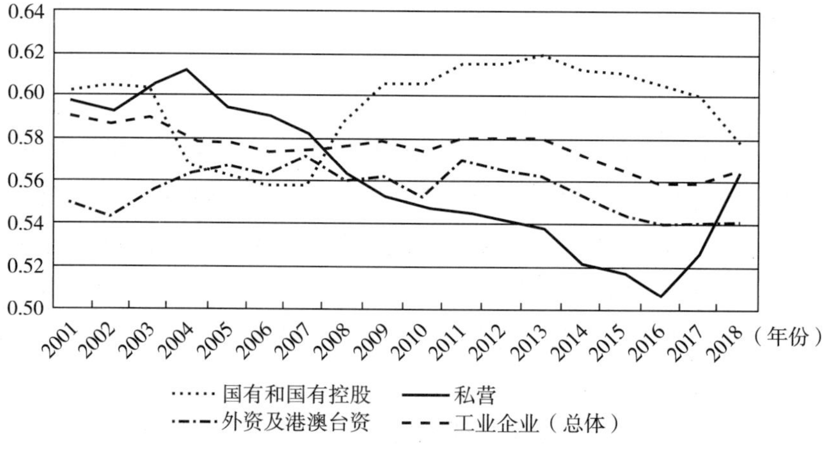

图4－3　不同所有制工业企业资产负债率

资料来源：国家统计局。

（三）推进预算约束硬化

总体而言，预算软约束的影响是负面的，尽管在部分时期预算软约束可能有助于稳定经济和社会，但长期代价却是巨大的。[①] 目前，消除企业预算软约束可以从以下几个角度考虑和着手：

第一，减轻国有企业政策性负担。如果不减轻甚至取消国有企业的政策性负担，政府就无法摆脱提供补贴和优惠政策的责任，预算软约束现象就会持续存在。在没有政策性负担的情况下，国有企业没有其他借口掩盖经营决策的失误，国有企业管理者才能对企业经营情况负责。消除政策性负担后，公司治理结构改革才有意义，预算软约束问题才能得到解决。

第二，规范地方政府行为。完善地方政府的绩效考核机制，降低GDP的权重和影响，将注意力更多地集中到民生方面，切实提高人民生活水平。同时，也要充分考虑地方差异，设计有效的激励机制，规范地方政府、国有企业和国有银行的行为，防止地方政府为刺激经济，盲目扩张地方国有企业（王文甫等，2014）。

第三，利用市场化机制，清理国有企业中的僵尸企业，积极推进企业破产重组。经营不善的僵尸企业僵而不死，是造成预算软约束和政府补贴的重要原因，对于这些企业，要下定决心推进全面改革，促进经济资源更加有效的配置。

第四，推进混合所有制改革和股权多元化。我国已经对国有企业进行了一系列改革，推进股份制、现代企业制度以及对上市公司进行的各种制度设计，目的都是为了硬化国有企业的预算约束（林毅夫等，2003）。其中，国有成分占比越高，预算软约束问题通常越严重，在当前要积极以推进国有企业混合所有制改革为抓手，完善和提高国有企业治理。股权多元化和非国有股东的引入有利于提高国有企业经营绩效，也有利于降低政府对企业的“父爱主义”。

---

① Hsieh 和 Klenow（2009）的研究认为，如果中国解决资源错配问题，企业的生产率差异降低到美国的水平，可以使制造业的全要素生产率提高 30%—50%，其中国有企业是导致资源错配和生产率差异的重要原因。

三　地方政府与经济周期波动

（一）经济分权和晋升锦标赛

经济周期波动是正常的经济现象，由多种因素共同导致，例如，技术冲击、外部冲击、货币政策和财政政策冲击，等等。其中，政府行为和经济周期间的关系也是相关研究的一个重点。政府既是熨平经济周期波动的力量，又可能是造成经济周期波动的原因。与美国等国家不同的是，我国的政治体制避免了政党选举和轮流执政带来的经济波动，保证了政策的稳定性和连续性。不过，在中国特色的单一制政治体制下，中央政府和地方政府之间的博弈成为中国经济周期波动的重要原因。

在从地方政府角度解释中国的经济增长和波动方面，有两个理论解释深具影响力：一个是钱颖一等提出的“中国特色的市场导向的经济联邦制”理论；另一个是周黎安等提出的“晋升锦标赛”理论。Qian 和 Xu（1993）认为，与苏联和东欧不同，非国有部门的持续进入和扩张是中国在 1979—1991 年取得经济改革成功的重要动力。他们将这一差异归因于两者不同的政府治理结构，苏联和东欧的治理模式是以职能和专业化的“条条”原则为基础的单一形式（U 形经济），而中国政府的治理模式是一种自 1958 年来就存在的多层级、多地区的 M 形结构，既有“条条”又有“块块”。条条管理的职责是执行从上至下的计划经济管理（因此降低了经济的自由和活力），但“块块”管理中地方政府的职责是辖区的发展和福利，这为地方经济发展创造了激励。Maskin、Qian 和 Xu（2000）进一步在理论上证明，通过提高标尺竞争（Yardstick Competition）的效率，M 形组织结构能比 U 形结构提供更强的激励。

钱颖一和许成钢的观察引发了之后一系列有关地方分权在经济发展中作用的研究。研究一般认为，中国的地方分权与西方的财政联邦制是异曲同工的，并将其看作中国特色的市场导向的经济联邦制（Qian and Weingast，1996），这种制度框架加强了地方之间的经济竞争，加快了经济的市场化。Qian 和 Roland（1998）还证明，地方的财政分权硬化了地方政府和地方国有企业的预算约束，并进而约束了货币当局和通货膨胀。[①] 相关的实证研究多数证实了中国地方经济（财政）分权在改革开放和经济增长中的重要作用，如林毅夫和刘志强（2000）、张晏和龚六堂（2005）、Jin 等（2005），等等。

不过，从政府机构角度考察的经济分权激励还不足以解释全部问题，因为它没有落实到最后的"人"的角度。地方政府的行为最终是由地方官员决定和贯彻执行的，而中国特色的联邦制理论没有回答地方官员为什么在改革开放后一直保持着推动地方经济增长的激励。由此，周黎安等提出，地方官员的晋升机会与经济发展的密切关系是官员激励的重要来源。[②] Li 和 Zhou（2005）用 1979—1995 年的省级数据验证了执政期 GDP 增速与省级官员晋升的正向关系。周黎安（2004，2007，2008）进一步指出，从 20 世纪 80 年代开始的地方官员之间围绕 GDP 增长进行的"晋升锦标赛治理模式"是理解政府激励与增长的关键线索之一。

后续实证研究多数证实了经济发展成就在官员晋升中的重要作用，不仅是省级行政区，在更低一级的政府，如地市级也证实了晋升锦标赛机制的存在[③]（Yao and Zhang，2015；Wu et al.，2013）。从官员晋升激励角度出发的研究还被进一步拓展到除 GDP 增长以外的更多方面，如地方财政支出结构（张牧扬，2013）、基础设施建设（张军等，2007）、污染和环境保护（Wu et al.，2013）、土地出让和土地财政（张莉等，2011），等等。以上各方面的研究结论基本均与官员的晋升

① 部分受中国、俄罗斯等经济转型经验的启发，学者们进而提出了第二代财政分权理论，有别于 Tiebout（1956）等发展起来的第一代财政联邦理论，这一理论更强调联邦制对地方政府和官员在政治和经济方面的激励作用（Qian and Weingast，1997；Weingast，2009）。该理论突破了公共财政和公共物品的局限，而将其与经济转型、地方竞争、经济增长等主题广泛联系起来。

② 实际上，Maskin、Qian 和 Xu（2000）已说明了 M 形政府结构带来官员的标尺竞争的作用，但他们并未系统、严格地检验官员晋升和他们的经济发展绩效的关系。

③ 尽管从正式制度上看，改革开放以后的中国并不存在一个从中央到省、从省到地市、从地市到县乃至乡的层层放大的、将政治提拔和经济增长直接挂钩的考核体系（陶然等，2010）。此外，越受上级青睐的官员越有可能被委派到更容易出政绩的地方任职，这使经济增长对晋升的正向影响存在遗漏变量内生性的可能。但无论如何，多数研究均证实了晋升锦标赛机制的存在。

激励机制相一致。总的来说，出于政绩考核的需要，地方政府资源投入和公共支出呈现重基础建设和物质资本投入，轻人力资本投入和公共服务的倾向（傅勇和张晏，2007）。

（二）地方政府经济行为的顺周期特征

无论是“中国特色的市场导向的经济联邦制”理论，还是“晋升锦标赛”理论，都指出地方政府的主要目标是发展本地经济。而我们知道，政府调控经济的责任并不是单向地推高经济增速，由于菲利普斯曲线的制约，宏观经济应在经济增长和通货膨胀之间取得平衡。因此，从总体上来讲，宏观经济的调控应是逆周期的，特别是对于中央政府而言，需要承担稳定增长和物价的双重责任。但对于地方政府而言，则缺乏经济增长和通胀之间的平衡机制，目标更单方面偏向于增长，这有多方面的原因。

首先，影响通货膨胀的宏观经济调控手段如货币和财政政策主要由中央政府控制。地方政府关系在财政和货币政策中更多地处于从属和执行的位置，货币和财政政策在很大程度上是全国统一的（特别是货币政策），地方政府缺乏独立控制的权力。

其次，地方政府和官员考核指标体系中缺乏通胀的内容。在现有地方政府官员的考核体系中，更加看重如经济增长、财政收入、固定资产投资等任务，并在新时代背景下增加如生态环保等方面的重视，但几乎没有以地方通货膨胀为重要考核目标或者说任务的情况出现。

最后，由于贸易的存在使不同地方通胀呈现一致性。通货膨胀主要以居民消费价格指数（CPI）为衡量指标，在居民消费的商品中，多数是可贸易品，只有少数（如住房、部分服务业）是不可贸易品。这意味着在居民消费篮子里，由于贸易的存在，不同城市、地区的价格波动不会有太大的差异，不同地区价格波动的差异也会随距离的缩短和交通成本的降低而变小。因此，可以发现不同城市、地区的通胀呈现较明显的一致性，通胀的地区差异明显小于经济增长的地区差异。[①] 由于地区通胀的差异较小，也使其不适合用来区分不同地区的政绩表现。

因此，地方政府的经济行为缺乏通胀的约束和平衡，使地方的经济导向更单方面地偏重于增长和发展。这在经济处于下行周期的时候没有问题，无论是中央政府还是地方政府都采取扩张型政策来提振经济，中央和地方政府的行为都是逆周期的。但在经济处于过热区间时，中央政府要逆周期调节以控制通胀，而地方政府却可能为了政绩的横向竞争而继续扩大投资和支出，使地方政府的经济行为在这时是顺周期的，这就有可能进一步加剧过热，从而增大宏观经济的波动和风险。[②]

（三）地方财政收支的周期性

随着经济体制改革和财政改革的稳步推进，地方政府逐渐获得了更大的财政自主权，地方官员利用市场化手段发展地区经济，对于经济发展和经济波动的作用不容小觑。地方财政收支的周期性特征是导致地方经济波动的重要原因之一。一般情况下，财政政策可以分为顺周期和逆周期两种。多数研究结果认为发达国家可以较好地使用温和的逆周期财政政策，在经济上升期增加收入，减少支出；在经济下滑期减少收入，增加支出（孙天琦，2010）。

但发展中国家的财政政策经常被认为有顺周期性的特征。顺周期的特点是：第一，经济上升时期，地方政府的财政收入和财政支出都迅速增加。收入方面，伴随着经济增长，地方政府税费收入也随之增加；支出方面，对于经济增长的预期和债务融资的便利性，地方政府的购买性支出也出现增长。在繁荣时期明显的顺周期特征诱因有很多种：如政治激励（周黎安，2007）、预算软约束、政治周期和政治时滞性等。第二，在经济下滑期，地方政府收入和支出均减少。为弥补财政支出的赤

① 不同地区之间价格差异较大的主要是住房等非贸易品，但在通胀篮子里并不计入房价而是计入房租，即使房租占的比重不高。并且，房价和房租有很大内生性，房价高反而经常是经济发展好的表现。

② 改革开放以来，中国经济的特点是无法找到一条较为稳定的增长路径，经济不是处于过冷就是处于过热两种状态（刘霞辉，2004）。而李猛和沈坤荣（2010）研究发现，导致中国经济波动的原因中，有 30% 是由地方政府短期化行为导致的。

字，需要通过债务融资提高财政收入。如果地方政府缺乏在经济衰退时期获得融资的能力，那么地方政府财政支出水平也会下降（Kaminsky et al.，2004）。第三，在经济过热年份，政府因为经济形势向好而增加赤字，扩大财政支出，体现为地方政府盈余减少，加剧经济过热。在经济萧条的时期，由于下行经济压力较大，政府难以有效地扩充财政赤字，体现为政府盈余保持不断或少量增加（曾晓安，2015）。

学界对于我国的地方财政政策是顺周期还是逆周期，并未达成统一意见。郭庆旺等（2007）认为，我国财政支出政策整体呈现逆周期的特点，对于促进宏观经济稳定发挥了重要的作用。曾晓安（2014）研究发现，我国年度预算平衡、土地出让金和地方融资平台贷款等方面主要呈现顺周期现象，缺少财税制度内在的稳定功能。贾俊雪等（2012）提出地方政府支出行为的周期性悖论假说，认为地方政府支出行为呈现出全国逆周期和省份顺周期特征，全国逆周期有助于全国经济稳定，但是加剧了省份经济波动。郭庆旺（2006）认为，在经济繁荣时期，地方政府仍有动力和资金通过扩张性支出行为推动经济快速增长，容易引发经济过热以及经济周期波动。地方政府选择利用税收和土地优惠政策进行引资，进而引发企业的投资扩张冲动，由于信息不对称，中央政府很难及时发现违规行为，地方政府的这种行为加剧了我国投资波动和经济周期波动。

曾晓安（2015）对中国财政顺周期现象提供了多种机制的解释：第一，地方财政收入与经济周期高度相关。因为地方税收收入主要以流转税、间接税为主，缺乏房产税等机制，所以与经济周期的相关性很大，容易出现经济下行时财政收入减少的现象。第二，税收考核机制僵硬，在经济下行时容易出现过度征管的现象，给企业和居民增加税费负担。第三，融资平台和土地财政增加地方政府的融资冲动，加大顺周期效应。第四，由于缺乏周期预算，导致年度预算之前缺乏有效的调控机制，使其无法从周期调整的角度安排政策。第五，财税制度缺乏自动稳定器的功能，由于流转税一般是固定比例税，总体不具有累进性，且地方政府多以建设性支出为主，所以财政支出有较大弹性，容易随着经济周期出现波动。

当然，也有观点认为，中央政府对地方政府有较强的约束力，使地方政府从总体上与中央的政策和号召保持一致。地方政府有“双重身份”：一方面作为独立主体追求自身利益，另一方面作为中央政府的行政代理人，服从国家的利益。中国财政分权化改革未赋予地方政府财政收支的立法权，中央政府拥有有效的财政手段影响地方政府的财政激励和约束，通过完善地方官员治理制度和奖惩机制促使其更好地贯彻和执行中央决策。面对地方政府目标与中央政府经济目标不一致的情况，中央会使用调控措施以激励和约束地方政府贯彻执行中央政府的政策。地方政府为了获得中央政府的积极评价，也会较为积极地执行中央调控政策，从而保持中央和地方政策取向的大体一致。

（四）土地财政的周期性

1994 年分税制改革后，地方政府财权与事权不匹配，为弥补地方建设资金缺口，中央政府将原本上缴的土地出让收入留给地方，土地财政政策初步形成。1998 年，住房制度改革后，房地产市场兴起，从 2005 年开始，“招、拍、挂”政策在商业和住宅用地市场全面实施，标志着土地财政制度基本成型（赵倩，2018）。随着城市化的快速推进，土地出让收入占地方财政收入的比重逐渐增加。由于我国的土地出让和房地产建设相关收入几乎均由地方政府控制，地方政府有内在动机增加土地出让收入并通过城市扩张增加地方政府的可支配收入。由此，地方政府逐渐产生了对土地出让及房地产发展过度依赖，形成“土地财政”。

在快速工业化和城镇化过程中，地方政府不仅可以通过出让土地直接获取大量资金，也可以借助土地抵押，从银行获得贷款（范剑勇，2014）。在经济繁荣时期，市场投资的热情高，并预期未来房屋价格会进一步走高，愿意接受被抬高的房屋和土地价格。地方政府存在进一步上涨土地出让收入、减轻地方债务风险的顺周期决策（赵倩，2018）。

经济过热时期，地方政府有动机将房地产市场价格维持于高位，继续采取顺周期土地政策。然而，高房价给中国经济带来了一系列负面影响，比如消费不足、收入差距增加、产业结构失衡等（陈彦斌和邱哲圣，2011；范子英和刘甲炎，2015；高波等，2012）。为保证经济持续稳定，中央政府频繁出台调控政策，以遏制房价过快上涨，但是杨帆和卢周来（2010）认为，中央在土地、信贷及税收等方面的调控政策被地方政府策略性地削弱。

地方政府敢于违背中央调控政策的动机是复杂的。宋春合（2017）认为，如果土地出让收入占地方财政收入比重越高，地方政府越倾向于干预；在地方市场存在较大的投资需求时，如果调控政策对于房屋价格预期产生负面影响，地方也可能干预。地方政府对于中央调控政策的干预，推迟了房地产市场的降温力度，加大了经济波动的幅度。

近年来，中央政府多次出台了严格的调控措施，强有力的问责机制迫使地方政府出台限购细则，切实落实中央政策。行政干预的贯彻落实使房地产市场降温，地方政府的土地出让收入缩水。但是在中央采取最为严厉的房地产调控措施之前，地方政府会根据预期采取“最后的冲刺”，以变相获得更多的土地出让收入。在“最后的冲刺”阶段，政府会加速扩大城市基础设施建设和工业园区建设，这种局部的投资过热会进一步造成宏观经济的异常波动（赵倩，2018）。

四　市场扭曲与经济周期波动

（一）要素价格扭曲

从计划经济向社会主义市场经济渐进式转轨的改革历程塑造了我国当前的经济结构，而改革最重要的方面之一就是价格体制的逐步放开。从20世纪80年代的价格闯关确立价格双轨制的渐进改革体制，到1992年邓小平“南方谈话”重启市场化改革后再次放开大量商品价格，两次价格改革放开了社会中大多数商品的价格管制，对活跃市场经济、降低价格扭曲、提高资源配置的效率发挥了巨大的作用。不过，这两次价格改革也都伴随着较严重的通货膨胀。90年代中的价格改革以后，价格改革的步伐放缓，主要以局部的、渐进的价格改革为主，而不再有大规模、全局性的价格改革。直到现在，仍然有部分商品的价格没有完全放开，存在较明显的政府管制。目前仍存在的管制主要集中在生产要素市场，特别是对金融市场和土地市场的管制。

金融市场的管制多种多样，目的不同，有很多管制是为了防范金融市场风险而存在（如审慎性经营管制），而有的管制则是为了引导金融资源的配置，以实现扶持某些部门、产业、行业乃至企业的目的，如对于不同部门的直接的信贷额度指导和管制、利率管制等。

以信贷额度计划为例，在每年的信贷计划中，国有商业银行被赋予一定的贷款额度（一般为上限）。贷款额度经常会细化到省份、行业等，尽管在绝大多数情况下信贷计划只是指导性的，从而使银行在信贷上具有一定的自由度，然而，在特殊情况下，政府有时也会运用行政手段来实施信贷计划（龚刚、林毅夫，2007）。长久以来，我国将更多的信贷额度配置到企业部门，而居民部门的信贷额度占比则相对较低，以实现促进企业投资的目的。

以利率管制为例，长久以来，为了促进投资和积累，执行经济赶超战略，政府执行压低存贷款利率的管制政策，扣除通胀后的实际存款利率经常为负。通过这种措施，就可以降低企业经营和投资的资金成本，加速固定资本积累。

我国土地市场的管制主要集中在城市不同类型土地的价格和数量管制上。城市中的土地按照规划的使用用途分为工业用地、物流仓储用地、道路与交通设施用地、市政公用设施用地、绿地、居住用地、商业用地等。不同类型用地有不同的交易方式，其中商业用地和居住用地自2004年“8·31大限”后①，均已采用“招拍挂”的市场化竞价机制，彻底废弃了过去的国有土地协议出让制度。但是工业用地和物流仓储用地的出让并没有要求实行“招拍挂”制度，而仍以协议出让为主，在地方政府招商引资过程中被用作吸引企业投资的重要筹码，很多时候以象征性价格甚至免费提供。② 我国城市的土地利用结构中，工业用地占比常达20%以上，而发达国家城市建设用地中工业用地占比一般在10%以下，我国工业用地占比明显过高，而居住用地则明显偏低，这造

---

① 国土资源部2002年5月发布第11号令，颁布实施《招标拍卖挂牌出让国有土地使用权规定》，明确规定包括商业、旅游、娱乐、商品住宅用地的经营性用地必须通过“招拍挂”方式出让。2004年，国土资源部颁布《关于继续开展经营性土地使用权招标拍卖挂牌出让情况执法监察工作的通知》，明确规定2004年8月31号以后所有经营性用地出让全部实行招拍挂制度，即所谓的“8·31大限”。

② 这相当于地方政府用采取“招拍挂”方式出让的商住用地的收入补贴低价出让的工业和仓储用地。

成了工业仓储用地和商住用地巨大的价格差异。

（二）过度积累和产能过剩

金融市场和土地市场要素价格扭曲有利于提高投资率和资本形成，进而提高我国的生产可能性边界，有利于经济赶超的尽快实现。但过度积累和投资也有一定的危害，特别是在生产能力大幅扩张，但产品有效需求不足时，容易导致产能过剩的问题。

产能过剩是由于盲目投资、低水平重复建设形成的生产能力远大于市场需求的现象。产能过剩会导致产品价格下跌，库存上升，企业和行业利润下降，甚至引起企业亏损与破产，导致金融风险和资源环境约束矛盾突出。产能过剩分为周期性、结构性和体制性三种类型。周期性产能过剩是指在经济萧条或下行阶段，需求不足导致的产能过剩；结构性产能过剩是指在产业发展过程中，产业的供需出现错位而产生的产能过剩，如钢铁、玻璃、水泥等行业出现的低端产能过剩就是结构性产能过剩的典型事实；体制性产能过剩主要是指市场机制不健全，政府过度干预导致的部分产业和企业供给能力超过需求。通常将第一种归结为需求侧产能过剩，第二种、第三种归结为供给侧产能过剩。在现实中，不同类型的产能过剩往往交织存在，共同作用于宏观经济。

在2008年国际金融危机爆发后，为了应对经济下行风险，提振经济，我国实行了“四万亿”刺激计划，宏观经济快速企稳回升，实现了“V”形反转。但是刺激政策也带来了投资过热和产能进一步扩张的问题，在政策效果逐渐减弱后①，随着国内需求的减弱和国际经济环境的恶化，内需外需同时出现困难，产能过剩问题进一步暴露出来。产能过剩问题已经成为诱发我国宏观经济风险的主要因素，如何有效地化解产能过剩问题，成为我国面临的难题之一。

对于我国的产能过剩有多种解释，总的来说，主要原因是供给侧的投资过度和投资结构性失衡，当然，需求侧的因素有时候也不可忽视。由于所谓“后发优势”的存在，在国家政策扶持下，一些有投资前景、普遍看好的行业，容易出现大量投资涌入，从而引起投资过度，进而导

① Ouyang和Peng（2015）的研究发现2010年后“四万亿”的政策效果即逐步消失。

致产能过剩。有时候加上有利的需求方因素，更加会让生产者产生盲目乐观的情绪，形成过度投资。中国式产能过剩的实质是特殊经济发展方式下的过度投资问题，要素价格扭曲又会使产能过剩进一步扩大。在融资过程中，由于银行信贷偏好有政府隐性担保的国有企业，以及有大量资产做抵押的传统行业，从而形成了特定行业和企业的产能过剩。另外，由于预算软约束和僵尸企业僵而不死的问题，致使产能过剩问题进一步恶化。

（三）产能过剩对于经济波动的影响

产能过剩和经济周期波动的关系可以从以下三个方面考虑。

第一，有效需求不足导致产品大量积压，企业存货规模变大，造成企业成本上升，为了消耗库存，企业势必降低产品出厂价格，导致工业产品价格扭曲，整体行业利润会严重下滑，企业倒闭破产和工人失业增大经济下行压力。因此，劳动者收入的下降带来了其消费能力的降低，影响到社会的总消费，而消费在经济复苏时期可以有效拉动经济增长，在经济繁荣时期则可以使经济扩张的时间得以延长，同时消费还是遏制经济萧条的重要因素，因此产能过剩带来的消费的变动无疑会加大经济波动。此外，由于某些特定的前景良好、国家政策支持的行业，会出现企业大量投资的盲目涌入和投资过热，而一旦投资建成投产，就容易形成大量产能过剩和投资的萎缩，因此这种投资羊群效应容易加大宏观经济的波动。

第二，由于政策刺激和需求冲击，部分产业出现产能过剩和产能利用率下降。产能利用率的变化反映了企业数量调节的过程。而产能利用率的变化又会对经济波动产生影响。现实中，由于提高产能利用率会加速资本折旧，产出弹性会与劳动投入同向变化，而与资本存量反向变化。可见，产能过剩会通过改变要素产出弹性来引起经济波动。

第三，我国产能过剩的行业多是重化工业行业，上下游产业链较长，行业中企业经常是地方的支柱型企业，政府为了刺激经济的增长，获得良好的政绩，依然会采取优惠政策支持企业，导致银行大量资金流入产能过剩行业，然而，一旦企业无力偿还银行贷款，成为“僵尸企业”，一方面增加了银行不良贷款数量，加大了金融系统的风险；另一方面，金融系统的冲击波动加剧了经济下行的压力。产能过剩问题的解决不能只靠投资刺激，加大投资力度，在短期内可能会使经济出现反弹，但是长期来看，会导致产能利用率的进一步下降、产能过剩的加剧，从而使经济陷入更深程度的萧条。

五　二元经济结构与经济周期波动

（一）我国经济和社会发展的二元结构特征

我国社会呈现出典型的多重二元经济结构，表现在现代工业与传统农业并存、现代化城市与传统农村并存、经济发达地区与贫困落后地区并存等现象，发展不平衡的问题突出。其中，作为一个从农业国向工业国转变的发展中国家，城乡二元是最主要的二元结构特征。

二元结构理论认为，随着经济的发展，工业化水平的提高，现代工业部门不断接收农村大量剩余劳动力，大量农民为了获得更高的收入进入工业部门工作，伴随着劳动力转移进程，农民转变为城市市民。同时工业发展后反哺农业，并由于农民的迁出，使留在农村的剩余劳动力减少，农民的人均土地等资源提高，从而提高农民收入，最终逐步实现工业和农业、城市和农村的均衡发展。

而中国体制的特殊性又令中国的城乡二元结构与其他国家有很大的不同。中华人民共和国成立后，我们全面学习苏联，采取计划经济体制，走向了优先发展重工业、通过“剪刀差”补贴城市和重工业的发展战略，并建立了与之配套的城乡分割的政治和经济体制，而不仅仅是如刘易斯二元经济结构理论中农业和工业生产率的差别。这套城乡分割的体制有很强的制度惯性，很多制度延续至今，对中国经济的发展轨迹产生了深远的影响。我国这种城乡分割的体制主要包含三个方面的内容，即户籍制度、社会福利和保障制度以及土地制度。

在社会主义改造完成后，我国逐步建立了以“农业人口”和“非农业人口”为划分的二元户籍管理制度，并依托户籍制度建立了包括教育、医疗、养老等为主体的城乡分隔的社会公共服务体系。改革开放后，这套户籍制度仍然保留，并长期作为劳动力市场自由流动的障碍而存在。这种制度障碍一方面体现在农村人口进城务工，另一方面体现在人口的跨地区流动上。[①] 并且，即使人们能迁移到城市或者外地工作，也经常面临户籍上的歧视，在工作机会、工作收入、劳动权益保障等方面存在广泛问题。

户籍制度不仅阻碍了劳动力的自由流动，而且户籍制度对应着不同的社会福利和社会保障制度。农村与城市在医疗、教育、养老、人居环境等方面有着巨大的差距，两种社会福利和保障体系严重失衡。城乡不对等的社会福利与社会保障制度，加剧了我国城乡发展的不平衡，城乡之间巨大差别，成为促进我国城乡协调发展的巨大阻碍。[②]

我国实行城市土地国家所有，农村土地集体所有的土地政策，农村土地不能直接进入城市土地市场，而必须由政府作为土地的垄断买方和卖方，经过国家收储后才能出让。农村土地内部的土地交易和流转也存在很大制度障碍，只能在集体内部实现有限流转。为保护耕地，耕地数量和土地开发实行严格的数量管制。这一系列土地制度对优化土地资源配置、保障农村和农民财产权益十分不利。

家庭联产承包责任制的建立在当时极大地刺激了农民生产的积极性，但随着经济的不断发展，土地不能自由交易的弊端逐渐暴露出来。农业仍然保持小农经济的特征而无法通过流转实现规模经营。在现有的产权制度下，农民并没有对土地自由交易和转让的权利，农民很大程度上被土地绑定，限制了农民的流动和在城市安居。随着城镇化的不断推进和城市边界的扩张，农村土地被政府收储，但由于政府对土地市场的垄断，很多时候对于失地农民的补偿标准偏低，土地增值的收益大都不能为农民所享有。由于土地不能自由交易，因此也就无法用于抵押来获取贷款，财产权利受到很大限制。

因此，这三个方面的城乡分割制度阻碍了劳动力和生产要素的自由流动，制约了我国经济发展的速度和潜能，特别是制约了农村、农业、

---

① 随着户籍管理制度的逐步放松，目前户籍制度对人口流动的直接阻碍已大大减弱，更主要的体现在与户籍制度绑定的其他制度。

② 随着近年来城乡部分社会保障体系的并轨（如当前城乡居民养老保险已完成并轨，城乡居民养老保险待遇没有区别），城乡社会保障的差异明显缩小，但在教育、住房等方面城乡还有巨大差距。

农民的发展，使城乡面临巨大的发展差距，城乡发展不平衡的问题突出。

（二）我国城乡和区域发展的不平衡

二元结构影响了我国经济的均衡发展，延缓了我国城市化的进程。一方面，改革开放以来，东部沿海地区靠着独有的地理区位优势以及国家的政策支持，经济迅速得以发展，但中西部地区受限于其地理位置，发展缓慢。中国的经济区域不均衡和经济差距进一步扩大。另一方面，由于制度政策等原因，城乡市场的分割，农村剩余劳动力无法自由转移到城市，城市多余的资金不能支持农村经济发展，造成了我国城乡发展不均衡以及城市化水平偏低。

由于长期以来对城市发展的政策倾斜，在发展过程中忽视了农村基础设施的建设和公共服务的提供，农村的土地要素不能自由流动和交易，导致农民的财产权利和价值得不到体现，致使农村的发展水平长期落后于城市。在产业结构方面，城市是以利润较高的第二产业和第三产业为主。第二产业和第三产业具有较高的劳动生产率，带动了城市居民收入的快速增长。而农业仍是国民经济中最弱质产业，小农经济特征、农业现代化水平较低等导致农业的劳动生产率很低，农民的农业家庭经营收入止步不前。在融资方面，金融机构吸收农村储蓄存款，但贷款投向上集中在城市和工商企业，投向农村和农业的资金很少（部分与农村土地和房产无法用于抵押有关）。一方面城市现代工业与农村传统农业的劳动生产率差距不断拉大，另一方面工农产品因收入需求弹性不同而出现有利于工业不利于农业的变动趋向，大规模的工商企业市场集中度更高，而分散的小农几乎处于完全竞争地位，缺乏定价能力，在交换中处于劣势，不利于农村的发展、农民的增收和农业结构的调整。

二元结构不仅造成了城乡发展的不平衡，部分也导致了区域经济发展的不平衡。城市化水平高的地区，经济发展也相对更好，而城市化水平低的地区，经济发展就相对较差。并且，随着市场经济发展和经济改革深化，区域经济发展的差距有逐步扩大的趋势。改革开放以来，东部沿海地区利用其区位优势以及国家政策优势，经济得到了迅速、全面的发展，城市化率更高、第二产业和第三产业比重更大，使东中西部的经济发展差距拉大，形成了中国二元经济结构的空间格局。中西部不发达地区的生产要素如青壮年劳动力、资本等也向东部沿海发达地区流动和聚集，促进了人流、物流、资金流集中的城市发展，同时导致了中西部部分地区经济相对空心化和人口老龄化。

值得注意的是，自 2008 年以来，我国的城乡差距和总体收入差距呈现缩小的趋势，这与多方面的因素有关，包括农村社会保障体系的逐步建立、农村转移支付收入的增加、2008 年国际金融危机的冲击、制造业由沿海省市向内陆省份的迁移和扩散，等等。此外，在技术层面需注意的是，中国的收入分配差距构成中，城乡收入差距是最大的差距来源，而城市和农村内部的收入差距相对要小。在差距指标（如基尼系数、泰尔指数）等的分解计算中，城乡差距对总体差距的贡献在城市化率 50% 时达到最大，这使城市化率在 50% 左右时，以基尼系数、泰尔指数等差距指标衡量的收入差距是最高的。而在城市化率超过 50% 后，城乡差距对总体收入差距的贡献将减弱，从而带动整体差距下降。

参考文献

陈彦斌、邱哲圣：《高房价如何影响居民储蓄率和财产不平等》，《经济研究》2011 年第 10 期。

程俊杰、刘志彪：《产能过剩、要素扭曲与经济波动——来自制造业的经验证据》，《经济学家》2015 年第 11 期。

范剑勇、莫家伟：《地方债务、土地市场与地区工业增长》，《经济研究》2014 年第 1 期。

范子英、刘甲炎：《为买房而储蓄——兼论房产税改革的收入分配效应》，《管理世界》2015 年第 5 期。

傅勇、张晏：《中国式分权与财政支出结构偏向：为增长而竞争的代价》，《管理世界》2007 年第 3 期。

高波、陈健、邹琳华：《区域房价差异、劳动力流动与产业升级》，《经济研究》2012 年第 1 期。

龚刚、林毅夫：《过度反应：中国经济“缩长”之解释》，《经济研究》2007 年第 4 期。

郭庆旺、贾俊雪：《地方政府行为、投资冲动与宏观经济稳定》，《管理世界》2006 年第 5 期。
郭庆旺、贾俊雪、刘晓路：《财政政策与宏观经济稳定：情势转变视角》，《管理世界》2007 年第 5 期。
侯雅婷：《政策性补贴对我国产能过剩的影响机理分析》，博士学位论文，江西财经大学，2017 年。
胡汉辉、许素友：《预算软约束理论的进展》，《东南大学学报》（哲学社会科学版）2011 年第 4 期。
黄玖立、冼国明：《FDI、融资依赖与产业增长：中国省区的证据》，《世界经济文汇》2009 年第 3 期。
黄群慧：《论中国工业的供给侧结构性改革》，《中国工业经济》2016 年第 9 期。
贾俊雪、郭庆旺、赵旭杰：《地方政府支出行为的周期性特征及其制度根源》，《管理世界》2012 年第 2 期。
江飞涛、耿强、吕大国、李晓萍：《地区竞争、体制扭曲与产能过剩的形成机理》，《中国工业经济》2012 年第 6 期。
江曙霞、罗杰、黄君慈：《信贷集中与扩张、软预算约束竞争和银行系统性风险》，《金融研究》2006 年第 4 期。
蒋灵多、陆毅：《市场竞争加剧是否助推国有企业加杠杆》，《中国工业经济》2018 年第 11 期。
李猛、沈坤荣：《地方政府行为对中国经济波动的影响》，《经济研究》2010 年第 12 期。
李晓明：《城乡二元经济结构与中国经济增长》，《北京工商大学学报》（社会科学版）2002 年第 4 期。
李雪莲：《二元经济结构下的中国经济增长研究》，博士学位论文，广西大学，2015 年。
梁琪、余峰燕：《金融危机、国有股权与资本投资》，《经济研究》2014 年第 4 期。
林毅夫、李志赟：《政策性负担、道德风险与预算软约束》，《经济研究》2004 年第 2 期。
林毅夫、刘明兴、章奇：《企业预算软约束的成因分析》，《江海学刊》2003 年第 5 期。

林毅夫、刘志强：《中国的财政分权与经济增长》，《北京大学学报》（哲学社会科学版）2000 年第 4 期。

刘达禹、刘金全、于洋：《新常态下中国经济周期波动的趋势性特征及其驱动因素研究》，《江海学刊》2017 年第 2 期。

刘霞辉：《为什么中国经济不是过冷就是过热?》，《经济研究》2004 年第 11 期。

罗长林、邹恒甫：《预算软约束问题再讨论》，《经济学动态》2014 年第 5 期。

倪丹容：《二元经济结构刚性传递的经济波动》，博士学位论文，华南师范大学，2005 年。

尚晓晔：《要素市场价格扭曲对中国经济的影响——理论与实证》，博士学位论文，武汉大学，2016 年。

宋春合、吴福象：《相机抉择、房价预期与地方政府房地产市场干预》，《经济问题探索》2017 年第 1 期。

孙天琦、杨岚、苗文龙：《中国财政政策是否具有顺周期性》，《当代经济科学》2010 年第 3 期。

田利辉：《国有产权、预算软约束和中国上市公司杠杆治理》，《管理世界》2005 年第 7 期。

王文甫、明娟、岳超云：《企业规模、地方政府干预与产能过剩》，《管理世界》2014 年第 10 期。

辛清泉、林斌：《债务杠杆与企业投资：双重预算软约束视角》，《财经研究》2006 年第 7 期。

杨帆、卢周来：《中国的“特殊利益集团”如何影响地方政府决策——以房地产利益集团为例》，《管理世界》2010 年第 6 期。

姚敏、周潮：《中国经济周期波动的特征和影响因素研究》，《经济问题探索》2013 年第 7 期。

余淼杰、金洋、张睿：《工业企业产能利用率衡量与生产率估算》，《经济研究》2018 年第 5 期。

曾刚：《国有企业高负债的根本原因是预算软约束》，《企业家日报》2018 年 9 月 17 日。

曾晓安：《我国财政政策效应顺周期的成因及治理对策》，《中国财政》

2014 年第 8 期。
曾晓安、王志刚、胡祖铨：《中国财政政策：顺周期还是反周期?》，《财政研究》2015 年第 11 期。
张军、高远、傅勇、张弘：《中国为什么拥有了好的基础设施？——分权竞争、政府治理与基础设施的投资决定》，《经济研究》2007 年第 3 期。
张莉、王贤彬、徐现祥：《财政激励、晋升激励与地方官员的土地出让行为》，《中国工业经济》2011 年第 4 期。
张牧扬：《晋升锦标赛下的地方官员与财政支出结构》，《世界经济文汇》2013 年第 1 期。
张双长、李稻葵：《“二次房改”的财政基础分析——基于土地财政与房地产价格关系的视角》，《财政研究》2010 年第 7 期。
张晏、龚六堂：《分税制改革、财政分权与中国经济增长》，《经济学（季刊）》2005 年第 1 期。
赵倩、沈坤荣：《土地财政背景下的行政干预及其经济波动效应》，《经济与管理研究》2018 年第 9 期。
钟宁桦、刘志阔、何嘉鑫、苏楚林：《我国企业债务的结构性问题》，《经济研究》2016 年第 7 期。
钟祥财：《经济史学视域中的国企改革》，《贵州社会科学》2014 年第 7 期。
周黎安：《晋升博弈中政府官员的激励与合作——兼论我国地方保护主义和重复建设问题长期存在的原因》，《经济研究》2004 年第 6 期。
周黎安：《中国地方官员的晋升锦标赛模式研究》，《经济研究》2007 年第 7 期。
周黎安：《转型中的地方政府：官员激励与治理》，上海人民出版社 2008 年版。
朱小会、陆远权：《产能过剩、价格扭曲与经济波动——来自我国省级面板数据的实证检验》，《经济问题探索》2016 年第 11 期。
Dewatripont, Mathias, and Eric Maskin, “Credit and Efficiency in Centralized and Decentralized Economies”, *Review of Economic Studies*, Vol. 62, 1995 (4): 541 – 556.

Hsieh, Chang – Tai, and Peter J Klenow, "Misallocation and Manufacturing TFP in China and India", *The Quarterly Journal of Economics*, Vol. 124, 2009 (4): 1403 – 1448.

Jin, H., Qian, Y., and Weingast, B. R., "Regional decentralization and fiscal incentives: Federalism, Chinese style", *Journal of Public Economics*, Vol. 89, 2005 (9 – 10): 1719 – 1742.

Kaminsky G. L., Reinhart C. M., Végh C. A., "When It Rains, It Pours: Procyclical Capital Flows and Macroeconomic Policies", *NBER Macroeconomics Annual*, 2004, 19 (19): 11 – 53.

Kornai J., Maskin E., Roland G., "Understanding the Soft Budget Constraint", *Economics Working Papers*, 2003, 41 (4): 1095 – 1136.

Kornai, Janos, *Economics of Shortage*. Amsterdam: North – Holland, 1980.

Li, Daokui, *Public Ownership as the Cause of a Soft Budget Constraint*, Mimeo, Harvard University, 1992.

Li, H., and Zhou, L. A., "Political turnover and economic performance: The incentive role of personnel control in China", *Journal of Public Economics*, 2005, 89 (9 – 10): 1743 – 1762.

Maskin, Eric, Yingyi Qian and Chenggang Xu, "Incentives, Information, and Organizational Form", *The Review of Economic Studies*, Vol. 67, No. 2, Apr., 2000, pp. 359 – 378.

Ouyang, Min, Yulei Peng, "The treatment – effect estimation: A case study of the 2008 economic stimulus package of China", *Journal of Econometrics*, 2015, 188 (2): 545 – 557.

Qian, Yingyi and Roland, Gerard, "Federalism and the Soft Budget Constraint", *American Economic Review*, Vol. 88, 1998 (5): 1143 – 1162.

Qian, Yingyi and Barry R. "WeingastChina's transition to markets: market – preserving federalism, chinese style", *The Journal of Policy Reform*, 1996, 1 (2): 149 – 185.

Qian, Yingyi and Chenggang Xu, "Why China's Economic Reforms Differ: The M – Form Hierarchy and Entry/Expansion of the Non – State Sector", *The Economics of Transition*, 1993, 1 (2): 135 – 170.

Qian, Y., & Roland, G. "The soft budget constraint in China", *Japan and the World Economy*, 8 (2): 207 – 223.

Shleifer, Andrei and Vishny, "Robert. Politicians and Firms", *Quarterly Journal of Economics*, 1994, 109 (4): 995 – 1025.

Wu, J., Deng, Y., Huang, J., Morck, R., and Yeung, B. Incentives and Outcomes: China's Environmental Policy, NBER Working Paper, No. 18754, 2013.

Yao, Yang, Muyang Zhang, "Subnational leaders and economic growth: Evidence from Chinese cities", *Journal of Economic Growth*, 2015, 20 (4): 405 – 436.

第五章　中国经济周期波动：外部冲击视角

外部冲击是指一个经济体所面临的外部环境给它带来的冲击，是导致一国宏观经济波动的重要影响因素（Mackowiak，2007）。在开放经济条件下，外部冲击既可能源于经济方面的因素，如他国的经济波动，货币、财政和贸易政策的变化，又可能来自非经济方面的事件，如技术革命、自然灾难、恐怖袭击以及国际政治等。本章主要讨论外部需求冲击、货币政策外溢效应、跨境资本流动冲击和汇率冲击。

宏观经济稳定性是指一个经济体抵御外部冲击的能力，主要是总产出、价格、国际收支等经济变量在面对外部冲击时的稳定性。外部冲击对一国宏观经济稳定性的影响大小与该国的经济开放度有关，主要包括两个维度：贸易开放度和金融开放度。一国的贸易开放度越高，受外部需求冲击的影响越大；一国的金融开放度越高，受跨境资本流动冲击和汇率冲击的影响越大。

自 2001 年加入 WTO 以来，中国的经济开放度显著提升，参与国际分工的程度不断加深，跨境资本流动规模显著上升，外部冲击对中国宏观经济的影响也随之提升。Almansour 等（2015）发现外部冲击能够解释约 1/3 的中国经济增长波动。一方面，2018 年中国的货物贸易总额已超越美国位居世界第一，进出口部门在经济中占有举足轻重的地位。外部需求冲击会对我国的产出、价格、投资、就业和国际收支等变量造成影响。另一方面，2009 年以来中国的资本账户逐步走向开放，双向跨境资本流动的规模大幅上升，金融开放度的上升使国内宏观经济与国际资本市场的关联度随之上升，受跨境资本流动和汇率冲击的影响也显著上升。

一　外部需求冲击

（一）外部需求冲击的传导机制

根据开放宏观经济学理论，在非充分就业的条件下，在短期，一国的产出水平由对其产品的总需求决定，在长期，由于工资和价格能够充分调整，则一国的产出水平只取决于该国的要素供给，如劳动和资本。而在充分就业的条件下，在短期，总产出只受供给侧冲击的影响，而不受宏观经济政策或需求侧冲击的影响，所有的需求冲击只会反映在价格上。

外部需求冲击主要通过贸易和投资渠道传导至一国的宏观经济。贸易的存在打破了产出与消费、投资之间的联系，居民更容易跨期平滑消费并根据预期回报率调整投资。唐宜红和林发勤（2012）指出，中国出口走势与世界需求密切相关，2008 年国际金融危机后的世界经济衰退是导致中国出口急剧下滑的最主要原因。外部需求冲击对投资的影响主要是出口收入的不确定性和相对价格变动会降低国内投资需求（Krugman，1985）。外部需求结构会影响外部需求冲击的传导。来自加工贸易部门的冲击对投资和进出口产生更大影响，而对来自一般贸易部门的外部需求冲击则对总产出产生更大影响（郎金焕和史晋川，2013）。

现有文献中有不少学者把国际贸易与真实经济周期相联系，运用动态一般均衡模型分析外部需求与宏观经济变量波动之间的关系，如 Ghironi 和 Melitz（2005）、Waugh 和 Leibovici（2011）等。国内也有学者引入真实经济周期模型来解释中国的宏观经济波动，研究贸易顺差对中国国民收入、消费和投资的影响，如李浩等（2007）、李浩和钟昌标（2008）等。研究表明，中国的经常账户余额与 GDP、居民消费和就业均为正相关关系，但与固定资本形成、政府支出相关性较低，其中经常账户余额与 GDP 之比同产出的同期相关性为 0.51，呈现出弱顺周期性。

以 2008 年的国际金融危机为例，当发达经济体金融市场风险溢价上升，经济增速下滑，根据 Tyers 和 Zhang（2014）修正的蒙代尔—弗莱明模型，在短期对中国宏观经济造成的冲击主要表现为出口下滑、资本净流出下降、实际汇率升值和通货膨胀。

如图 5－1 所示①，假定存在名义价格刚性，本国为世界市场价格接受者，并假定初期经济体存在经常账户顺差和资本账户净流出，当出现一个未预期的金融危机引致的外部需求下降（$Y^{*}\downarrow$）冲击时，在短期国内总产出由劳动力市场决定，因而只受供给侧冲击的影响，Y 保持不变。经济体会面临出口下滑（$X\downarrow$），经常账户顺差下降（$CA\downarrow = X\downarrow - M + N$）。资本账户方面，由于金融危机使外国风险溢价上升导致外国投资需求下降，同时本国投资回报率相对外国上升，本国投资需求上升，本国实际利率上升（$r\uparrow$），资本账户净流出减少（$NFO\downarrow = S_d - I\uparrow = -NFI$）。

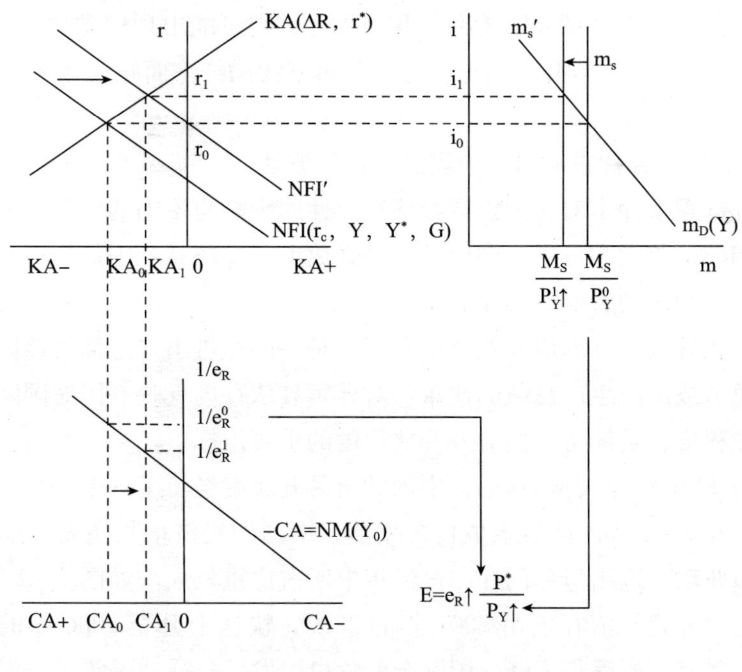

图 5－1　开放经济模型中外部需求冲击的短期传导

---

① 模型的具体假设和设定参见 Tyers 和 Zhang（2014）。

在产品市场上，由于世界市场对本国可贸易品需求下降，同时本国投资需求上升、资本账户净流出减少，这会导致对本国不可贸易品的需求上升，从而使本国不可贸易品相对可贸易品价格上升，则实际汇率升值（e_R↑）。在货币市场上，由于利率水平上升，则实际货币需求 m_D(Y，r↑）下降，若央行执行以货币供给为目标的货币政策，并保持货币供给总量不变，则国内物价水平在短期内会上升（P_Y↑），名义汇率的变动不明，由实际汇率升值幅度和通胀幅度之差决定。若央行执行以名义汇率为目标的货币政策，则实际汇率升值幅度与国内通胀变动幅度相当。

若叠加本国的经济刺激政策，如由发债支持的财政赤字上升（G↑），则会更进一步提升国内实际利率水平，吸引跨境资本流入，造成贸易顺差进一步下降，实际汇率升值和通货膨胀。在中期，由于预期投资回报率下降和实际利率上升，投资需求下降，私人储蓄上升，若政府储蓄率下降超过私人储蓄率上升的幅度，则可能出现储蓄率（S_d/Y）与投资率（I/Y）双降的情况，这正是后来我国经济面临的状况。

（二）外部需求冲击与中国宏观经济波动

外部需求冲击对一国宏观经济稳定性的影响与该国的贸易开放度相关。相较于美国和日本，中国的贸易开放度一直较高，因此宏观经济受外部需求冲击的影响更加显著。

贸易开放度，即对外贸易依存度，是一国的进出口总额占该国国民生产总值或国内生产总值的比重。对外贸易依存度反映一国对国际市场的依赖程度，是衡量一国对外开放程度的重要指标。

自 2001 年加入 WTO 后，中国的贸易开放度经历了一个先升后降的过程。在 2008 年国际金融危机爆发前，中国的经济增长主要依靠投资和出口驱动，进出口部门在国民经济中所占比重较大。如图 5－2 所示，中国的对外贸易依存度由 2001 年的 28.9% 快速上升至 2006 年的高点 64%，随后开始逐年下降。国际金融危机爆发后，受外部需求下滑的影响，对外贸易依存度降至 2009 年的低点 44.5%，后随全球经济复苏、外需回升而有所反弹，但由于中国经济增长模式转向投资和内需驱动，对外贸易依存度逐步下降至 2017 年的新低点 37.9%，但仍高于美国的 27% 和日本的 35.2%。

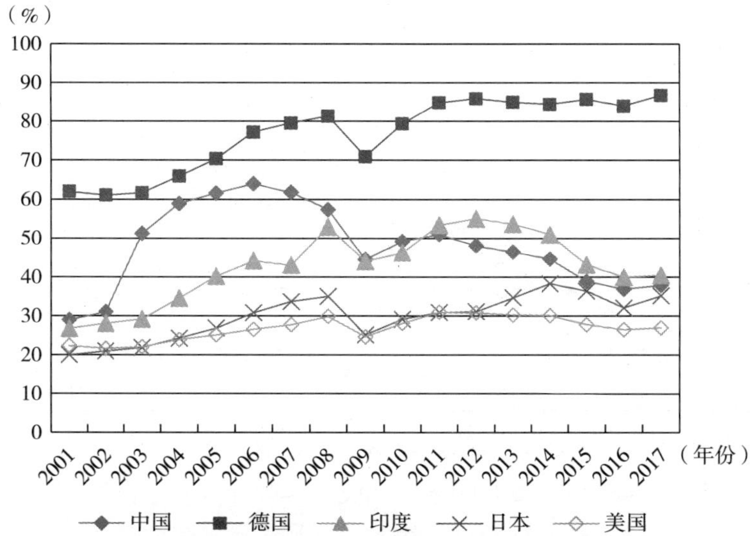

图 5－2　世界主要经济体的对外贸易依存度（2001—2017 年）

资料来源：IMF、IFS 数据库，美国圣路易斯联邦储备银行，中国国家统计局。

2007 年美国次贷危机和 2008 年国际金融危机爆发后，美国、欧盟、日本等发达经济体相继陷入了不同程度的经济衰退，这次外部需求冲击导致中国的出口出现了暂时性骤降。若以年度数据来看，此次冲击对出口的影响存在一期滞后。如图 5－3 所示，2009 年世界主要经济体都经历了不同程度的出口下滑情况，其中，中国的出口额较 2008 年下降 2456 亿美元，降幅达 16%。不过，随着全球经济走出危机逐渐复苏，中国的出口额在随后的年份中快速回升，迅速超越了 2008 年的水平，并于 2014 年创下新高，达到 2.46 万亿美元，超越美国成为世界第一大出口国。

此次冲击给中国各宏观经济变量造成的影响与上节模型预测的结果基本一致。经常账户受到的影响最大，由 2008 年的峰值 4206 亿美元下降到 2009 年的 2433 亿美元，缩水了 42.2%，经常账户顺差与 GDP 之比也由 2008 年的 8.1% 下降至 2010 年的 4.5%。总产出受到的影响较小，实际 GDP 增速仅下降了 0.5 个百分点，由 2008 年的 9.6% 小幅下降至 2009 年的 9.1%。国内价格方面，2009 年出现小幅通缩，随后 2010 年和 2011 年均出现了较高水平的通胀，GDP 平减指数分别达到 7.0%、8.1%（见图 5－4）。

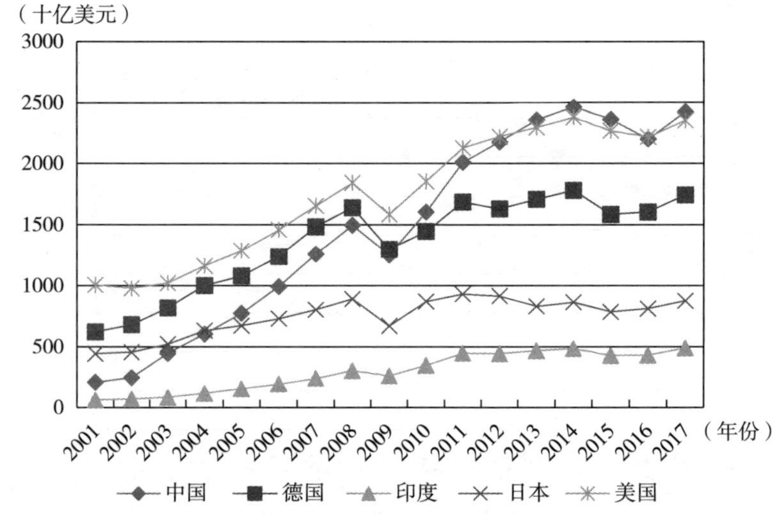

图 5 - 3　世界主要经济体出口额（2001—2017 年）

资料来源：IMF、IFS 数据库，中国外汇管理局。

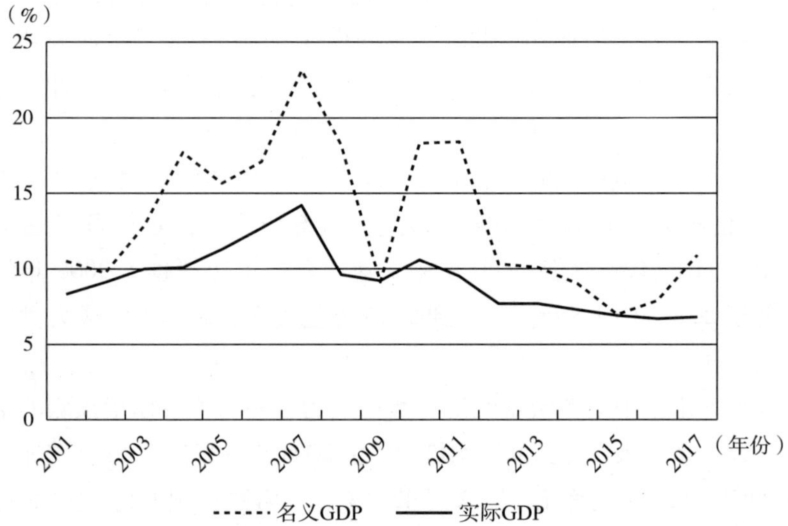

图 5 - 4　中国名义与实际 GDP 增速（2001—2017 年）

资料来源：中国国家统计局。

投资与储蓄方面，如图 5 - 5 所示，在短期，中国的储蓄率（Sd/

GDP）和投资率（I/GDP）均上升，并在2010年达到高点。储蓄率从2008年的51.8%小幅上升到2010年的52.8%，同期投资率则从43.8%大幅攀升至48.4%。当然，这也是叠加了“四万亿”刺激计划的政策效应的结果。在资本市场上，由于投资需求相对储蓄供给的上升，一方面导致实际利率由2008年的-2.3%上升至2012年的3.5%。另一方面，引致跨境资本的大量流入。如图5-6所示，经误差与遗漏项修正后的私人部门资本净流入由2008年的559亿美元跃升至2009年的1531亿美元，2010年进一步上升至2293亿美元，这一变动趋势与理论模型所示一致。

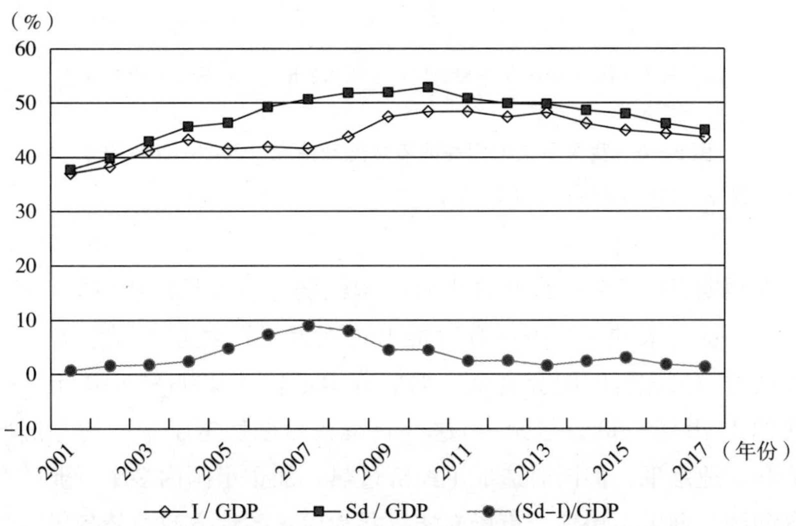

图5-5　中国的储蓄率、投资率与外部平衡（2001—2017年）

资料来源：中国国家统计局、中国外汇管理局。

在货币市场上，外部需求冲击以及“四万亿”刺激政策引致的跨境资本流入，造成中国央行的外汇占款大幅上升，导致基础货币供给被动增加，央行资产负债表规模超过美联储、欧央行位居世界第一。央行不得不发行央行债券进行冲销，2008—2010年的央行债券存量规模均在4万亿元人民币以上。在汇率方面，2008年至2009年3月，人民币实际有效汇率和名义有效汇率均呈现不同幅度的升值，分别升值了15.9%和16.8%。

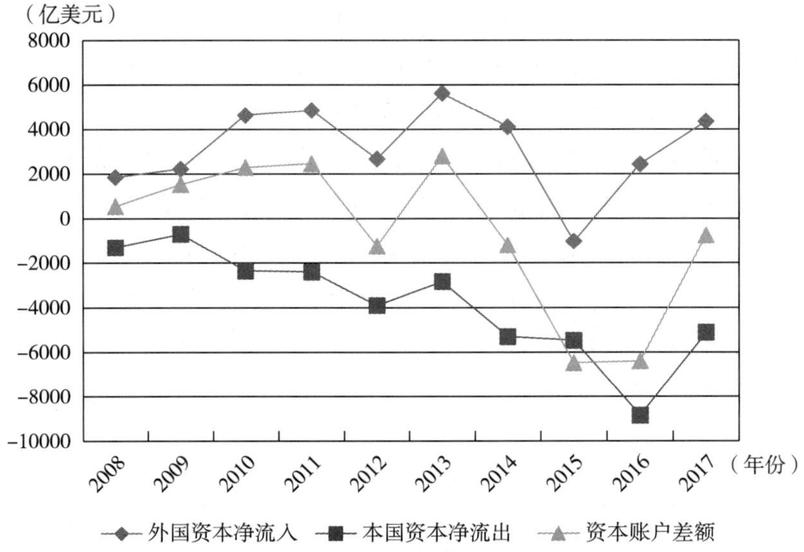

图 5-6　我国私人部门跨境资本流动情况（2008—2017 年）

资料来源：中国国家外汇管理局，笔者估算。

在短期影响之外，此次冲击对中国经济还有深远的影响。一方面，为应对外部需求冲击，中央政府推出“四万亿”经济刺激政策，加上地方政府举债进行的配套资金，据部分学者估计 2008—2010 年实际投入达到 24 万亿—30 万亿元。[①] 这一政策在短期稳定了中国的经济增长形势和就业水平，但同时造成了经济过热，加重了国内多个行业的产能过剩问题，催生了房地产市场泡沫，并为后来的地方政府债务风险问题埋下了种子。另一方面，冲击过后中国开始转变经济增长模式，更多地依靠内需拉动，2017 年消费对 GDP 的贡献率为 58.5%，比危机前提升了 13.5 个百分点。与此同时，经济结构逐渐由制造业为主向以服务业为主转型升级。制造业增加值在 GDP 中的占比由危机前的 49.2% 下降至 2017 年的 40.5%，同期服务业占比由 39.1% 上升至 51.6%。当前的中国经济增长进入新常态，贸易依存度更低，经济结构更健康，受到外部需求冲击时宏观经济表现应较此前更加稳健。

① 参见林毅夫（2015）。

二　货币政策外溢效应

始于美国次贷危机的“大衰退”有着全球范围的影响，特别是金融危机爆发以来，发达国家采取的非传统货币政策给全球市场注入了宽裕的流动性，加大了跨境资本流动的规模，引发了对货币政策国际溢出效应的广泛关注和讨论。

（一）发达国家的非传统货币政策

本轮国际经济周期的主要驱动因素之一是美联储采取的非传统货币政策。2008 年国际金融危机爆发后，美国的货币乘数由 9 快速降至 5，为应对这一情况，美联储将联邦基金利率快速降至零，仅一个季度就增加基础货币供给 87.5%。随后美联储先后实施了三轮量化宽松政策（见表 5－1），首轮大规模资产购买计划（LSAP）就购买了约 1.7 万亿美元资产，第二轮为扭转操作，第三轮为无限期购债计划，总共向市场注入了约 3.6 万亿美元流动性。这使美联储资产负债表规模上升至 4.5 万亿美元，是国际金融危机前的 5 倍。

表 5－1　　美联储和欧洲央行采取的非传统货币政策

时间	美联储	时间	欧洲央行
2008 年 11 月 28 日	QE1：购买 1000 亿美元政府支持企业债，5000 亿美元住房抵押债券	2008 年 3 月 28 日至 2008 年 10 月 15 日	LTRO：执行“长期再融资操作”，提供 3 年期无上限贷款，向欧元区银行系统贷出 4890 亿欧元
2009 年 3 月 18 日	QE1 扩展：购买 3000 亿美元长期政府债券，7500 亿美元住房抵押债券，1000 亿美元政府支持企业债	2009 年 5 月 7 日	CBPP：启动担保债券购买计划，购买 600 亿欧元资产担保债券，延长长期再融资操作 12 个月
2010 年 3 月 11 日	QE2：购买 6000 亿美元政府债券	2010 年 5 月 10 日	SMP：启动证券市场计划，介入公共和私人债券市场

续表

时间	美联储	时间	欧洲央行
2011 年 9 月 21 日	扭转操作：购买 4000 亿美元剩余到期时间在 6 年到 30 年长期政府债券，同时卖出等额剩余到期时间不足 3 年的短期政府债券	2011 年 10 月 6 日	购买 400 亿欧元资产担保债券
2012 年 2 月 20 日	扭转操作扩展：每月增加购买 450 亿美元长期债券并卖出等额短期债券	2011 年 12 月 8 日	LTRO 扩展：延长长期再融资操作 36 个月
2012 年 9 月 13 日	QE3：每月购买 400 亿美元住房抵押债券	2012 年 9 月 6 日	“无限量冲销式购债计划”：在欧元区二级国债市场进行无限量冲销式的国债购买，购买对象主要为到期期限在 3 年以下的短期国债
2012 年 12 月 12 日	QE3 扩展：每月增加购买 450 亿美元长期政府债券		

在美国之后，欧元区、英国、日本等主要发达经济体也相继采取了差异化的量化宽松货币政策。欧央行启动了长期再融资操作（LTRO），向银行系统注入资金并购买资产担保债券，共向市场注入流动性约 2.6 万亿欧元（见表 5-1）。英国央行也于 2009 年 1 月启动了两轮量化宽松政策，第一轮计划购买总规模为 6250 亿英镑政府和高等级企业债券，第二轮计划购买不超过 9750 亿英镑的资产。日本央行也在 2009—2012 年购买了约 187 万亿日元的资产。

以美国为代表的发达经济体采取的一系列非传统货币政策措施，主要可分为三类：大规模购买政府和企业债券（量化宽松），各种借贷便利措施和货币政策前瞻指引。这一系列措施对本国的金融市场和实体经济主要有以下 5 个方面的影响：

一是通过传统利率传导渠道降低本国的长期利率水平，继而降低本国实际利率水平以鼓励私人部门投资与消费。二是由于不同金融资产的流动性和风险特征不同，金融资产之间存在不完全替代性，央行的资产购买行为改变了金融资产的供求和收益率，通过投资组合再平衡渠道影响了市场投资者的资产配置决策。三是通过资产价格渠道，央行向市场注入的充裕流动性鼓励了风险承担行为，投资者倾向于购买更多风险更高的资产，为未来政策的退出埋下了隐患。四是通过信号渠道，央行就未来一定时期内的货币政策路径向市场提供某种承诺，形成特定的市场预期，鼓励投资者信心，推高了资产价格。五是通过银行信贷渠道，量化宽松政策有效缓解了信用紧缩的状况，为实体经济提供了宽松的金融条件，促进了经济增长。

（二）非传统货币政策的外溢效应

美联储的非传统货币政策存在显著的国际溢出效应。Ng 和 Wright（2013）发现危机后世界主要经济体与美国经济的同步性都出现了不同程度的上升。2007—2012 年美国与 OECD 国家的 GDP 增长率均为正相关，且当期相关系数接近 1。其中，与加拿大、日本和英国的当期相关系数高达 0.99、0.92 和 0.93。与新兴市场经济体的相关性虽然没有那么高，但是与 1984—2006 年相比也出现了大幅提升。例如，美国与中国的相关系数由 0.27 上升至 0.41，与印度的相关系数由 0.20 上升至 0.30，与巴西 GDP 增长率的相关系数由 0.27 上升至 0.82。

发达经济体的货币政策的外溢效应主要通过跨境资本流动和汇率冲击渠道进行传导。发达国家量化宽松造成本国资本市场流动性过剩，促使资本流向投资回报率更高的发展中经济体，推升发展中经济体的汇率、通胀和资产价格。Berkel（2007）、Galstyan 和 Lane（2013）发现双边资本市场摩擦度可以解释金融危机期间的投资组合流动和经济周期传导，危机前双边互相持有资产的规模、地理距离、共同语言、贸易水平、共同的制度联系能够解释危机后国际投资组合模式的调整。尽管发展中经济体都不同程度地采取了资本管制和宏观审慎政策，来缓解短期资本流入对本国资本市场和货币供给造成的冲击，Eichengreen 和 Gupta（2014）、Fratzscher 等（2016）发现本国的资本管制和汇率政策在减弱国际传递效应方面能够起到一定但有限的作用。

在对发展中经济体的溢出效应方面，外溢效应的大小主要与发展中经济体对外部冲击的暴露程度、金融市场深度、自身所处的经济周期以及货币当局应对跨境资本流动冲击的措施有关。Fic（2013）研究了美国、英国、欧元区、日本的非传统货币政策对“金砖四国”的外溢效应，发现量化宽松政策对发展中经济体的影响主要体现在金融市场，会导致新兴经济体长期利率下降、资产价格上升、投资风险溢价降低、汇率波动性上升，但对发展中经济体实体经济的影响较小，这是因为发展中经济体金融市场相对不发达，金融部门在实体经济中占比较小。Fratzscher 等（2017）认为，量化宽松加大了美国以外资金流动的顺周期性，尤其是流入新兴市场股市的资金。Shin（2013）也发现金融危机后流向新兴经济体的股票和债券市场的资本规模显著上升。

如图 5－7 所示，2008—2009 年巴西、俄罗斯的长期利率和汇率均出现了较大幅度的波动，但危机前后中国利率和汇率的波动性变化不大。这是由于当时中国资本账户开放度较低，资本管制较为严格，人民币不可自由兑换，所以对中国利率和汇率稳定性造成的冲击很小。

若从美联储、欧洲央行、英国央行和日本央行发布的政策声明出发，分别计算量化宽松货币政策执行期间的周、月、季度各国央行资产规模、长期利率、资产价格、汇率的平均变动，将政策利率的平均变动计为冲击，通过事件研究（event study）分析法计算得到的冲击影响如表 5－2 所示。

表 5－2　　发达国家非传统货币政策对发展中经济体的影响

国别	长期利率（%）	资产风险溢价（%）	汇率（%）[1]	GDP（%）[2]	CPI（%）[2]
中国	－0.25—－0.5	10—75	0—10	1.02	0.68
巴西	－1.75—－3.75	10—45	10	1.46	2.58
印度	－0.25—－0.5	5—55	－10—－30	1.21	0.79
俄罗斯	－0.25—－1.5	0—40	－15—－20	1.33	0.50

注：1 汇率：为本国货币兑美元、欧元、英镑和日元 4 种货币的综合平均汇率指数。

2GDP 和 CPI：为冲击后的 5 年平均值。

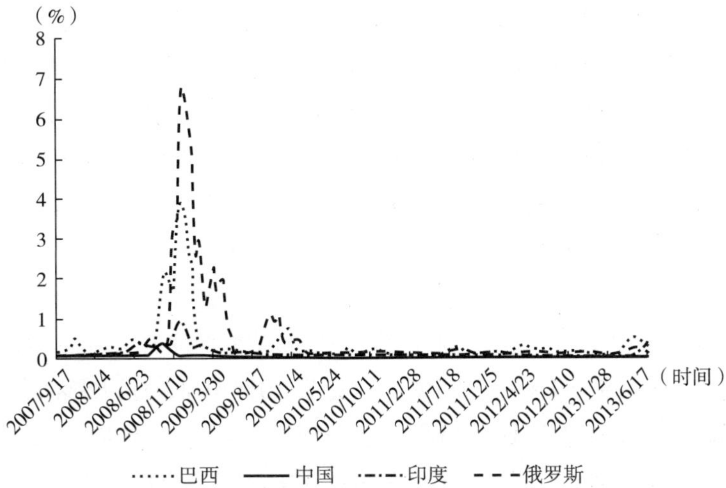

十年期政府债券收益率波动性

(a)

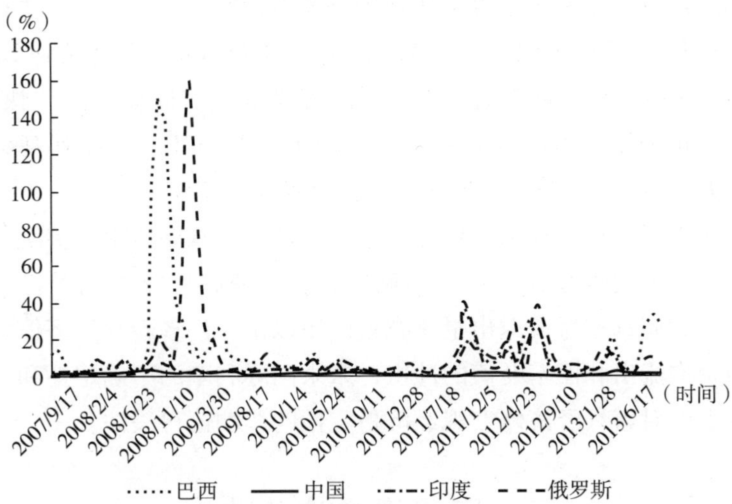

汇率波动性

(b)

图 5－7　主要发展中经济体长期利率和汇率的波动性（2007—2013 年）

资料来源：Fic（2013）。

总体来看，量化宽松货币政策对中国经济的影响较其他主要发展中经济体更小。在金融市场上，我国长期利率受美联储和英国的量化宽松政策影响较显著，影响幅度为下降 25—50 个基点。资产价格受英国、美联储和欧央行政策的影响较明显，冲击合计造成我国资产风险溢价上升 10%—75%（上限）。对人民币汇率影响较小，仅造成人民币汇率升值 0—10%，为四个发展中经济体中最低，这也与实际观测到的情况相吻合。对实体经济的影响方面，冲击对中国经济短期影响较小，对一期滞后的 GDP 增速和通胀的影响仅分别为 0.14 个和 0.13 个百分点，但冲击的持续累计影响较显著，对 GDP 增速和通胀的影响 5 年平均值分别为 1.02 个和 0.68 个百分点。

2015 年年底在美国经济持续复苏的背景下，美联储又率先开启了货币政策正常化进程。2017 年 6 月美联储宣布将联邦基金利率目标区间上调 25 个基点至 1%—1.25%，这是自 2015 年 12 月以来的第四次加息，同时公布了缩表计划。当联邦基金利率正常化进展滞后时，美联储计划通过停止到期债券本金再投资的方式缩减其持有的债券规模，每个月缩减 60 亿美元国债、40 亿美元机构债和 MBS，每 3 个月减持规模依此比例增加 100 亿美元，直至达到每月减持 300 亿美元国债、200 亿美元机构债和 MBS 的上限。从 2017 年 10 月开始缩表，若持续到 2020 年资产负债表规模将缩减超过 30%。到目前为止，美联储遵循“快加息，慢缩表”的原则，2017 年加息 3 次，2018 年加息 4 次，联邦基金利率由 0 上升至目前的 2.5%，但是缩表进展存在一定滞后。

由于美国经济增长前景仍存在不确定性，美联储退出非传统货币政策的速度和力度也存在一定的不确定性，这使跨境资本配置趋向短期化。自美联储宣布考虑退出量化宽松政策以来，许多新兴经济体都经历了跨境资本流出和汇率贬值的冲击，未来国际利率的不确定性和汇率波动性的上升对新兴经济体宏观经济稳定性的影响值得关注。

三　跨境资本流动冲击

（一）跨境资本流动冲击理论简述

跨境资本流动受国家间利差、风险溢价等因素的驱动，对一国经济的影响可谓一把“双刃剑”。其益处是有利于国家间技术外溢、风险分担，平抑借贷成本进而平抑经济波动。其弊端是存在金融工具复杂化、监管难、顺周期等问题，在监管不足的情况下会增加金融体系的不稳定性，容易导致汇率超调和宏观经济波动。Mackowiak（2007）、Bekaert 等（2011）、Reinhart 等（2013）研究表明，一国金融开放程度越高，受到短期跨境资本流动冲击的影响越大。一国的金融市场越发达，越能够有效对冲短期跨境资本流动冲击的影响。

Kalemli - Ozcan 等（2013a，2013b）研究发现，尽管“卢卡斯悖论”在私人部门跨境资本流动中并不成立，但作为主要的外部冲击传导渠道之一，跨境资本流动既可能造成国家间经济周期的同步性上升，也可能造成经济周期脱耦，其中的关键在于冲击的性质。如果一国的银行部门受到负向冲击，可能造成国家间经济周期的同步性上升。因为跨国经营的银行会在国家间调动资本，银行资本会从未受冲击的国家流向危机发生国。[①] 如果负向冲击发生在一国的实体经济，如负向的生产率冲击，而银行部门保持健康，则银行会将资本撤出危机发生国，进一步放大冲击的影响，同时资本流向未受冲击的国家，出现经济周期脱耦的现象。

跨境资本流动可通过汇率传导至一国的实体经济。Combes 等（2012）研究了资本流入对发展中经济体的实际有效汇率的影响，发现跨境资本流入会导致一国的实际汇率升值。私人部门流入中，证券投资流入造成的实际汇率升值效应最大，约为直接投资或银行信贷的 7 倍。直接投资能带来更多的技术外溢效应，在中长期提高一国生产率，导致实际汇率贬值，因此一国在寻求外部资本以弥补国内储蓄与投资的缺口时，吸引直接投资更有利于促进经济增长。此外，更灵活的汇率体制能够有效地减轻资本流入带来的实际汇率升值压力，支持一国的国际竞争力。

（二）跨境资本流动冲击与中国资本账户再平衡

中国的金融开放度经历了一个先升后降的动态演进过程，以 2014 年为拐点。金融开放度的度量方式有多种，常见的有外部金融资产和负

---

① 例如，中国在国际金融危机发生前后便经历了一波外资银行资本撤离浪潮，包括高盛撤出工商银行、苏格兰皇家银行撤出中国银行、美国银行撤出建设银行、西班牙对外银行撤出中信银行、新桥投资撤出深发展、德意志银行撤出华夏银行等。

债与 GDP 之比，Quinn 指数和 Chinn – Ito 指数等。[①] 若以外部金融资产和负债与 GDP 之比来衡量，则中国的金融开放度从 2004 年的 81.5% 上升至 2014 年的高点 109%，但由于 2015 年中国出现了较大规模的外储下降、外国资本撤离和本国企业集中偿还外债，其结果是对外资产负债表收缩，外管局重新收紧资本流出管制，2015 年金融开放度骤降至 96.1%，随后当局采取了一系列举措放宽资本流入限制，如推动中国银行间债券市场对外开放，便利境内企业跨境融资，放宽 QFII 和 RQFII 额度和锁定期限制，放宽外商直接投资行业和股权比例限制等，金融开放度小幅回升至 2017 年的 98.4%。[②]

随着金融开放度的上升，中国的跨境资本流动规模也在上升，2015—2016 年中国经历了一次较大规模的短期跨境资本流出冲击。这次冲击受国内外利差、风险溢价、汇率预期等因素的驱动，一方面与当时国内的经济状况和宏观经济政策有关，如“8·11”汇改。另一方面也与美联储货币政策正常化和全球流动性趋紧有关。

如图 5 –6 所示，如果将正的净误差与遗漏项计为外国资本净流入，负的净误差与遗漏项计入本国资本流出，会发现 2015—2016 年在其他新兴市场经济体整体呈资本净流入的情况下，中国私人部门资本净流出的规模达到 1.3 万亿美元，直接造成外汇储备缩水了约 1 万亿美元。其中，2015 年以外资撤资和本国资本流出为主要特征，2016 年以本国资本流出为主要特征。

管涛（2018）指出 2008—2013 年，中国外储的增加主要来自贸易顺差和外国直接投资净流入，而非“热钱”流入，因而对中国宏观经济的冲击影响不大，这也与上一节的实证研究结果一致。然而，2015—2016 年，中国的短期资本流动具有较明显的顺周期性，特别是 2015 年“8·11”汇改后，短期资本净流出成为外储下降、汇率贬值的主要原

① Quinn 指数和 Chinn – Ito 指数均为基于 IMF 对跨境金融交易的《汇兑安排和汇兑限制年度报告》编制的金融开放指数，具体的编制方法见 Quinn（2011）、Chinn 和 Ito（2008）。最新的 Chinn – Ito 指数度量了 182 个国家在 1970—2016 年金融开放度的变化情况。

② 若以 Chinn – Ito 指数来衡量，美国、英国、日本、中国香港等经济体的金融开放度相当，均显著高于中国。但该指数存在的一大缺陷是，中国的数值自 1994 年汇改以来便没有变化，忽略了 2005 年汇改和 2009 年人民币国际化以来我国在资本账户开放方面所取得的进展，因此低估了中国当前的金融开放度。

因。短期资本流动在很大程度上受市场情绪驱动，容易导致汇率超调，引起金融市场连锁反应。[①] 王维安和钱晓霞（2017）分析了短期跨境资本流动对中国资本市场稳定的影响传导机制，发现由于中国金融市场仍处于相对较封闭的状态，短期跨境资本流动对资本市场的直接影响较弱且不显著，但是通过货币供给渠道造成冲击的间接影响较为显著，而通过银行信贷和汇率渠道的传导作用较弱。

在面对短期跨境资本流入冲击时，央行可通过发行央行债券来冲销对基础货币供给造成的冲击。在面对短期跨境资本流出冲击时，为避免汇率波动性过大影响宏观经济稳定性，央行可选择动用外汇储备进行干预，同时加强资本流出管制。例如，2015 年以来外管局和央行等主要监管部门密集出台或修订了 63 个文件以加强资本账户和外汇市场监管。虚假贸易、非理性投资、“地下钱庄”、内保外贷、资金池、蚂蚁搬家等资金出境渠道均受到严格监管，境内企业对外投资用汇须经四部委审批备案。2016 年下半年，中国央行就减持了近 2000 亿美元的美国国债，用于外汇市场干预。最终实现了中国对外直接投资大幅收窄，外债水平回升，稳定人民币汇率预期，外汇储备由降转升的政策目标，在一定程度上调和了跨境资本流动对我国金融市场造成的冲击。

值得注意的是，2017 年中国双向跨境资本流动趋于平衡，但仍为资本净流出。2017 年外国资本流入规模略高于 2014 年的水平，外国资本净流入为 4353 亿美元，同比上升 68%。而本国资本流出规模为 5116 亿美元，虽然比 2016 年大幅下降 43%，但是仅比 2014 年和 2015 年的规模略低；资本净流出规模为 733 亿美元，较 2015—2016 年大幅收窄。

当前中国跨境资本流动趋于平衡的局面是建立在加强本国资本流出管制和放宽外国短期资本流入的政策基础之上的，这对中国对外部门资产负债表的直接影响是对外资产增速放缓，同时对外负债持续扩张，从而净资产增长缓慢甚至下降。这在一定程度上解释了为什么中国官方储备资产 2017 年持续回升，而同期对外净资产（以美元计）

① 在国际收支统计中，短期跨境资本流动净值为证券投资差额、其他投资差额、金融衍生品差额，以及净误差与遗漏项之和。

却不升反降。[1]

从负债端来看，若中国经济能够保持平稳增长并在金融开放上不断取得新进展，国际投资者增加持有以人民币计价的股票、债券等资产的趋势将得以延续，这将推动证券投资负债的规模持续扩大、占比不断上升，对中国的负债来源结构产生较为深远的影响。从资产端来看，资本账户管制措施的短期效果显著，对外投资主体也再次向国有企业倾斜，但资本管制的长期效果有限，而由于证券投资有顺周期特征，外国在华证券投资占比的提高意味着资本流动波动性和汇率超调可能性的上升，也是一种潜在的不稳定因素。

四 汇率冲击

（一）汇率冲击与宏观经济稳定性

汇率波动主要通过价格传递效应、收入效应和支出转移效应对一国价格、出口、总需求产生影响。

价格传递效应即汇率变动通过影响进出口商品的价格，并进一步传导至国内消费者价格和生产者价格，其传导机制如图 5－8 所示。经验研究发现，汇率波动往往不会完全反映在价格变动上，即传递效应不完全。汇率的价格传递效应的大小主要受进出口需求弹性、企业的“市场定价”行为等因素的影响，并且国际贸易中对计价货币的选择（以生产国货币还是以本币作为定价货币），对汇率传递效应也有着显著影响。总体来看，可贸易品价格传递效应显著，不可贸易品价格传递效应不显著；同质化产品价格传递效应显著，如小麦和服装；高度差异化的产品价格传递效应则不显著，如汽车和机械设备[Engel(2002)，Frieden(2014)]。

汇率波动还会通过收入效应和支出转移效应对总需求产生影响。当本币贬值，一国居民使用同等数量的本币在全球市场上能买到的商品减少，因此实际国民收入下降，国内居民购买力下降，则本国居民

---

① 另一个重要原因是汇率波动。2017 年人民币兑美元升值约 6.72%，美元指数下跌 9.8%，这会造成负债的账面价值上升，资产的账面价值下降，从而净资产下降。

的总消费下降，此为收入效应。与此同时，本币贬值使外国商品价格相对上升，国内外居民更多地购买本国商品，用本国商品替代外国商品，使对本国商品的总需求上升，此为替代效应，又称为支出转移效应。

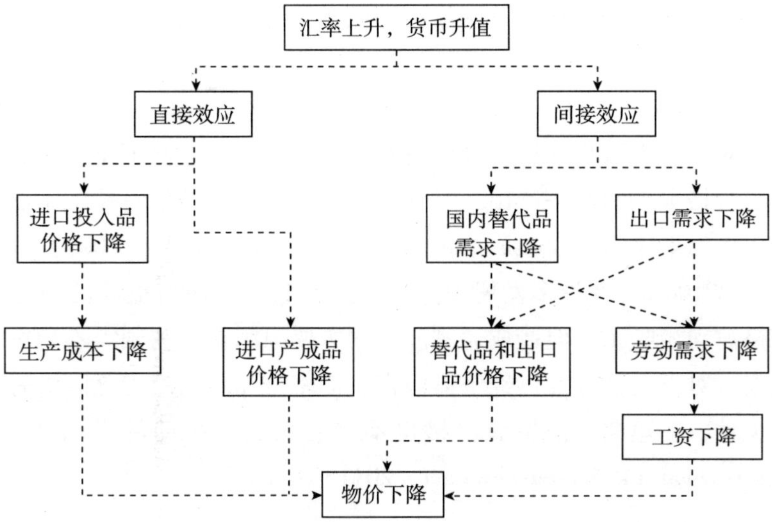

图 5－8　汇率对于物价的传导机制

资料来源：符大海、张莹、卢伟（2017）。

因此，在短期内汇率波动会影响一国的贸易条件和国际收支。当本币贬值时，以外币表示的本国出口商品价格下降，国际市场对本国出口商品的需求上升，而出口商为了占领市场份额往往会选择部分提高（或不提高）商品价格，以获取汇率变动带来的出口收入增长，同样以外币表示的进口商品价格则由国际市场决定，因此在短期贸易条件会趋于恶化，同时出口增加，进口下降，经常账户趋于改善。但是，贸易量对汇率做出反应的半衰期为2—4 个季度，由于存在价格黏性，进出口价格的调整需要约 1 年才能逐渐表现出来，因此汇率变动对进出口影响的完全显现约存在 2 年的时滞，然而对于存在大量以外币计价债务和进口需求弹性较低的经济体来说，在短期，汇率贬值造成的资本流出规模会远远超过贸易改善带来的收入，国际收支状况反而会趋于恶化

[Towbin 和 Weber（2013）]。

实证研究发现汇率波动不是长期经济增长或产出的重要影响因素，实行钉住汇率或浮动汇率制度国家的平均增长差异很小。采用中间汇率制度（有管理的浮动汇率制）的发展中经济体经济增速快于采用固定汇率或浮动汇率制度的经济体，这是因为在资本账户开放度不高的情况下，该制度更有利于保持一国货币政策的独立性，因而能够更好地稳定产出和通胀，取得较好的经济表现 [Ghosh et al.（2010）、Gagnon and Hinterschweiger（2011）et al.]。

而对于资本账户开放程度较高的经济体而言，浮动汇率制度更有利于稳定价格水平和经济产出，有利于宏观经济稳定性，钉住汇率制度下的产出更加不稳定 [Ghosh et al.（2002）、Rogoff et al.（2003）、Ghosh et al.（2010）]。在许多发展中国家，浮动汇率往往与更高的通胀水平和价格波动相联系，但造成通胀波动的主要原因是这些国家不稳定的货币政策。对于大部分发达经济体而言，汇率波动性与产出之间没有显著的相关性，在短期，消费者价格也不受名义汇率波动的影响（Engel，2002；Gagnon and Hinterschweiger，2011）。

（二）人民币汇率波动对中国经济的影响

近年来随着人民币国际化战略的不断推进，中国资本账户逐步走向开放，为保持货币政策的独立性，中国央行正在逐步从实行多年的爬行钉住美元的汇率制度、严格的资本管制和货币供给目标的政策组合，向浮动汇率制度、利率目标、适度资本管制和宏观审慎的政策组合转型。

在此政策背景下，人民币汇率冲击会在短期内引起套汇资本流动，对我国的金融市场稳定性产生影响。2015 年“8·11 汇改”以来人民币汇率的大幅波动便对我国金融市场稳定造成了一定冲击。为增强人民币兑美元汇率中间价的市场化程度，央行决定改变人民币对美元汇率中间价报价机制，自 2015 年 8 月 11 日起，做市商在每日银行间外汇市场开盘前，参考上日银行间外汇市场收盘汇率，综合考虑外汇供求情况以及国际主要货币汇率变化向中国外汇交易中心提供中间价报价，此为“8·11汇改”。其结果是汇改当天，人民币对美元汇率开盘即下跌 1136 个基点，3 天内人民币汇率贬值幅度超过 3%，恐慌情绪快速传递到国内股票市场，上证指数两周内暴跌约30%。2016年年初，人民币汇率再次在3个交易日内下跌超过1000个基点，其后上证指数也再次在一个月内下跌近30%，外汇市场与国内股票市场已然形成联动的态势。

为抑制人民币兑美元汇率的快速贬值，中国央行于2016年年初开始实施“收盘价+货币篮子”的双目标中间价定价机制。其后为减少干预成本，又于2017年5月26日引入逆周期调节因子，形成了基于前日收盘价、“一篮子”货币汇率变动和逆周期调节因子的人民币汇率中间价新机制。经过三次中间价形成机制的调整，并实行“宽进严出”的资本账户管制政策，外汇市场预期基本稳定。

如图5-9所示，“8·11汇改”放宽了汇率的波动幅度限制，直接导致人民币对美元汇率波动性上升。但新的中间价形成机制中，由于美元指数和其他货币的变动难以预测，人民币汇率变动的不确定性显著上升，同时逆周期调节因子为央行干预留下了空间，在岸汇率波动的市场化程度没有提高反而降低［余永定和肖立晟（2017）、周远游等（2017）］。

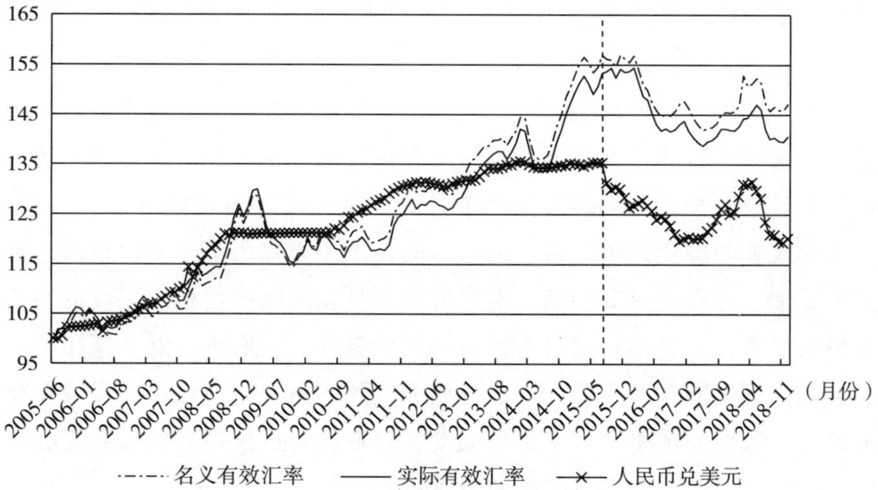

图5-9　人民币名义与实际有效汇率（2005年6月=100）

资料来源：圣路易斯联邦储备银行、中国人民银行。

与此同时，人民币汇率的大幅波动和贬值预期的形成，使负有外债的企业债务负担加重，触发了国内企业提前偿还外币债务的行为。“8·11汇改”引发的汇率冲击导致我国全口径外债规模在2015年下半年减少了3227亿美元，这一现象持续至2016年3月，外债水平才重新开始上升。

在宏观经济账户方面，由于中国的资产负债存量规模庞大，短期较大幅度的汇率变动可能对中国对外资产负债项造成显著影响。例如，在以美元计价时，人民币贬值会导致人民币负债的账面价值减少，从而造成总负债减少和净资产增加。2014—2016年人民币兑美元贬值了14.8%，仅来华直接投资形成的对外负债一项造成的负债减少就可以达到4000亿美元，在其他条件不变的情况下，这会导致对外净资产上升。另外，境外机构和个人持有的境内人民币金融资产也都是以人民币计价的负债，如非居民人民币存款，QFII、RQFII投资，"沪港通""深港通""债券通"等，汇率贬值不仅会造成境外投资者减持此类资产，也会影响其价值折算，2014—2016年这一因素造成的负债减少近700亿美元。此外，美元与其他主要货币之间的汇率变动也会对非美元资产的账面价值造成影响。例如，2014年美元指数升值约15%，假如当年中国对外资产中非美元资产占40%，则汇率变动会造成约6%（3600亿美元）的账面损失。

在对实体经济的影响方面，目前汇率冲击对我国宏观经济稳定性造成的影响并不显著。一方面，每日或者每月的汇率波动对总体经济活动的影响较小，至少持续时间为几个月的汇率波动才有可能对通货膨胀、产出和就业的稳定产生影响。另一方面，由于人民币汇率的价格传递效应不完全，并存在一定时滞，汇率波动不是我国国内价格水平波动的主要影响因素，尤其是对消费者价格的影响较小。① 此外，由于存在产品差异化，即不同国家生产的产品和服务之间的不完全替代性，以及存在贸易壁垒和贸易成本，名义汇率波动在短期内对进出口和国际收支的影响不明显，对产出波动性也没有显著影响。②

但是，随着国内金融市场对外开放的不断推进，短期套利资本的跨境流动对我国金融稳定的影响将上升，其风险不容小觑。同时近两年外

---

① 相关研究包括陈六傅和刘厚俊（2007）、王晋斌和李南（2009）、白钦先和张志文（2011）、潘长春等（2017）、段玉婉等（2011）、符大海等（2017）。

② 参见Gagnon和Hinterschweiger（2011）。

债规模持续上升，经常账户顺差大幅收窄，企业部门的外债风险敞口值得关注。未来在继续坚定不移地保持经济对外开放，推进人民币汇率制度改革的过程中，需要货币当局更审慎地对待汇率冲击，多措并举加强外汇市场交易监管，避免再次出现因汇率大幅波动引起的金融市场动荡。同时应着力完善人民币汇率风险对冲机制，更好地帮助企业和居民对冲汇率风险。

总之，当前中国经济增长面临的外部冲击因素有复杂化的趋势。例如，中美贸易摩擦造成的外部需求下降冲击，国内金融市场开放造成的短期跨境资本流动冲击，国际收支恶化造成的汇率冲击，以及国际油价上涨造成的供给冲击等。这无不考验着中国经济的韧性，以及政府和货币当局综合运用货币政策、财政政策和宏观审慎政策调控经济的能力。在国际金融一体化的背景下，应密切关注全球风险偏好的变化，并加强对跨境资本流动的动态监控，同时应继续稳步推进人民币汇率制度改革，增加人民币汇率的弹性，使汇率能够更好地发挥外部冲击缓冲器的作用，吸收跨境资本流动冲击，降低外部冲击对国内宏观经济和金融稳定的影响。

在研究方法层面，与常见的局部均衡计量模型和两国动态随机一般均衡（DSGE）模型相比，大型的多国、多部门可计算动态一般均衡（DCGE）模型包含更多经济变量，能更好地满足综合模拟多个外部冲击的要求，并能兼顾短期和中长期对经济各部门的影响，可考虑采用或修正现有的此类模型，如 GTAP - Dynamic，为决策部门制定宏观经济政策提供参考。

参考文献

白钦先、张志文：《人民币汇率变动对 CPI 通胀的传递效应研究》，《国际金融研究》2011 年第 12 期。

陈六傅、刘厚俊：《人民币汇率的价格传递效应——基于 VAR 模型的实证分析》，《金融研究》2007 年第 4 期。

段玉婉、陈锡康、杨翠红：《人民币升值对中国出口品价格的影响研究》，《系统科学与数学》2011 年第 2 期。

符大海、张莹、卢伟：《人民币汇率对国内物价传递效应的再估计：基于中国省级面板的证据》,《宏观经济研究》2017 年第 1 期。

管涛:《危机十年我国跨境资本流动管理回顾与前瞻》,《国际金融》2018 年第 5 期。

郎金焕、史晋川:《加工贸易、一般贸易与外部需求冲击的传导机制》,《浙江大学学报》2013 年第 1 期。

李浩、胡永刚、马知遥:《国际贸易与中国的实际经济周期分析:基于开放的 RBC 模型的研究》,《经济研究》2007 年第 5 期。

李浩、钟昌标:《贸易顺差与中国的实际经济周期分析:基于开放的 RBC 模型的研究》,《世界经济》2008 年第 9 期。

潘长春:《人民币汇率变动的价格传递效应——基于 TVP - SV - VAR 模型的实证检验》,《国际贸易问题》2017 年第 4 期。

汤铎铎、张莹:《实体低波动与金融去杠杆——2017 年中国宏观经济分析中期报告》,《经济学动态》2017 年第 8 期。

唐宜红、林发勤:《外部需求冲击与中国的出口波动》,《世界经济研究》2012 年第 1 期。

王晋斌、李南:《中国汇率传递效应的实证分析》,《经济研究》2009 年第 4 期。

王维安、钱晓霞:《金融开放、短期跨境资本流动与资本市场稳定——基于宏观审慎监管视角》,《浙江大学学报》2017 年第 9 期。

余永定、肖立晟:《完成"8·11 汇改":人民币汇率形成机制改革方向分析》,《国际经济评论》2017 年第 1 期。

周远游、刘莉亚、盛世杰:《基于汇改视角的人民币汇率异常波动研究》,《国际金融研究》2017 年第 5 期。

Almansour, A., A. Aslam, J. Bluedorn, R. Duttagupta, "How Vulnerable are Emerging Markets to External Shocks?", *Journal of Policy Modeling*, 2015, 37460 - 483.

Bekaert, G., C. R. Harvey, C. Lundblad, "Financial Openness and Productivity", *World Development*, 2011, 39 (1): 1 - 19.

Berkel, B., "Institutional Determinants of International Equity Portfolios—A Country - level Analysis", *The BE Journal of Macroeconomics*, 2007, 7 (1): 1 - 33.

Chinn, M. , H. Ito, "A New Measure of Financial Openness", *Journal of Comparative Policy Analysis*, 2008, 10 (3): 309-322.

Combes, J. L. , T. Kinda, P. Plane, "Capital Flows, Exchange Rate Flexibility, and the Real Exchange Rate", *Journal of Macroeconomics* , 2012, 34 (4): 1034-1043.

Eichengreen B, P. Gupta, "Tapering talk: The Impact of Expectations of Reduced Federal Reserve Security Purchases on Emerging Markets", *Emerging Market Review*, 2012, 25: 1-15.

Engel, C. , "Expenditure Switching and Exchange Rate Policy", *Chapter in NBER Macroeconomics Annual*, 2002 (17): 231-272.

Feldkircher, M, F. Huber, "The International Transmission of US Shocks—Evidence from Bayesian Global Vector Autoregressions", *European Economic Review*, 2016 (81): 167-188.

Fic, Tatiana, "The Spillover Effects of Unconventional Monetary Policies in Major Developed Countries on Developing Countries", DESA Working Paper No. 131, 2013, United Nations: New York.

Fratzscher M. , M. L. Duca, R. Straub, "On the International Spillovers of US Quantitative Easing", *The Economic Journal*, 2017, 128 (2): 330-377.

Fratzscher, M. , M. L. Duca, R. Straub, "ECB Unconventional Monetary Policy: Market Impact and International Spillovers", *IMF Economic Review*, 2016, 64 (1): 36-74.

Frieden, J. A. , *Currency Politics: The Political Economy of Exchange Rate Policy*, Princeton University Press, 2014.

Gagnon, J. E. , M. Hinterschweiger, *Flexible Exchange Rates for a Stable World Economy*, Peterson Institute for International Economics: Peterson Institute Press, 2011.

Galstyan, V. , P. R. Lane, "Bilateral Portfolio Dynamics During the Global Financial Crisis", *European Economic Review*, 2013 (57): 63-74.

Ghironi, F. , M. J. Melitz, "International Trade and Macroeconomic Dynamics with Heterogeneous Firms", *The Quarterly Journal of Econom-*

ics, 2005, 120 (3): 865 -915.

Ghosh, A., A. M. Gulde, H. Wolf, *Exchange Rate Regimes: Choices and Consequences*, Cambridge, 2002, MA: MIT Press.

Ghosh, A., J. Ostry, C. Tsangarides, *Exchange Rate Regimes and the Stability of the International Monetary System*. IMF Occasional Paper 270, International Monetary Fund, 2010.

Kalemli - Ozcan, S., E. Papaioannou, F. Perri, "Global Banks and Crisis Transimission", *Journal of International Economics*, 2013b, 89 (2): 495 -510.

Kalemli - Ozcan, S., E. Papaioannou, J. Peydro, "Financial Globalization, Financial Regulation, and the Synchronization of Economic Activity", *Journal of Finance*, 2013a, 68 (3): 1179 -1228.

Krugman, P. R., "Increasing Returns and the Theory of International Trade", *NBER Working Papers*1752, National Bureau of Economic Research.

Mackowiak, B., "External Shocks, U. S. Monetary Policy and Macroeconomic Fluctuations in Emerging Markets", *Journal of Monetary Economics*, 2007, 54 (8): 2512 -2520.

Ng, S., J. H. Wright, "Facts and Challenges from the Great Recession for Forecasting and Macroeconomic Modeling", *Journal of Economic Literature*, 2013, 51 (4): 1120 -1154.

Quinn, D., M. Schindler, A. M. Toyoda, "Assessing Measures of Financial Openness and Integration ", *IMF Economic Review*, 2011, 59 (3): 488 -522.

Reinhart, D., L. Ricci, T. Tressel, "International Capital Flows and Development: Financial Openness Matters", *Journal of International Economics*, 2013, 91 : 235 -251.

Rogoff, K., B. Robin, A. Mody, N. Oomes, A. Husain, "Evolution and Performance of Exchange Rate Regimes", *IMF Occasional Papers* 229, International Monetary Fund, 2003.

Towbin, P., S. Weber, "Limits of Floating Exchange Rates: The Role of Foreign Currency Debt and Import Structure", *Journal of Development*

Economics, 2013, 101 (C): 179 – 194.

Tyers. R. , and Y. Zhang, "Real Exchange Rate Determination and the China Puzzle", *Asian Pacific Economic Literature*, 2014, 28 (2): 1 – 32.

Wau, M. E. , F. Leibovici, "Cyclical Fluctuations in International Trade Volumes", New York University, Working Paper, 2011.

第六章　全球经济周期波动的新趋势

一　从大稳定到大衰退

从第一次海湾战争（1990—1991 年）结束直到 2008 年国际金融危机，以美国为代表的发达经济体经历了一个长达近 20 年的所谓“大稳定”（great moderation）时期（Stock and Watson，2002）。其间，虽然有新千年之初的“IT”泡沫破裂等短暂冲击，但经济整体表现强劲，而且商业周期波动也较为平缓——特别是没有再经历如此前的“石油危机”“滞胀”等严重危机，通货膨胀率也显著下降。如以美国为例，1980—1989 年，GDP 增速为 3.1%，增速标准差为 2.6%，平均通胀率达到 4.7%；而在 1990—2007 年，在经济增速保持 3% 这一较高水平的同时，增速标准差降至 1.3%，且投资、消费、贸易、就业、公共支出等多项实体经济指标均窄幅波动。也许更为难得的是，不同于“菲利普斯曲线”的理论预测，这一时期美国平均通胀率仅为 2.3%，使之成为美国经济史中罕见的较高增长、温和通胀的几近理想的组合（Gordon，2005，2010）。欧洲、加拿大等高收入经济体的形势也大体同美国类似（Blanchard and Simon，2001；李扬和张晓晶，2015）。

在发达经济体实现“大稳定”的同时，中国、印度、巴西、韩国、东南亚乃至非洲等后发经济体的发展态势也基本向好，特别亚洲国家较快地从 1997—1998 年金融危机的冲击中恢复过来。其中，需要着重指出的有两点：其一，2001 年加入 WTO 以来，中国快速融入世界产业分工体系，成为新一波全球化的重要推动力量，并在这一过程中实现了较长时期的经济繁荣与物价稳定（特别是2003—2008年，连续保持了两位数的增速）。其二，基于亚洲金融危机的教训，东亚、东南亚等诸多新兴市场经济体开始从较为激进的金融自由化改革转向更为谨慎的开放政策，包括加强资本管制、积极干预汇率、重视外汇储备等（Bernanke，2004）。①

然而，随着2007年美国次贷危机开始，世界经济陷入自20世纪30年代以来最大的经济衰退之中。美国、欧洲、新兴市场等世界主要经济板块均出现了程度不等的增速放缓、失业高企、外贸萎缩、公共财政恶化、传统货币政策失效等现象。如图6-1显示，世界主要经济体——无论发展阶段如何——都在“大衰退”中出现严重的增速下滑。其中，中国在2008年GDP增速从上年的14.2%骤减至9.7%②，美国、欧元区、日本，乃至世界整体，更是在2009年遭遇负增长。

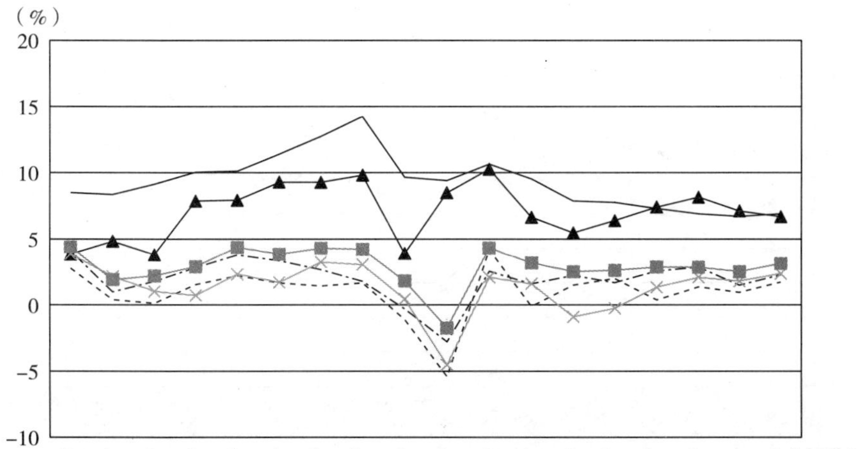

图6-1　主要经济体GDP增长率

资料来源：世界银行，World Development Indicators（WDI）。

① 关于出现“大稳定”的原因，李扬和张晓晶（2015）从技术进步、市场化改革、宏观政策水平、产业结构变化、外生冲击（运气）、全球化红利等方面进行了总结、分析。

② 当然，比较而言，中国经济受到此次危机的直接冲击有限：在外贸急剧收缩的影响下，中国在2008—2010年的GDP平均增速也达到了9.9%的水平，显著高于其他主要经济体。然而需要指出的是，中国在危机应对过程中也产生了一系列“副作用”，对经济结构转型、实现长期可持续增长带来一定影响。

图 6 - 2 则进一步显示，"大衰退"中贸易依存度（常用进出口总量与 GDP 之比衡量）的降幅实际上更为剧烈：2008—2009 年，中国贸易相对规模从 57% 降至 45%，并且此后虽有小幅恢复，但从未回归危机前的较高水平（约为 60%）。特别是近年来已经降至 37% 左右，约相当于 2001 年（加入 WTO 前）的水平。同一时期，世界其他主要经济体也经历了较大幅度的贸易收缩，如美国的贸易依存度从 30% 降至 25%，欧元区从 79% 降至 68%，日本从 34% 降至 24%，印度从 54% 降至 47%，世界整体则从 61% 降至 52%。在此还应提及的是，正如 Van Bergeijk（2019）最近指出的，自 2008—2009 年的危机以来逆全球化浪潮已经开始，而 2016 年发生的英国"脱欧"事件以及美国特朗普政府发动的贸易战，仅仅是这一浪潮的表现，而非结果。

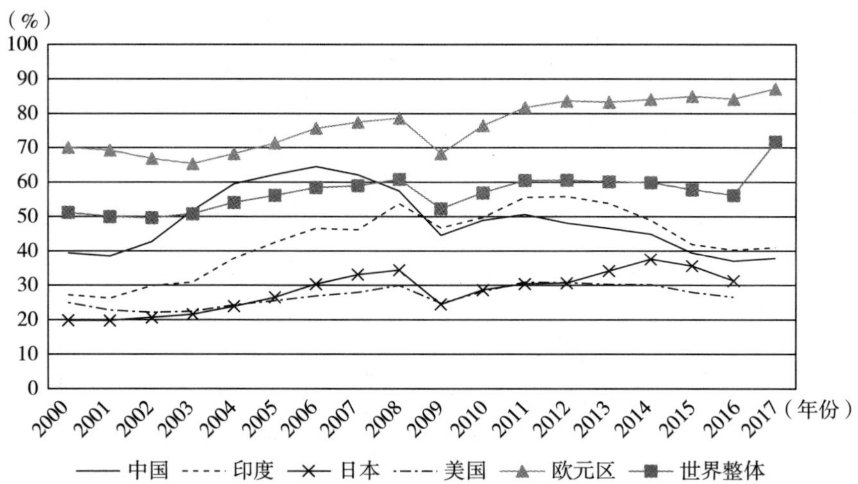

图 6 - 2　主要经济体进出口总额占 GDP 比重

资料来源：世界银行，World Development Indicators（WDI）。

总体来看，除了冲击严重、波及广泛等之外，此次世界范围的"大衰退"还有一个突出特点，即其后的复苏相当漫长——危机的影响似乎不仅仅止于周期性的冲击，而且影响经济的长期表现（或潜在增长趋势）。如以美国为例，Bivens（2016）指出，此次复苏之缓慢在美国经济史中实属罕见：如严格地讲，本次经济衰退始于 2007 年 12 月，终于2009年6月（时段已经是战后最长的），但随后仍旧花费51个月使就业达到危机前的最高水平，为第二次世界大战后历次复苏中费时最长的。而更宏观地看，无论是美国、欧洲，还是中国等发展中经济体，其后危机时期的经济表现几乎都逊于“大缓和”时期：如2010—2017年，美国经济平均增速仅为2.2%，明显低于其前危机时期的一般水平3%（通常也被认为是美国在这一时期的长期潜在增速）。深受主权债务危机影响的欧元区同样陷入较长时期的低增长困境之中：2010—2017年平均增速低至1.3%，而1990—2007年为2.2%。与此同时，中国也在危机高潮过后，逐渐由高速增长（10%左右）转向中高速增长（6%—7%）。此外还值得注意的是，世界经济虽然在2017年曾出现短期的复苏加速现象，但似乎也好景不长——2018年，在由美国开启的全球范围的“贸易战”影响下，世界经济又不同程度地重新陷入低迷（汤铎铎、李成，2018；李成、汤铎铎，2018）。

对于后危机时期世界经济疲弱、复苏乏力，各种理论解释和政策建议相继出现。大致说来，既有强调需求面的所谓“长期停滞”的观点，也有侧重供给侧的“生产力危机”理论。下文两部分将分别加以介绍和述评。

二　需求不足与“长期停滞”

“长期停滞”（secular stagnation）一词来源于美国著名经济学家Hansen（1939）对20世纪30年代“大萧条”的研究，其中许多观点与同时代的强调“有效需求不足”的凯恩斯学说高度契合。其后，面对近年来的经济低迷，美国著名经济学家、前财政部长萨默斯重新使用了“长期停滞”的概念（Summers，2014）。在他看来，在美国和其他许多发达经济体，能够实现充分就业和投资—储蓄平衡的自然利率开始落入负值区间。而这一现象导致投资和消费需求不足、就业不充分，并催生了较高的债务杠杆与严重的资产泡沫。而传统的货币政策又因受到“利率零下限”（Zero Lower Bound）的制约而失效。最终，这一系列不利后果导致了实际经济增长轨迹长期位于其潜在水平之下，经济因此陷入停滞。

就此还值得指出的是，萨默斯等的观点，同国际货币基金组织（IMF）总裁拉加德在2014年提出的世界经济进入“新平庸”（new mediocre）的论断也大多一致：拉加德认为，由于对经济前景的悲观预期，投资、消费等需求也会下调，以适应新的经济形势，最终导致预期的“自我实现”。政策上，拉加德也强调了积极财政政策、基础设施投资等举措的重要性。①

从数据看，萨默斯等的论断也得到了一定支持。如根据Laubach和Williams（2003）提出的估算及其更新，美国自然利率——也就是使潜在产出等于实际产出，并保持某种均衡通货膨胀率条件下的理论利率水平，在近半个世纪以来处于下行态势（见图6-3）。而在本轮金融海啸过后，其下降幅度加剧，近年来基本维持在1%以下。与此同时，危机过后，美国潜在GDP增速也有所下降：1990—2007年，美国季度潜在

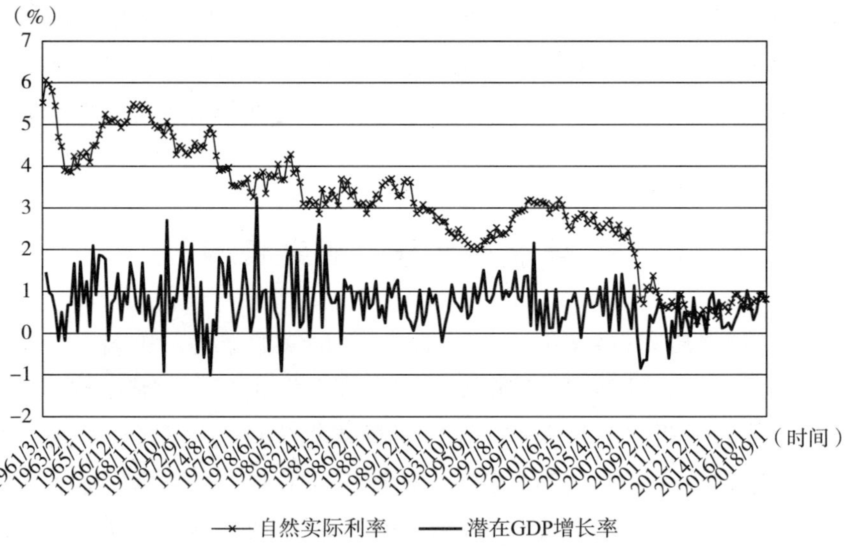

图6-3 美国自然实际利率与潜在GDP增长率

资料来源：Laubach和Williams（2003）估算，2018年数据参见https://www.newyorkfed.org/research/policy/rstar。

① 参见https://www.ft.com/content/2bfa11d6-4a44-11e4-8de3-00144feab7de。

增速为0.73%（全年增速约为3%），而2010—2018年，这一指标已经降至0.44%（全年不足1.8%）。类似地，Teulings和Baldwin（2014）也指出，欧元区近年来也出现了实际利率走低，乃至落入负值区间的趋势。此外，诺贝尔经济学奖得主克鲁格曼的研究显示（Krugman，2014），1980年以来美国的三次商业周期中，在本轮危机爆发前的2000—2007年，美国的实际利率水平就已经明显低于此前（以联邦基金利率与核心通胀率的差值计算），家庭债务杠杆持续攀升，而人口老龄化则进一步导致投资需求的下降。[①] 事实上，如图6-4显示，包括中国在内的世界主要经济体在近二三十年来都经历了这一人口结构变化——其中美国的情况稍好，日本、欧元区情况最为严重，而中国的有关指标也在2013年超过了世界平均水平。

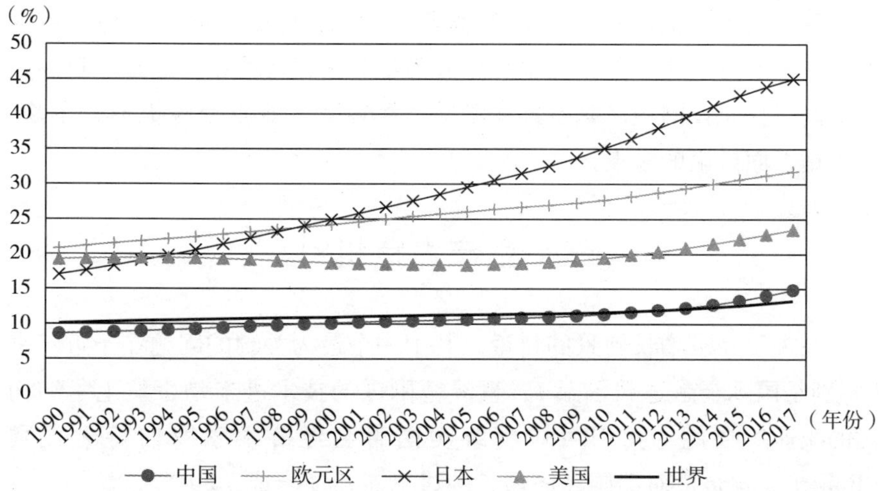

图6-4　主要经济体老龄人口（65岁及以上）占劳动年龄人口（15—64岁）比重

资料来源：世界银行，World Development Indicators（WDI）。

从政策含义方面看，在这一低利率、低通胀、低增长的局面下，传

① 当然，人口老龄化问题对经济增长的影响不仅在于需求侧，同样包括供给侧，如劳动力质量、数量变化以及创新等方面。另见戈登（2018）。

统的以所谓“泰勒规则”为指导、主要以调节利率为手段的货币政策受制于“零利率”下限的困扰，很难发挥提振经济、维护金融稳定的效应。因此，美联储在本次危机以来，在初期大幅购买、置换了私人部门的问题资产，其后又开启量化宽松等非传统货币政策，并取得了一定效果（详见 Wu 和 Xia，2016）。对此，本书另有专节讨论，在此不再赘述。而在萨默斯等看来，正因如此，在经济可能陷入长期低迷、实际利率走低的前景下，应当主要着力于需求侧，即推行（或继续推行）扩张性的财政政策，并鼓励出口和私人部门的投资与消费等。显然，相关主张同凯恩斯经济学的核心政策逻辑高度契合。当然，在上述的克鲁格曼的研究中对此也表示了疑虑（Krugman，2014），即扩张性财政政策似乎可以仅能作为一种暂时措施，但难以解决长期的低利率与经济疲弱问题。

需要指出的是，关于“长期停滞”——尤其是后危机以来世界主要经济体潜在增速下降，在学界还有诸多争论，可谓见仁见智。特别是当人们将目光投向经济基本面中的供给侧因素，观点分歧更不容小觑。这将是下面讨论的重点。

三　生产力危机?[①]

在关于经济增长前景的讨论，其中一个最为关键的问题在于近年来（特别是国际金融危机前后），世界范围内的技术进步是否发生了结构性的减速？在此，我们可以围绕美国著名经济学家罗伯特·戈登（Robert Gordon）对美国经济增长的讨论展开（李成，2018）。

作为长期研究创新和增长史的学术大家，戈登在其近作《美国增长的起落》（戈登，2018）一书中提出，在美国内战后的“特殊世纪”（1870—1970 年），得益于在电力、卫生系统、内燃机、化学工业、医疗、现代通信等领域的诸多“伟大发明”，美国经历了前所未有的快速、持续的技术进步与收入增长，而这又特别表现在 1920—1970 年“大跨越”时期。相较而言，在此之后的发明创新的重要性逐渐降低，

---

① 本节部分内容基于李成（2018）。

技术进步与增长也趋势性地放缓。为论证这一观点，笔者不吝以大量篇幅，生动、翔实地记述了近一个半世纪以来美国经济的历史，并着重突出了在“第二次工业革命”中，各种新发明及其推广对家庭生活、生产劳动、城市面貌乃至社会组织形态等方方面面的革命性影响。与之形成强烈对比的是，“二战”后发生的以信息技术为代表的“第三次工业革命”对个人及社会的影响则远逊于前代，并且主要集中在娱乐、通信、信息等较窄领域，对衣、食、住、行、健康等方面的影响较小。进一步地，通过这一巨大的反差，戈登预言今后“伟大发明”的时代可能一去不复返，由此会直接导致技术进步和经济增长长期维持在较低水平。此外，该书也用极小的篇幅提供了一些更为直接的定量证据，即对美国不同年代“全要素生产率”（TFP）的估算和比较——后者指经济增长中不能被资本、劳动力、人力资本等可辨识的要素投入所解释的部分，又称索洛剩余。其主要发现包括：TFP 在 1920—1970 年增长最为迅速，而信息革命对技术进步的影响主要发生在 1994—2004 年，但也低于以上时期。更加引人注目的是，2004—2014 年，TFP 增长已经降至 1890 年以来的最低值。借助以上的逻辑，戈登进一步预测未来创新的速度会停留在类似 2004—2014 年的较低水平。在此值得指出的是，与之有异曲同工之妙的是，另一位美国著名经济学家泰勒·考恩（Tyler Cowen）也在其名著《大停滞》（考恩，2015）中生动地指出，近半个世纪以来美国经济发展中容易获取的经济资源与技术优势，即所谓“低垂的果实”已经殆尽，创新与生活水平的改善因此停滞不前。

当然，对于戈登关于美国科技创新放缓，或称“生产力危机”的立论，在学界还有许多争论。例如，在相关的国民经济核算中，技术进步和经济增长是否被低估，以及低估的程度如何？在此首先需要指出的是，借助 Bergeaud 等（2016）提供的较长时期的估算数据（BCL Database），我们确实发现美国在 20 世纪 70 年代以来的全要素生产率已经明显低于此前的 70 余年，而在新千年之交的信息技术革命，也仅仅小幅推高了技术进步，远未达到 1891—1969 年的水平（见图 6-5）。大致看来，这一结果同戈登的发现基本吻合。

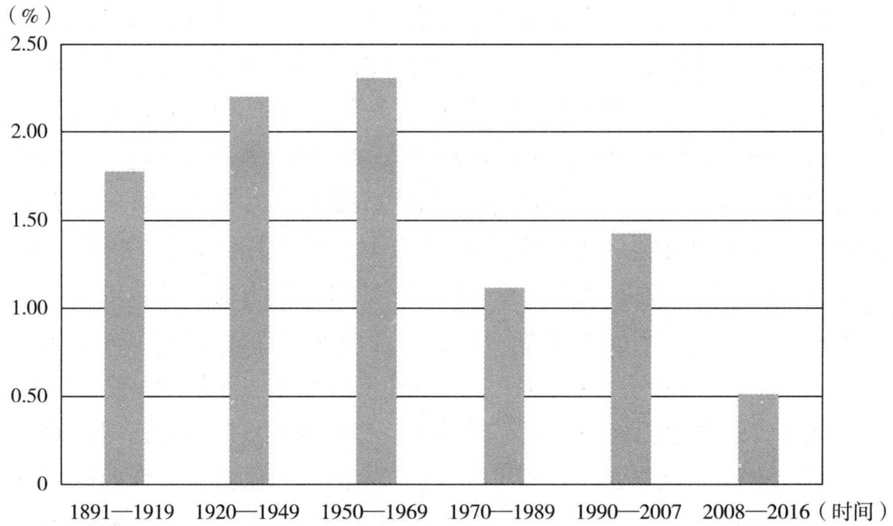

图 6-5　美国不同时期全要素生产率

资料来源：根据 Bergeaud 等（2016），BCL 数据库计算。

此外，由于 TFP——作为一种对“未知”的计量——的测算方法并没有统一标准，我们在图 6-6 中还将 BCL 的估算同其他两项较有影响的研究进行了比对，即佩恩表（Penn World Table）和世界大型企业联合会（Conference Board）的 TED 数据库。如图 6-6 显示的，三种估算数值接近且趋势一致。汇总各种数据来源，有理由认为基于现有的主流规范方法，美国（也包括其他主要发达经济体）的 TFP 增速在近半个世纪以来确已出现回落。

然而，问题的关键在于相关核算框架自身存在先天缺憾：无论是国内生产总值（GDP）还是与之相关的 TFP 都主要适用于以实物资产与产品为核心的工业化社会（科伊尔，2017）。而随着“二战”后信息革命的推进，美国等世界主要经济体均在不同程度上出现了产业结构日趋服务化（特别是金融化），信息成为重要但又近乎免费的生产要素，共享经济、零工经济等新业态方兴未艾，基于网络的交易平台和货币体系层出不穷等现象。显然，凡此种种都会大大削弱 GDP、TFP 等基本概念和核算方法的科学性与适用性，特别是导致许多创新发明、经济活动等被相关统计“遗漏”。这也是所谓的技术进步“乐观派”的代表人物——如

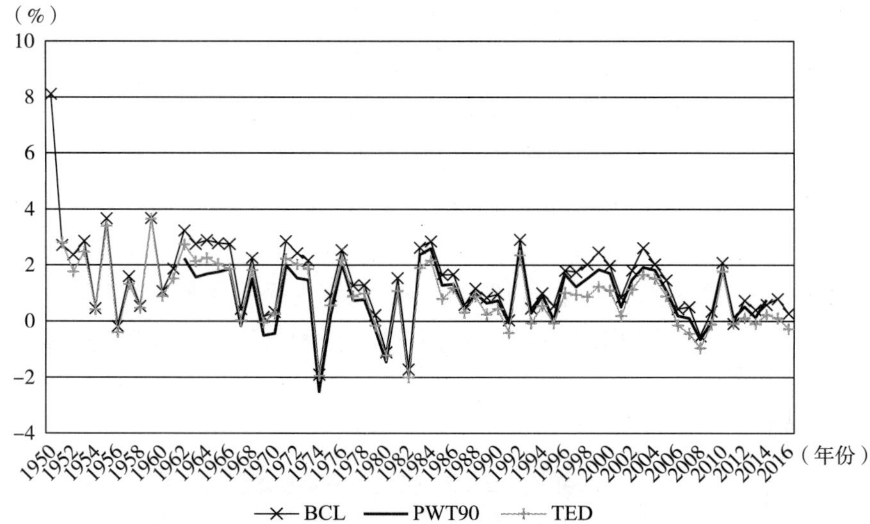

图 6-6　美国全要素生产率的三种估算结果对比

注：BCL、PWT90、TED 分别指代 Bergeaud 等（2016）的 BCL 数据库、佩恩表以及大企业联合会的 TED 数据库。

布莱恩约弗森（E. Brynjolfsson）、麦卡菲（A. McAfee）等的一个重要观点（布莱恩约弗森和麦卡菲，2016）。对此，戈登虽然并不否认，但指出，自 GDP 等概念在 20 世纪 30 年代的大萧条中诞生以来，相关核算中对新发明、新产品的价值遗漏问题一直存在（例如，空调的普及）。因此，各年代的 GDP 增速和生产率变化是可以比较的。然而此处的疑惑在于，这一遗漏的严重程度在不同发展阶段是否会有变化呢？根据以上论述，有理由推测相对于工业化社会，现有的核算体系的适用性进一步转差，即这种遗漏更趋严重。但无论这一推断是否属实，都是一个不应回避的议题。然而令人遗憾的是，在有关技术进步放缓的论述中，戈登却选择了回避，即在没有给出任何理由和证据的情况下，暗含地假设这种偏差程度始终不变，因此上述不同时期的经济增速和 TFP 可以直接对比。

除去核算问题之外，还有一个重要问题在于未来的经济社会发展——特别是新工业革命本身也会带有诸多的不确定性、非线性，乃至剧烈的结构变动。因此，即使上述的 TFP 核算没有严重的遗漏问题，也不能仅仅依靠历史数据进行线性的趋势外推。①

总之，由于以上问题，目前还难以推定未来的技术进步会在美国等主要经济体持续减速，亦即出现所谓的“生产力危机”。进一步讲，至少从供给角度看，未来世界经济可能陷入长期疲弱的观点还难以得到有力支撑。当然，在相关论述中提到的影响未来经济增长潜力以及技术进步的若干“逆风”（参见戈登，2018；Gordon，2005，2010），包括分配恶化、人口结构变化、债务压力高企、教育水平下降等问题仍需引起高度关注。以下即转向近年来主要经济体的分配格局，梳理相关事实与观点。

四 从增长到分配：全球趋势

尽管在前述的所谓“大稳定”时期，发达经济体经历了较高速度，且持续稳定的经济增长，但从分配领域看，美、欧等地均出现了程度不同的分配不平等现象。其间，尽管受到2008—2009年国际金融危机的冲击，分配状况一度改善，但在其后的复苏期内又开始恶化。如根据“世界不平等数据库”（WID）的数据显示（见图6－7），美国顶端1%人群收入在全体国民收入中的份额在1978年为8.3%，而到2015年则升至22%。同期，英国的此指标由5.7%升至13.9%（截至2014年）。德国、法国、日本的分配情况虽明显好于以上两国，但在此期间也有一定贫富分化的趋势。需要指出的是，正是在分配恶化的大背景下，西方许多经济学家开始关注“分配”这一长期处于西方经济学较为边缘地带的议题。除了上述的戈登之外，诺贝尔奖得主斯蒂格利茨在《不平等的代价》一书中深刻地阐释了美国贫富分化给经济社会，乃至政治体制带来的问题与挑战（斯蒂格利茨，2013）。此外，法国经济学家皮凯蒂于2013年出版的《二十一世纪资本论》一书（皮凯蒂，2014），运用大量历史数据对欧洲、美国等经济体的长期分配趋势进行了刻画，

① 还需指出的是，戈登的立论忽视了在不同发展时期，人的需求层次会发生改变这一事实——因此，很难简单评价改善基本衣食住行的发明和关乎精神、娱乐方面的发明谁更重要。当然，这一问题可能超出了经济学范畴，特别是比技术进步问题牵涉更广。限于主旨，此处不再赘述（参见李成，2018）。

并指出经济不指出经济不平等与经济危机、资本收益、经济增长等之间的关系。一时间在学界、决策层与一般公众间引发巨大反响。

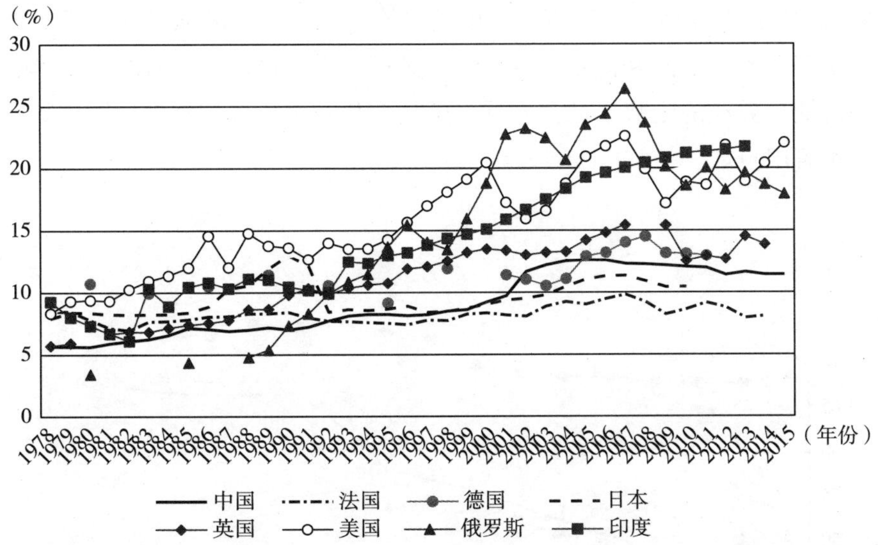

图6－7　主要经济体顶端1%人群收入占全体国民收入的比重

资料来源：世界不平等数据库（World Inequality Database）。

转至中国等新兴市场国家，建立兼具效率与公平的收入及财富分配不仅是建设中国特色社会主义的题中应有之义，也是全面建成小康社会、实现共同富裕的关键。然而，从时间维度纵向比较，改革开放以来，在从计划经济向市场经济过渡的进程中，中国也开始出现贫富分化的趋势。如图6－7显示，1979—2015年，中国顶端1%人群收入占比从5.6%升至11.4%。[①] 约在此时，同属于新兴经济体的俄罗斯、印度也经历了类似趋势（但幅度更为剧烈）。此外，图6－8展示的近年顶端10%财富份额数据，也基本提示了上述分化趋势。因此，概言之，

① 当然，还应强调的是，分配格局并非越平均越好。特别如中国在经济转轨过程中，从打破“平均主义”“大锅饭”，走向“让一部分人先富起来”的这一转变，虽然会在某种程度上拉开贫富差距，却极大地解放、发展了社会生产力，最终实现效率的跃升，使所有人获益。

在后危机时代，世界主要经济体都面临较为严重的贫富分化问题，而这将不仅带来经济复苏，也会给债务负担、社会稳定、全球化进程等一系列问题带来严峻挑战。特别如近年来出现的“占领华尔街”、英国“脱欧”、法国“黄马甲”等事件，以及民粹主义泛滥、极端倾向政党势力抬头等现象，都同经济不平等加剧有某种联系。这是我们观察、理解这一时期世界经济走势、社会发展、政情变化乃至更为广泛的国际格局的基本着眼点之一。

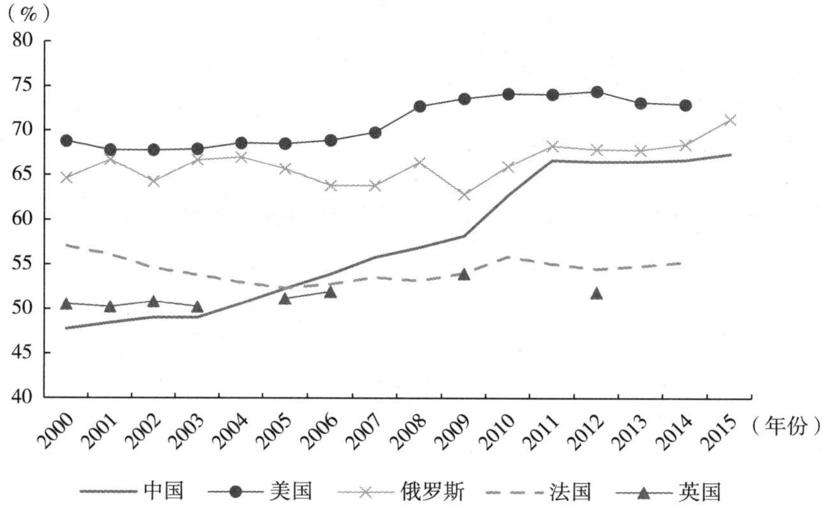

图 6-8　中国与主要发达国家顶端 10% 财富份额

资料来源：世界不平等数据库（World Inequality Database）。

此外还有一点直接关乎中国，需特别予以关注：在国际金融危机前后，中国的分配恶化趋势似乎开始平稳，甚至出现某种改善，这一点不仅反映在各种来源的收入基尼系数（包括中国国家统计局、北京大学、北京师范大学等相关课题组，参见 Kanbur 等，2017），也能从顶端收入份额、顶端财富份额看出（见图 6-8）。就此，Kanbur 等指出，由于劳动市场的规制、城市化进程的变化、社会保障体系（特别是在农村地区）的发展完善等原因，近年来中国已经迎来了分配格局从恶化到改善的伟大转折，亦即“库兹涅茨曲线”预示的“拐点”。然而，笔者对此保持审慎乐观：由于目前能够观察的时段、掌握的信息等都还十分有限，而且考虑到金融发展、全球化的深度参与、社会流动性变化等一系列因素，似乎还尚难断定中国近年来出现的贫富差距缩小现象可以持之久远。显然，这一切还有待观察。

参考文献

布莱恩约弗森、麦卡菲：《第二次机器革命》，中信出版集团 2016 年版。

戈登：《美国增长的起落》，中信出版集团 2018 年版。

考恩：《大停滞》，上海人民出版社 2015 年版。

科伊尔：《极简 GDP 史》，浙江人民出版社 2017 年版。

李成：《技术进步“悲观论”的逻辑缺陷》，《中国社会科学报》2018 年 9 月 28 日。

李成、汤铎铎：《居民财富、金融监管与贸易摩擦——2018 年中国宏观经济中期报告》，《经济学动态》2018 年第 8 期。

李扬、张晓晶：《论新常态》，人民出版社 2015 年版。

皮凯蒂：《二十一世纪资本论》，中信出版社 2014 年版。

斯蒂格利茨：《不平等的代价》，机械工业出版社 2013 年版。

汤铎铎、李成：《全球复苏、杠杆背离与金融风险——2018 年中国宏观经济报告》，《经济学动态》2018 年第 3 期。

Bergeaud, A., Cette, G. and Lecat, R, Productivity trends in advanced countries between 1890 and 2012, *Review of Income and Wealth*, Vol. 62, 2016 (3): 420 - 444.

Bernanke, B., The Great Moderation, Speech on February 20, 2004, Federal Reserve Board.

Bernanke, B., The global saving glut and the U. S. current account deficit, Speech on March 10, 2005, Federal Reserve Board.

Bivens, J., Why is Recovery Taking so Long - and Who's to Blame? Economic Policy Institute, Washington D. C., 2016.

Blanchard, O., and Simon, J., The long and large decline in U. S. output volatility, Brookings Papers on Economic Activity, 2001, 1: 135 - 174.

Freeman, R., China, India, and the doubling of the global labor force: Who pays the price of globalization? The Asia – Pacific Journal: Japan Focus, 2005.

Gordon, R. J., The 1920s and the 1990s in mutual reflection, NBER Working Paper, No. 11778, 2005.

Gordon, R. J., Revisiting U. S. productivity growth over the past century with a view of the future, NBER Working Paper, No. 15834, 2010.

Hansen, A., Economic progress and declining population growth, *American Economic Review*, 1939, 29 (1): 1 – 15.

Kanbur, R., Wang, Y., and Zhang, X., The great Chinese inequality turnaround, CEPR Discussion Paper Series, No. 11892, 2017.

Krugman, P., Four observations on secular stagnation, in Secular Stagnation: Facts, Causes, and Cures, Teulings, C. and Baldwin, R. (eds.), CEPR Press, 2014, pp. 61 – 68.

Laubach, T., and Williams, J., Measuring the natural rate of interest, *Review of Economics and Statistics*, 2003, 85 (4): 1063 – 1070.

Stock, J., and Watson, M., Has the business cycle changed and why? NBER Macroeconomics Annual, Vol. 17, 2002, pp. 159 – 218.

Summers, L., U. S. economic prospects: Secular stagnation, hysteresis, and the zero lower bound, *Business Economics*, 2014, 49 (2): 65 – 73.

Teulings, C., and Baldwin, R., Introduction, in *Secular Stagnation: Facts, Causes, and Cures*, Teulings, C. and Baldwin, R. (eds.), CEPR Press, 2014, pp. 1 – 23.

Van Bergeijk, P., Brexit delay will not postpone deglobalisation. Vox: https://voxeu.org/article/brexit – delay – will – not – postpone – deglobalisation.

Wu, J. C., and Xia, F. D., Measuring the macroeconomic impact of monetary policy at the zero lower bound, *Journal of Money, Credit, and Banking*, Vol. 48, 2016 (2 – 3): 253 – 291.

下篇　宏观调控篇

第七章　中国宏观调控框架转型与创新

一　引言

改革开放40年来，随着整个改革进程的不断深入，中国的宏观调控体系也经历了从最初的基于计划调控机制到逐步引入市场化调控机制的历史性演进过程，并初步实现了从以直接调控为主向以间接调控为主的根本性转变。回顾这段历程，1992年党的十四大社会主义市场经济改革方向的确立是一个重要的历史节点。

在此之前的20世纪80年代，虽然先后引入了“宏观调节”的概念（1984年党的十二届三中全会首次提出）和“宏观调控”的提法（1988年党的十三届三中全会正式采用），但这一时期的宏观调控体系总体而言仍处于计划调控阶段。这在几次治理经济过热的过程中都得到了充分体现。先是20世纪80年代初，改革开放以来第一次经济过热出现时，由于当时还没有“宏观调控”的概念，政府抑制过热的主要方式是通过当时的国家计委来压缩计划指标、削减建设项目，因此仍然具有典型的计划调节的特征。随后1984—1985年第二次经济过热以及1987—1988年第三次经济过热发生时，虽然已经逐步使用了“宏观调控”的范畴，而且表面上看也采取了紧缩性的货币政策和财政政策，但由于缺少与市场经济相适应的间接调控的操作框架，政府对经济过热的治理仍然停留在计划调控的大框架下，还不能称为真正意义上的间接型宏观调控。

针对1992—1993年经济过热而进行的政府治理，是在确立社会主义市场经济改革方向之后的第一次宏观调控。此次调控在手段上发生了一些本质性的变化，突出地强化了货币金融政策在调控中的作用，而且货币政策发生作用的机制也在逐步向市场化方面转变，杠杆调节的作用越来越强。这与此阶段宏观经济管理体制改革的全面展开密不可分。从1994年年初开始，按照党的十四届三中全会《关于建立社会主义市场经济体制若干问题的决定》中“建立以间接手段为主的完善的宏观调控体系”的总体思路，在财税、金融、外汇管理等方面进行了一系列宏观层面的配套改革。比如在财税体制方面，针对之前“分灶吃饭”的财政包干体制下“两个比重”下降（国家财政收入占国内生产总值的比重下降以及中央财政收入占全国财政收入的比重下降）的问题，在中央和地方财政之间实行了分税制改革，在按照社会主义市场经济体制目标要求构建财税体制框架方面迈出了关键性的一步，使国家财政职能特别是中央政府调控能力得到加强。再如，在金融体制方面，按照建立并完善金融间接调控的思路主要在三个层面上进行了改革。在调控主体方面，明确了中国人民银行作为中央银行实施金融宏观调控的地位和职责。在调控客体方面，实行政策性金融与商业性金融的分离。在调控方式方面，从主要依靠信贷规模管理，转变为运用存款准备金率、中央银行再贷款利率和公开市场业务等货币政策工具。通过上述改革，一个符合社会主义市场经济体制要求的金融调控体制框架基本形成。在此之后，中国的宏观调控体系不断改革和发展，使行政色彩逐步淡化、直接调控手段运用进一步减少，而间接调控手段、市场化方式逐渐增多。

进入21世纪之后，特别是2008年国际金融危机的发生，对已有的宏观经济理论提出了新的挑战，重新审视传统的宏观经济政策并总结其中的经验教训成为世界性的潮流。与此同时，21世纪的第二个十年尤其是“十二五”中后期以来，中国经济在增速、结构、动力等方面均发生了深刻变化，进入了新的发展阶段，也相应提出了重构宏观政策框架的重要时代命题。基于上述背景，在吸收国际上宏观调控新思维并把握国内发展阶段新变化的基础上，中国的宏观调控思路不断创新，宏观调控框架持续转型。经过几年的实践检验，在保持物价和金融基本稳定的同时，总体上实现了经济增速的平稳转换和发展质量的积极变化，取得了良好的宏观经济运行整体绩效。

本章旨在对进入发展新阶段以来中国宏观调控框架的转型和创新实践进行梳理，并尝试性地对后危机时期中国特色的宏观调控经验进行总结。后面的论述安排如下：第二部分指出，将熨平需求侧的短期经济波动与解决供给侧的长期结构性问题紧密结合，是我国宏观调控的重要特色；第三部分探讨如何构建“双支柱”金融调控政策框架；第四部分转向财政政策，讨论更充分地发挥财政政策在改善供给端中的作用；第五部分讨论寻求本外币政策协调配合中的最优中间解；最后是结语与展望。

二 短期调控与长期调控相结合

在宏观经济学的标准语境中，宏观经济政策属于需求管理的范畴，植根于以凯恩斯主义为代表的政府干预思想，认为在总需求（或总供给）受到冲击时，市场机制不能完全自行调节恢复均衡，需要政府通过经济政策积极进行调节才能实现社会福利最大化。由于这种干预行为侧重的是减缓短期波动影响，因此也被称为“稳定化政策”（stabilization policy）。中国进入新发展阶段以来的宏观调控实践，一方面积极运用需求管理思想的合理成分适度扩大总需求，另一方面创造性地提出了供给侧结构性改革的全新理念，在兼顾短期与中长期、需求面与供给面、周期波动与趋势变化、总量性问题与结构性矛盾、政策效应与改革效应的基础上，拓展了宏观调控的政策视野。

（一）重视激发供给侧的潜在增长动能

进入21世纪的第二个十年，中国经济由之前持续性的两位数高速增长转向低于7%—8%的中高速增长，既源于短期周期波动性因素，即需求面负的增长缺口（实际增长率低于潜在增长率）的存在，也源于长期增长趋势性因素，即供给面潜在增长率下降，是两者相互叠加的结果。

从短期波动因素看，与有效需求不足密切相关。21世纪以来的扩张周期，主要由投资和出口驱动。新一轮国际金融危机以来，出口驱动因素持续疲弱；而担当稳增长重任的投资驱动因素，越来越面临可持续性问题的困扰。

而从长期趋势因素看，首先与要素供给格局的阶段性改变密切相关。①劳动力要素供给方面。由于快速的人口转变，“十二五”中期以来，曾经的劳动力绝对量持续大规模增长的势头继续调整，劳动年龄人口绝对量首次出现拐点性下降，之后持续净减少。在总抚养比出现转折性变化的情况下，“人口红利”对经济增长的积极效应趋于减弱。②资本要素供给方面。尽管高储蓄模式在短期内未现大的改变，但随着人口年龄结构的变化，特别是老龄化问题加重，进入“十二五”时期后，国民储蓄率也面临下行压力。这会导致资本形成率相应下降，资本积累对经济增长的贡献率亦趋于减弱。③资源环境约束方面。虽然自“十一五”时期开始就高度重视资源节约和环境保护问题，但“十二五”时期这方面的压力未有明显缓解，资源对外依存度仍有攀升，主要污染物排放还处于较高水平。这无疑会对过度依赖要素投入的增长模式构成约束。

在要素投入的驱动作用趋于下降的同时，全要素生产率（TFP）的驱动作用并没有及时补位，甚至有所弱化，主要体现在：第一，由于服务业的资本边际产出率和劳动生产率总体上低于制造业，因此制造业向服务业转型将带来生产率增速的变化；第二，中国与发达国家技术水平的差距逐步缩小，通过引进技术“干中学”的溢出效应下降，原有依靠模仿创新的技术进步动能趋于衰减。这也是造成潜在增长率下降的重要原因。

以上分析表明，中国经济出现“增速换挡”并进入新的发展阶段，是双重因素交织作用的产物。如果仅仅从需求侧着手，采取单一刺激性的政策思路，将无法完全对准矛盾症结，甚至可能加剧矛盾。比如，在应对 2008 年国际金融危机冲击的初期，中国曾通过使用大规模经济刺激手段率先在全球范围内实现了快速的“V”形复苏，但不可避免地恶化了固有的结构性矛盾，尤其是投资率过高而消费率过低的总需求结构失衡问题进一步加剧，投资消费比（资本形成总额/最终消费支出）在 2009 年高达近 100%，明显高于同样偏好“高储蓄、高投资”增长模式的东亚邻国——日本和韩国的历史峰值（60%—70%）。这就表明，如果未能根据趋势变化进行政策调整，一味地依靠强刺激来拉动经济增长，将不可避免地带来结构扭曲和失衡，危及增长的可持续性。鉴于此，过去几年中国的宏观调控思路作出了适应性的调整，在利用需求侧政策对短期经济波动进行逆周期调节、将经济实际增速稳定在潜在增速附近的同时，也更加注重通过供给侧结构性改革来提高潜在经济增长率，挖掘内生增长动力，提高增长的质量和效率。

（二）注重结构性调控手段的使用

传统意义上的宏观调控关注的主要是总量调节问题，但对中国这样的体制转轨加发展转型的国家而言，在市场体系尚不完善、经济异质性程度还比较高、增长路径依然具有非均衡特征的情况下，将偏于中长期的发展结构性问题纳入宏观调控的政策体系成为必然的选择。在中国经济由高速增长转向高质量发展的新阶段，更有必要为优化经济结构和转换增长动力创造一个良好的宏观环境。在结构调整的过程中，注意保持好“稳增长”与“调结构”的平衡尤为重要：既要防止增长速度惯性下滑，突破底线；又要提高对经济增速波动的容忍度，避免妨碍市场的正常出清过程。

应该看到，结构性调控政策的引入，也完全顺应和契合了后危机时代全球范围内宏观调控思维从需求管理向供给管理的重大转变。金融危机以来，无论是发达经济体，还是新兴经济体，都在对其各自的发展方式和经济结构进行深刻而痛苦的转型和调整。在单纯依赖凯恩斯主义的总量扩张型需求管理手段无法充分实现结构转型与优化的政策目标时，凸显以调整结构见长的供给管理手段逐渐成为宏观调控政策转型的大趋势。

过去几年，中国在结构性调控方面的创新突出反映在定向调控举措的实施上，也就是尽力规避全面刺激政策可能加剧的矛盾，着力提高政策的针对性。尤其在货币政策方面，利用结构性的工具如通过定向降准，引入特定目的的支农再贷款、支小再贷款、扶贫再贷款等差异化信贷政策，创设抵押补充贷款（PSL）为开发性金融支持棚户区改造、重大水利工程贷款、人民币“走出去”项目贷款等提供长期稳定、成本适当的资金来源，解决地方法人金融机构合格抵押品相对不足的问题等方式，引导金融机构加大对实体经济部门重点领域和薄弱环节的金融支持力度，满足供给侧结构性改革中“补短板”和迈向高质量发展新阶段的要求。事实上，本轮国际金融危机以来，发达经济体的中央银行也在引入信贷宽松型（Credit Easing）货币政策工具，如美联储的扭转操作（TWIST）、欧洲央行的定向长期再融资操作（TLTRO）、日本央行刺激银行借贷便利（SBLF）和英国央行融资换贷款计划（FLS）等，通过引入激励相容机制，刺激金融机构的放贷意愿，提升其对特定行业或领域的靶向性支持，疏通货币政策传导机制。作为传统上主要进行总量调节的货币政策，能够使用定向手段在支持经济结构调整方面发挥边际上和辅助性的作用，应该说是具有一定创新性意义的。

（三）寓改革于调控之中

过去几年，中国在实施供给侧结构性改革的过程中，注意将改革的中长期效应与宏观经济政策的短期效应紧密配合。这是考虑到进入新的发展阶段后，宏观经济运行中突出的诸多结构性矛盾大都源于深层次的体制性障碍，破解这一困境的根本途径就在于进一步深入推进市场化改革，以此获取稳定、可持续的经济增长动力。

比如，作为供给侧结构性改革“三去一降一补”五大任务之一的“去杠杆”，从2015年12月中央经济工作会议最初提出时只是一般性地进行部署，到2016年12月明确提出“在控制总杠杆率的前提下，把降低企业杠杆率作为重中之重”，又到2017年7月全国金融工作会议进一步提出“把国有企业降杠杆作为重中之重，抓好处置‘僵尸企业’工作”，再到2018年4月中央财经委员会成立以来的第一次会议首次提出“结构性去杠杆”的基本思路，重申“企业（特别是国有企业）仍然是结构性去杠杆的重中之重”（与地方政府并列），应该说对去杠杆的认识越来越有针对性。估算表明，全社会杠杆率的约2/3集中于非金融企业部门，而全部企业债务的约2/3又来自国有企业。在不同所有制企业（这里主要指工业企业）资产负债率水平的比较中，国有企业高居各类型之首。深入分析国有企业杠杆率高企的原因，债务资金的产出效率低下无疑是一个重要影响因素。这可以从三个方面来理解：一是企业盈利水平回落，带来债务资金边际产出能力下降。尽管不同所有制类型企业的资产回报率过去几年均呈现一定程度的下降。但与私营企业的高位回落不同，国有企业已从之前的中位水平进一步回落到低位水平。

二是企业借新还旧支出加大，新增债务产出下降。比较不同所有制企业各年度利息支出规模和财务费用增速，国有企业都在高位。基于刚性债务约束与日趋下降的盈利能力之间的矛盾，国有企业的利息保障倍数（反映一个企业的盈利能够覆盖利息支出的比重）显著偏低。三是资金误配置到低效率企业特别是“僵尸企业”，拖累生产力增长。当这些“非生产性”领域占用较多的金融资源后，会对生产性领域产生挤出效应，造成资金的结构性错配。

以上分析表明，破解国有企业高杠杆率困境，当务之急是从效率改进入手，加快推进国有企业改革，进一步优化企业的债务资金配置，淘汰落后产能和明斯基（Minsky）意义上的投机性融资（现金流仅能够覆盖利息）甚至庞氏融资（现金流无法覆盖利息）的低效率企业。正是基于这种认识，决策层才特别提出在深入推进供给侧结构性改革的过程中，“要抓住处置‘僵尸企业’这个牛鼻子”，主要目的就是把其占用的信贷资源腾挪和释放出来，促使债务性资金更多地配置到更具竞争力的新兴产业领域、高效率企业尤其是民营企业。在提高债务资金使用效率的基础上，修复企业部门的资产负债表，降低企业部门的资产负债率。

三　构建“双支柱”金融调控政策框架

近年来伴随新发展阶段的到来，面对金融市场和金融创新快速发展的新情况，并结合新一轮国际金融危机以来的教训反思，中国开始探索实践货币政策与宏观审慎政策相结合的双支柱框架。一方面，着力推动货币政策框架从数量型调控为主向价格型调控为主的转型，更多发挥利率杠杆的调节和传导作用。另一方面，着手建立宏观审慎政策框架，直接和集中作用于金融体系本身，防范系统性金融风险。通过货币政策与宏观审慎政策这两种宏观管理手段的双重逆周期调节作用，在保持币值稳定的同时促进金融稳定，提高调控有效性。

（一）推动货币政策调控框架从数量型向价格型转变

20 世纪 90 年代末，随着信贷规模直接控制的取消，以及引入货币供应量（M1 和 M2）作为主要调控工具，中国的货币政策实现了从以直接调控为主为向以间接调控为主的第一次转型，主要建立在数量型调控基础上的货币政策间接调控框架开始发挥作用。

进入新的发展阶段以来，在金融创新和脱媒加速的背景下，银行表外业务大量发展，非银行金融机构的作用显著增强，直接融资模式快速增加，货币需求和货币乘数的稳定性相应下降，货币供应量作为中介目标在可控性、可测性变得比较不确定，其与经济增长、物价变动等宏观经济目标（货币政策最终目标）的相关性也变得模糊和复杂。特别是随着金融市场的快速发展和金融资产日益多元化，货币派生渠道发生了深刻的变化，银行部门除了传统的发放贷款以及购买外汇渠道外，进行证券投资以及开展部分同业业务等都会派生存款，从而形成货币供给。在中央银行对基础货币数量及派生货币和信用扩张的控制能力下降的情况下，盯住 M2 的数量型调控的局限性开始显现。① 面对持续的金融创新和深化，中国央行不断修订广义货币供应量的统计口径，先后将证券公司客户保证金、同业存款等计入 M2。但一些发达国家的已有政策实践表明，随着金融创新的不断深入，现有的数量型中介目标虽多次修订扩展以解决指标涵盖范围不足的问题，但对于边界趋于模糊的货币供应量而言，进行界定和相应计量的难度不断增大，在维持该指标的有效性方面面临持续的挑战，从而提出了中介目标转型的问题（尽管本轮国际金融危机后，价格型工具优于数量型工具的传统认知，同样引来了广泛的讨论）。与此同时，近年来利率市场化程度不断加深，随着 2013 年 7 月取消对贷款利率下限的管制和 2015 年 10 月取消对存款利率上限的管制，利率市场化在形式上基本完成，采用价格型中介目标连接货币因素与实际经济、调节资金供求和经济主体行为的基础条件正在不断改善。在上述背景下，将利率作为货币政策调控工具的必要性和可能性不断增强，中国的货币政策体系和框架面临由偏重数量型调控为主的模式向价格型调控和数量型调控并重的模式甚至是以利率调控为核心的价格型模式转变的第二次转型。2018 年的《政府工作报告》没有明确指出

① 在这一过程中，有观点认为应发挥社会融资规模在货币政策制定中的参考作用。比如，盛松成、谢洁玉（2016）区分了货币政策传导机制的货币渠道和信用渠道，认为社会融资规模存量可与 M2 相互印证、相互补充，构成“两中介目标、两传导机制”模式，在逐渐由数量型调控向价格型调控转变过程中起到过渡作用。

广义货币 M2 的预期增长目标，就在某种程度上表明货币供应量作为数量型调控指标的角色正在趋于弱化。

过去几年，为促进价格型货币政策作用的发挥，主要采取了两方面举措：

一是建立与价格型调控相适应的货币供给机制。2013 年以来，随着国际资本流动的新变化和相应带来的外汇占款增速下降，中国的基础货币投放渠道发生了根本性的变化，中国人民银行创设了一些新的针对不同期限的货币政策工具，包括短期流动性调节工具（SLO）、常备借贷便利（SLF）、中期借贷便利（MLF）、抵押补充贷款（PSL）、临时流动性便利操作（TLF）等，通过扩张对其他存款性公司债权的方式向市场提供流动性。目前来看，借由各类借贷便利投放基础货币的期限结构，偏于短期，稳定性不足，未来还需进一步探索优化中央银行资产负债表的结构，增加长期货币供给，减少资金供给波动给市场带来的扰动。

二是构建央行政策利率体系。短期利率方面，主要是运用短期回购利率和常备借贷便利利率；中长期利率方面，主要是运用中期借贷便利、抵押补充贷款等工具。在此基础上，试图形成期限全覆盖的市场基准利率体系，以及更加完整的收益率曲线。应当说，在完善基准利率形成机制方面仍有很大的发展空间，包括形成足够规模、深度和弹性的金融市场，以及避免多个政策利率并存带来的困扰。

在培育市场基准利率的过程中，也在探索构建利率走廊方式来寻找利率锚，注重在一定区间内保持利率弹性，引导市场利率趋向基准利率，防范货币市场利率过度波动。当然，如何处理好与尚处高位的法定存款准备金率之间的关系以及如何防止形成新的利率管制妨碍市场供求规律的发挥，值得进一步探索。

未来要进一步促进价格型货币政策的发挥，还需着力解决两方面的问题。

第一，进一步疏通利率传导机制。通常来说，在一个完善的金融市场中，央行往往以短期利率作为政策基准利率（2008 年国际金融危机后随着非常规货币政策的实施，理论层面和政策层面也在讨论央行盯住长期利率的必要性），再通过有效的货币政策传导机制引导货币市场和信贷市场来影响中长期利率，最终实现调节实体经济部门生产端和支出端行为的目的。就现阶段的国内情况看，各金融市场之间，尤其是货币市场和信贷市场之间总体而言仍处于分割状态；尤其应看到，目前还存在一定程度的“利率双轨制”，也就是在货币市场利率主要由市场决定的同时，对存贷款利率而言，尽管相关限制已全面放开，但商业银行的定价仍然以中央银行公布的存贷款基准利率为依据，实际上的风险定价能力依然不高。在这种情况下，短期利率向中长期利率的传导，从央行政策利率到各类市场基准利率的传导，尤其是从货币市场和债券市场利率向信贷市场利率的传导存在一定障碍，不能有效地将政策意图反映到实体经济中。未来需要进一步推进利率形成机制的市场化程度，尽快实现利率的真正并轨和统一，提高商业银行存贷款利率的市场化定价程度，进而提高信贷市场利率与货币市场利率之间的相关性，畅通货币政策利率传导渠道。

第二，进一步调整微观主体的行为。一方面，在融资主体方面，加快解决预算软约束问题。作为转型国家，由于仍存在政府的隐性担保，部分微观经济主体如一些地方政府融资平台以及部分国有企业对利率变动的敏感性相对较低，对资金需求始终处于饥渴和过度需求的状态，扭曲了金融市场的利率水平。未来需要进一步硬化这两类主体的预算约束，促使其按照市场化的原则自觉接受政策信号的反馈，做出灵敏的反应。

另一方面，在投资主体方面，坚决打破刚性兑付。[①] 目前来看，在某些金融领域，如部分银行理财产品、信托产品以及部分债券品种（如城投债）仍然呈现一定程度的刚性兑付特征。在国家信用和商业信用仍然没有充分区隔（尽管推出了市场化的存款保险制度，试图替代行政化的政府隐性担保机制）的情况下，造成投资者获取收益与承担风险责任的不匹配，信用风险不能有效定价。正是由于投资者对低风

① 2018 年 4 月，中国人民银行等部门联合发布《关于规范金融机构资产管理业务的指导意见》，明确要求在资产管理业务中打破刚性兑付，并做出了一系列细化安排：在定义资产管理业务时，要求金融机构不得承诺保本保收益，产品出现兑付困难时不得以任何形式垫资兑付；同时明确刚性兑付的认定情形，包括违反净值确定原则对产品进行保本保收益、采取滚动发行等方式保本保收益、自行筹集资金偿付或委托其他机构代偿等。

险、高收益金融产品的特殊偏好，抬高了无风险收益率水平，干扰了资金价格的正常形成机制。未来应允许违约事件发生，特别是应减少中央政府信用背书下的道德风险问题。通过强化市场本身的自律机制，使风险与回报相匹配，进而使资金价格回归常态。

（二）探索建立适合国情特点的宏观审慎政策框架

2008年国际金融危机发生之前，在主流宏观经济学的理论框架中，一直遵循金融中性的假定，认为金融因素不会对实体经济产生实质性的影响。于是，金融就犹如一层面纱，在分析经济周期波动问题时被忽视了。这就系统低估了金融部门对宏观经济的影响。而从危机前传统央行的政策框架看，通常以货币政策为核心，主要关注的是经济周期，侧重于考虑实际经济变量对经济活动水平扩张与收缩交替波动的影响。在这一框架下，货币政策的主要目标是应对产出缺口与物价水平的变化，保证增长稳定与价格稳定。随着理论的发展，发现稳定通货膨胀和稳定经济产出（减少产出缺口）之间不存在权衡取舍关系（菲利普斯曲线），只要通货膨胀保持稳定，就可以使实际产出保持在潜在产出水平附近，产出缺口就可能较小且稳定。稳定物价等价于稳定产出缺口，两者具有很好的一致性，这被称为“神圣的巧合”（Divine Coincidence）。因此，越来越多的国家采用了通胀目标制，唯一锚定物价目标，认为实现了价格稳定就大体等同于实现了宏观经济稳定。于是，货币政策框架逐渐发展成为“单一目标、单一工具”，即稳定物价控制通货膨胀；在一定规则（泰勒规则，Taylor’s Rule）下调节（短期）政策利率。基于价格和产出稳定能够自动促进金融稳定的理念，对于资产泡沫这样的金融风险往往采取“事前温和忽略，事后进行清理”（mop up after）（履行最后贷款人职责）的应对策略，认为货币政策操作不应过度关注资产价格变动（除非影响到通胀预期）。

但本轮国际金融危机给宏观经济理论带来的最大启示是反思金融体系对宏观经济运行的重要影响和理解经济周期的重要作用，重视信息不对称条件下金融摩擦（尤其是信贷供给变化）对经济波动的加速和放大作用。围绕金融加速器（Bernanke and Gertler，1986）、抵押品约束（Kiyotaki and Moore，1997）等机制，将金融因素引入主流宏观经济模型和一般均衡理论框架分析之中，在纳入内生性金融体系的基础上对宏观经济理论进行系统重构。相应地，对政策实践而言，金融危机带来的深刻经验和教训是：即使实现了物价稳定，进而保持经济基本稳定，也并不能保证金融稳定，资产价格和金融市场也可能存在比较大的波动，最终还是会对物价和经济产生冲击。这就意味着，较低且稳定的通胀水平是不充分的，只考虑经济稳定的政策目标也是不够的（这里的经济稳定事实上包括通胀稳定和产出稳定，而不仅仅是物价稳定。因为自从新一轮危机发生以来，发达国家通胀与产出缺口之间的关系与危机前相比已经发生了较大改变），宏观调控还应关注金融稳定，关注金融周期变化（由金融变量扩张与收缩导致的周期性波动），从而使金融稳定和经济稳定一起成为各国宏观调控的长期目标。但是，货币政策作为总需求管理工具，关注的主要是宏观总量，在针对金融市场中的结构性问题进行调节、应对资产泡沫和实现金融稳定方面是一个相对钝性的工具。于是，引入宏观审慎政策（又称“动态调整的金融监管”①），从宏观的、逆周期的视角采取措施，防范由金融体系顺周期波动和跨部门传染导致的系统性金融风险，逐渐成为一种全球性共识。

从国内情况看，过去几年间，随着金融发展与深化，金融周期与传统经济周期在波动频率与波动幅度上开始出现分化，金融体系自身的复杂性、脆弱性、内在不稳定性也明显增大。在反思国际金融危机教训的基础上，中国对金融稳定的重视程度不断提高，把防控金融风险放在更加重要的位置，持续探索构建适合于国情特点的宏观审慎政策框架。早在2009年第三季度货币政策执行报告就已提出要将宏观审慎管理制度纳入宏观调控政策框架，“十二五”规划和“十三五”规划都对构建宏观审慎政策框架进行了部署，党的十九大报告进一步明确将宏观审慎政策与货币政策并列成为“双支柱”调控框架。2017年11月，国务院金融稳定发展委员会成立，其职责中就包括“协调货币政策与金融监管相关事项”。2018年3月的政府机构改革中，进一步强化了中国人民银

① 一般意义上的金融监管，一般具有刚性和常态化的特征，不论宏观金融形势如何变化，政策方向和力度都保持相对一致，而不是随着周期波动时紧时松，随着宏观政策的松紧而同步震荡。但宏观审慎政策所具有的动态化特征，是指根据经济形势的变化，相机抉择地调整其方向和力度。

行在宏观审慎管理和系统性金融风险防范中的职能地位。

在具体做法上，2011 年正式引入差别准备金动态调整机制，对信贷投放实施宏观审慎管理。自 2016 年起将差别准备金动态调整机制升级为宏观审慎评估体系（MPA），将更多金融活动和资产扩张行为纳入宏观审慎管理，把引导的重点从传统的狭义贷款扩展至包括贷款、债券投资、股权及其他投资、买入返售资产以及存放于非存款类金融机构款项等资金运用类别（不含存款类金融机构之间的买入返售）的广义信贷（银行表内资金运用的绝大部分已经纳入），从资本和杠杆、资产负债、流动性、定价行为、资产质量、跨境融资风险、信贷政策执行情况七大方面对金融机构的行为进行多维度的引导。之后，根据宏观调控需要和评估情况不断对 MPA 加以完善，尤其是考虑到表外理财底层资产的投向与表内广义信贷并无本质差异，同样发挥着信用扩张作用；同时资金来源上普遍存在刚性兑付，表内表外并未真正实现风险隔离的情况，自 2017 年第一季度起将表外理财资产在扣除现金和存款之后正式纳入 MPA 广义信贷指标范围。2018 年第一季度起又将同业存单纳入 MPA 的同业负债占比指标。同时也在探索把影子银行、房地产金融、互联网金融等更多金融活动纳入宏观审慎政策框架，并宣布将绿色金融纳入 MPA 信贷政策执行情况考核，先对 24 家系统重要性金融机构实施。另外，自 2015 年起，将外汇流动性和跨境资金流动纳入宏观审慎管理范畴，自 2016 年 5 月起将本外币一体化的全口径跨境融资宏观审慎管理政策试点推广至全国范围的金融机构和企业。通过对资本流动进行逆周期调节、控制杠杆率和货币错配风险，以降低中国金融开放中的系统性风险。再者，为防范房地产信贷风险，较早就引入住房抵押贷款的首付比例、贷款最低利率等调节工具防范房地产泡沫。同时，从关注借款者行为入手，利用贷款价值比（LTV）、债务收入比（DTI）等宏观审慎工具对房地产信贷市场进行逆周期调节。考虑到房地产市场结构性特征较为明显的特殊情况，注重因城施策原则，形成以差别化住房信贷政策为主要内容的住房金融宏观审慎政策框架。

总的来看，中国宏观审慎政策的实践走在了世界前列,[①] 为全球提供了有价值的经验。在不断增强宏观审慎政策作用的基础上，实现了中国宏观调控政策框架的一次创新。

当然，宏观审慎政策在实施过程中也面临一些挑战，需要给予特别关注。一是如何防止宏观政策微观化的倾向。尽管宏观审慎政策不同于传统意义上的简单化的信贷规模管控或者限制，但也毕竟没有完全基于市场化的思维，更多使用了数量性、结构性工具，针对的是特定的市场、部门和主体，由此可能造成的结构性扭曲，需要保持警惕。

二是如何做好宏观审慎政策和货币政策之间的协调。在经济周期和金融周期同步一致的情况下，货币政策和宏观审慎政策可以互为补充，发挥合力：双松型政策可以共同应对萧条，双紧型政策可以共同应对过热。但当经济周期和金融周期不同步出现背离时，如何防止可能的政策冲突是需要考虑的问题。比如，当经济不景气时，为稳定经济而采取的宽松货币政策可能会形成资金的脱实向虚，刺激加杠杆行为和资产价格泡沫，影响金融稳定。而当经济过热时，采取紧缩的货币政策可能会造成泡沫破裂，或带来去杠杆过程中的次生风险，同样不利于金融稳定。在上述两种情境下，货币政策和宏观审慎政策的协调配合至关重要。

三是如何科学量化金融稳定这一核心范畴。相较于经济增长和物价稳定等货币政策目标的成熟衡量方法，金融稳定目标的衡量指标还缺乏共识，究竟是基于信贷增速、杠杆率，还是资产价格增速，尚无定论，从而可能影响宏观审慎政策的有效实施。

四　更充分地发挥财政政策在改善供给端中的作用

在 20 世纪 80 年代直至 2008 年国际金融危机爆发前长达 20 多年的高增长、低通胀的“大缓和”（Great Moderation）时期，各主要国家普遍采用货币政策调控模式作为宏观经济管理的主要政策工具。对于财政

---

① 早在 2004 年 4 月，中国人民银行就建立了差别存款准备金制度，针对资本充足率低于监管要求的金融机构以及某些贷款扩张过快的金融机构，将其存款准备金率在一般标准的基础上提高 0.5 个百分点，旨在抑制货币信贷盲目扩张，降低金融系统性风险，已经体现了宏观审慎政策的思想。

政策，通常的认知是作用有限。从理论层面看，以“卢卡斯批评”为代表的新古典经济理论认为经济主体的理性预期会让包括财政政策在内的宏观经济政策失去效力。而巴罗—李嘉图等价定理则认为当消费者预见到现期的公债将会在未来以增税的形式偿还时，就会相应缩减当期消费支出，在这种对冲作用下，财政政策也会失效。而从实践层面看，通常认为财政政策会受到多重因素的不利影响，包括实施过程较长、具有内在时滞；更易受到政治因素制约；预算约束下财政政策操作空间受限；等等。因此，相较于货币政策而言，在应对短期经济波动实现逆周期调节方面的效力不彰。于是，无论是理论上的认识，还是实践中的制约，都弱化了财政政策在整个宏观调控体系中的地位。特别是对于发展中国家来说，有时财政政策不但不能达到熨平周期性波动的目的，还会因具有顺周期的特征反而加大周期性波动。

2008 年国际金融危机爆发后，美国、日本和欧洲各主要中央银行在实施扩张性货币政策的过程中，都先后把名义政策利率设置在接近零的水平，日本和欧洲央行甚至实行了负利率政策；同时，主要发达经济体的央行还普遍实行了量化宽松等非常规货币政策，但总体来看，宽松货币政策的边际效应却趋于递减。在这种情况下，单独使用货币政策难以应对疲弱的经济形势，需要积极的财政政策分担扩张总需求的压力。而危机以来的理论发展也重新认识了逆周期的财政政策的扩张效应，其有效性再次受到重视。研究表明，在衰退发生时，短期名义利率为零，货币政策深陷流动性陷阱，财政支出增加不会促进名义利率的提升，会引致私人支出增加，提高未来潜在产出。在政府支出更多带来挤入（Crowding In）效应而不是挤出效应（Crowding Out）的情况下，财政政策对经济的拉动作用更为明显，财政乘数更大（尽管不同学者所测算的乘数差异较大）。在理论的推动和实践的压力之下，之前以货币政策调控为核心的主要发达国家明显加大了财政政策的刺激力度。在采取相机抉择财政政策的同时，财政政策的自动稳定器作用也受到关注，而且区分了两种类型的自动稳定器：第一种是内含地转移支付和税收与产出和就业同步变动的机制；第二种是考虑经济周期状态而进行的调整，包括与宏观经济变量（如就业率和失业率等劳动力市场变量）挂钩的一系列针对性的税收和转移支付计划。比较而言，后一种更为灵活

(Blanchard et al., 2010)。

进入新的发展阶段以来，中国也重视积极财政政策的有效实施。

一是出台一系列减税降费政策。包括推进营业税改征增值税改革，不断扩展小型微利企业所得税优惠政策范围，进一步扩大企业研发费用加计扣除范围，出台股权激励和技术入股递延纳税政策，完善固定资产加速折旧优惠政策，清理规范政府性基金和行政事业性收费等（财政部，2017）。通过减轻企业和居民的税收负担，激励企业投资，提高居民消费能力。

二是加大对供给侧结构性改革的支持。配合“三去一降一补”任务，通过专项奖补资金支持化解钢铁、煤炭行业过剩产能过程中职工分流安置工作，将棚户区改造与去库存结合起来，支持实施市场化法治化债转股，采取措施降低企业成本负担，加强“三农”、重大基础设施等重点领域薄弱环节建设等（财政部，2017）。

通常来说，相较于货币政策，财政政策对于结构性调整更具有优势。这是因为货币调控政策对应的是资金，其具有高度流动的特征，这就决定了对资金的定向流动进行监控，难度大且成本高，容易产生套利的空间。根据经济学理论，宏观政策中的结构性工具，更多地体现在财政政策上，包括定向减税、减负和财政补贴等，可以通过政策的差别设计，实现对经济结构的调控。因此财政政策比货币政策更适合定向发力，其作用更加直接有效，受益的目标更加明确，偏离度相应减少。

三是持续增加民生领域投入。这是新发展阶段践行以人民为中心的发展理念的重要体现。实践表明，由以“物”为中心到以“人”为中心，由经济发展到社会发展、可持续发展、人自身的发展，对发展内涵的认识经历了一个不断深化的过程。

世界银行曾在《1994年世界发展报告：为发展提供基础设施》中对经济基础设施（Economic Infrastructure）和社会基础设施（Social Infrastructure）做了明确的区分。前者主要包括公用事业（电力、管道煤气、电信、供水、环境卫生设施和排污系统、固体废弃物的收集和处理系统）、公共工程（大坝、灌渠和道路）以及其他交通部门（铁路、城市交通、海港、水运和机场）。而社会基础设施则主要是指上述经济基础设施之外的其他基础设施，通常包括教育、文化、医疗保健等。以往在基础设施领域上的投资重点主要集中于经济基础设施，近年来更加重视对于社会基础设施的投资。事实上，进一步加大对教育、医疗卫生等社会性领域的投资力度，对于拉动消费也具有积极的正面效应。一方面，可以降低居民的远期支出预期，减少预防性储蓄，提高居民的消费倾向；另一方面，可以促进人力资本积累，提高劳动者的“可行能力”和在初次分配中的“议价能力”，改变居民部门在国民收入分配中的不利地位；同时也可以有效地解决农民工及其家庭的市民化问题，促进农民工进城定居的比较彻底的城市化进程，充分释放城市化对扩大消费需求的促进作用。

四是关注公共债务的可持续性。扩张的财政政策会受到政府债务率不断攀升的制约。在高债务的情形下，投资者对违约风险上升的担心有可能“自我实现”，因为这种担心往往伴随着更高的风险溢价（更高的利率）诉求，从而加剧政府偿债困难并进一步加大违约概率。如果这种情况出现，高债务将会沿着一条发散的路径持续扩展。基于此，尽管债务与增长的关系仍是一个具有争议的命题，但一般的认知是如果经济运行恢复平稳，就应该逐步减少财政赤字，大幅降低债务占 GDP 的比率，以为经济衰退再次到来之时的财政刺激计划提供充足的缓冲机制，积攒足够的政策空间（Blanchard et al.，2010）。中国在实施积极财政政策的过程中注意到了这个问题。2018 年财政预算中赤字规模保持不变，由于预计中较高的名义 GDP 增速，赤字率出现自 2013 年以来的首次下调。

另外应该看到的是，过去几年，在新《预算法》的治理框架下，不断规范地方政府举债融资机制。除了将地方政府债务纳入预算管理、对地方政府债务实行限额管理、建立地方政府债务风险预警及应急处置机制外，还推出了存量债务置换、政府和社会资本合作（PPP）模式推广、融资平台公司市场化转型等具体举措。2017 年，针对地方政府举债融资行为中出现的新情况、新问题，特别是隐性负债问题，财政部发布了一系列文件，严禁地方政府利用不规范的 PPP 模式、政府投资基金、政府购买服务等变相举债。2017 年 7 月的全国金融工作会议针对地方债首提终身问责并倒查责任，将对地方债的风险管控提到了前所未有的高度。我们认为，在加强政府监管、强化问责的同时，下一步要防范和化解潜在的地方政府债务风险，从根本上说，还需进一步推进深层的体制性改革，包括政府的职能转变、投融资体制改革、财税体制改革、金融体制改革等。尤其是应着力强化地方政府的预算约束，坚持中央不救助原则，坚决打消地方政府认为中央政府会“埋单”的“幻觉”，坚决打消金融机构认为地方政府不会破产也不敢破产、财政会兜底的“幻觉”，并形成可置信的威胁和足够的震慑力，以确保地方政府去杠杆之路能够走得平稳、走得持久。

五　寻求本外币政策协调配合中的最优中间解

近年来，随着中国经济金融不断融入全球化，开放宏观背景下的内外政策选择问题成为创新宏观调控政策框架的重要命题。在开放经济条件下，通常面临货币政策、汇率政策与资本流动三者之间的权衡关系。根据经典的蒙代尔—克鲁格曼“不可能三角假说”（Impossible Trinity, Inconsistent Trinity）或“三元悖论”（Trilemma）理论，一国在开放的资本账户、固定的汇率水平以及独立的货币政策这三个目标中不可兼得，最多只能同时实现其中的两者。这就是所谓的“角点解”情况。中国过去的实践表明，基于改革开放以来所一贯坚持的渐进式折中道路，对“不可能三角”的选择，不是按照“角点解”的情形进行宏观调控，而是根据中国经济金融的实际，探索性采取了资本项目有限开放、汇率有管理浮动和货币政策一定程度的自主独立性的中间解安排。因为随着开放程度扩大，三角形的三个角点的政策定义及其功效模糊化了，由“一点”变为“一片”了。因此，在三个“角点”日渐变得模糊的情况下，“不可能三角”在逻辑推理和实际操作效果上就不那么严格成立了。而作为动态演变的转轨经济，可以在“不可能三角”中找到一些动态变化的立足点，保持三者的同方向运动（周小川，2017）。

事实上，中国作为一个经济大国，内部平衡目标（经济增长和物价稳定）的重要性无疑要优先于外部国际收支平衡目标，若要在开放条件下实现内部平衡，保持货币政策的独立性至关重要。而要提高货币政策的独立性，需要进一步增强汇率制度的灵活性，并且维持必要的资本账户管制（张明，2016）。

一方面，实行更加灵活的人民币汇率形成机制。随着资本跨境自由流动显著增加，汇率制度安排在各国宏观经济政策中的作用越来越突出，浮动汇率制度被越来越多国家所采纳。这样可以更好地发挥汇率作为宏观经济“自动稳定器”的作用，通过汇率的波动来平衡国际收支的变动，尤其是资本项目的变化和对本国货币的需求，有效提升国内经济金融体系应对外部冲击的韧性。过去几年，中国不断完善以市场供求为基础、参考“一篮子”货币进行调节、有管理的浮动汇率制度。2015 年 8 月 11 日，改进人民币兑美元汇率中间价形成机制（参考前一日收盘价），明确“以市场供求为基础”的含义是指市场交易形成的收盘价；2015 年 12 月 11 日，首次发布 CFETS 人民币汇率指数，结合国际清算银行（BIS）货币篮子和 SDR 货币篮子形成三个货币篮子，加大了参考“一篮子”货币的力度；2016 年 2 月，进一步明确市场供求为基础和参考“一篮子”货币结合机制，即“上日收盘价 +‘一篮子’货币汇率变化”双参考定价模式；2017 年 5 月，引入逆周期因子，将人民币兑美元中间价报价模型由原来的“收盘价 +‘一篮子’货币汇率变化”调整为“收盘价 +‘一篮子’货币汇率变化 + 逆周期因子”，弱化外汇市场主体非理性预期和“羊群效应”下的顺周期性波动，解决市场单边预期带来的“非对称贬值”问题，降低市场汇率超调的风险，充分体现了“有管理的浮动汇率制度”。总体来看，人民币汇率中间价形成机制在不断完善。2017 年央行宣称已经基本停止了在外汇市场上对人民币汇率常态化干预。从外汇占款的波动看，确实趋于收敛，某种程度上表明央行通过参与银行间人民币外汇市场买卖、调节人民币汇率走势的程度在降低。与此同时，人民币即期汇率波动性持续处于高位而且还有提升，更多反映了市场供求的情况。人民币汇率双向波动弹性进一步增强，向最终走向清洁浮动汇率制度的目标趋近。

另一方面，实施必要的资本跨境流动管理（尤其是资本流出方面）。近年来，中国资本账户开放步伐不断加快，先后于 2014 年、2016 年和 2017 年推出沪港通、深港通、债券通（当然，在证券投资、跨境借贷等短期类资本流动方面仍保持着较为严格的资质筛选与限额管理）。但 2015 年“8 · 11 汇改”之后，中国的外汇市场经历了高强度的波动风险和外部冲击，面临着较大的人民币贬值以及资本流出压力。为防止资本大规模外流对实体经济形成冲击，采取了一些宏观审慎管理政策对跨境资本流动进行逆周期调节，比如采取全口径外债宏观审慎管理，征收银行远期售汇外汇风险准备金（境内金融机构代客远期售汇业务所需提取的外汇风险准备金率，属于非歧视性、价格型的逆周期调节），对境外金融机构境内金融机构存放执行正常的存款准备金率政策，提高个别银行人民币购售平盘交易手续费率等方式。同时加强了外汇市场微观监管，包括对外汇交易真实性合规性审核，对企业虚假对外投资、虚假利润汇出、伪造或构造贸易背景骗汇、个人分拆购付汇、假借贸易或投资渠道对外转移资产、“地下钱庄”等违法违规行为的打击等（这些微观监管措施不会因周期变化而发生改变，它会保持在不同周期里标准的一致性和稳定性）。从2016年下半年开始，针对跨境资本异常波动加重，中国加大对跨境资本流动的管制力度，通过设置规模限制，逐笔审批式的行政措施，抑制跨境套利行为。当然，在这个过程中，也存在政策不透明和“一刀切”的问题，影响了一些正常的投资项目；而且，资本管制也会带来资源配置扭曲。如何在更加市场化、公开透明的规则下进行调整，并尽量避免或减少对市场的扭曲，是实施资本管制政策时需要关注的。

这就涉及如何看待资本管制政策的问题。对此，金融危机之前的基本共识是资本跨国自由流动和配置所带来的收益超过其成本。于是，无论是发达经济体，还是一些新兴市场和发展中经济体，资本管制的力度都相当有限甚至是基本取消的。但金融危机（包括亚洲金融危机）后理论研究和政策制定都开始反思资本自由流动的负面效应，意识到在某些情况下控制资本流入对降低金融危机所带来的冲击的意义。

其中值得提及的是“不可能两难”（Irreconcilable Duo）或“二元悖论”（Dilemma）理论。该理论认为，随着国际跨境资本自由流动特别是波动性较大的资金流动规模的不断增大，“不可能三角”中资本流动这一维度的重要性提升。在资本自由流动的极端情形下，汇率浮动完全失去调节国内外资金供求的作用，即一国即使实施完全自由浮动汇率制度，也不足以抑制资本流动，进而不足以保证独立的货币政策。由此可见，汇率制度从三角形中消失，“不可能三角形”蜕变为“不可能两难”，“三元悖论”也退化为“二元悖论”，即货币当局只能在资本自由流动和货币政策独立性之间二选一（Rey，2013）。这种观点事实上强调了资本流动管理的重要性，而相应弱化了弹性汇率制度的重要性。

随着理论界对资本流动管理重要性的认识深化，国际货币基金组织也逐步改变了多年来所一贯坚持的开放资本账户资金自由流动的政策立场。在2011年4月发布的《资本流入管理的近期经验——可能的管制政策框架》报告中首次正式认可国际资本流入管制政策。当然，IMF制定的这个政策框架对于资本流动管理措施的态度还是比较谨慎的，认为如果一个经济体的货币未被低估、拥有充足的外汇储备且无法使用货币或财政政策，就可以控制暂时性的投机性资本流动；并提倡使用资本管制作为宏观审慎性工具。这可能是认识到资本管制措施与资本流动宏观审慎管理手段最大的不同是：后者主要通过影响价格等市场化的调控手段对跨境资本流动风险进行逆周期调节，带来的扭曲相对较小；而前者更多采用了如审批制这样的行政化手段，不可避免地造成扭曲。基于此，IMF强调资本管制不应长期化，仅用来对付短期投资飙升，应审慎性地或反周期地使用资本管制。

过去若干年，正是由于中国逐步增强了汇率制度的灵活性，并且维持必要的资本账户管制，才得以保持较大程度上的货币政策自主独立性。尤其是2014年下半年以来，持续多年的经常项目和资本项目“双顺差”格局发生逆转，跨境资金流动方面面临持续净流出的局面，外汇占款作为基础货币投放主渠道的作用趋于下降。中央银行被动购汇投放基础货币，以及通过发行央行票据、提高法定存款准备金率的方式进行冲销操作大为减轻回收过剩流动性的压力，能够更多针对国内的经济金融情况灵活调整货币政策。当然，在当前全球化的背景下，一国货币政策的有效性往往很难单独发挥作用。宏观调控政策的外部溢出效应和相应的国际政策协调问题，成为宏观调控面对的崭新课题。这意味着中国各项宏观调控政策的制定要有世界视野，要将自身与外部世界的潜在相互影响因素考虑进去，要更多地与世界各国进行沟通与协调，从而更好地协调内外的发展。

总的来看，中国在处理“蒙代尔三难”问题上基本做出了适合国情的选择。未来能否最终迈向“不可能三角”中的角点解，即实现货币政策独立性、汇率灵活浮动和资本自由流动迈进，值得关注。

六　结语与展望

改革开放 40 年来，特别是进入新的发展阶段以来，中国宏观调控的理论与政策实践始终处于不断探索的过程之中。在这一过程中，没有拘泥于西方传统意义上的宏观调控理论，而是将宏观调控与制度基础、经济发展水平和结构因素结合起来进行综合考量，依据中国宏观调控所面临的阶段性特征对基于发达市场经济的标准宏观调控理论做出适应性的修正。总体而言，经过多年努力所构建起来的中国宏观调控体系为中国经济的平稳发展做出了重要的贡献。尽管如此，作为一个发展中的转轨经济体，中国宏观调控体系仍存在一些矛盾与问题，突出表现为宏观调控的宽泛化，即内涵过广、目标过宽、工具过泛、部门过多，映射出深层改革滞后和市场体制不完善的弊端。

首先，宏观调控内涵过广。长期以来，在对宏观调控的把握上，有一种泛化的倾向。也就是说，将政府等同于宏观，将政府所有管理经济社会的职能都视为宏观调控，宏观调控也由此成为政府干预的代名词。由此带来的问题，是混淆了政府不同职能之间的分工，尤其是造成宏观调控职能与微观规制职能之间的边界模糊。而事实上，两者无论在作用范围、作用目的、作用方式和手段、作用方向和特征等方面均存在差异。这就造成以宏观调控之名行微观干预之实的现象难以避免，从而妨碍市场经济的正常发展。

其次，宏观调控目标过宽。以货币政策为例，现阶段实行的多目标制，既包括价格稳定、促进经济增长、促进就业、保持国际收支大体平衡四大年度目标，也包含金融改革和开放、发展金融市场两个动态目标。这与中国处于经济转轨中的国情是分不开的。当然，货币政策各个目标的重要性并不相同，在不同时期也会有所侧重。多目标带来的问题：一是可能会影响央行的独立性；二是目标相互干扰容易引发相机抉择倾向；三是目标之间不一致不利于稳定公众预期。未来央行目标函数如何走向简化，甚至是单一目标，需要关注。

再次，宏观调控工具过泛。根据丁伯根法则（Tinbergen's Rule），政策工具的数量至少要等于政策目标的数量。卢锋（2016）通过对 21

世纪以来十年间的中国宏观调控历史进行回顾发现，宏观经济政策使用的调控工具为 30 余种，除货币政策与财政政策等常规“总量参数型”调控工具之外，还包括各种“准入数量型工具”“产业调控型工具”“行政干预型工具”。这与中国转型体制环境具有深刻的内在联系。

在这些工具中，尤其是应关注行政性直接干预手段的广泛使用，比如行业市场准入、项目的行政审批与核准、土地的行政审批、对银行信贷的窗口指导、强制性清理（淘汰落后产能）等。在近几年的房地产调控中，也大量依靠行政性的管控举措，比如限购、限贷、限售，甚至是直接的价格管制。应该强调的是，尽管在中国市场经济体制不够完善的情况下，还有必要运用某些行政手段；而且从调控结果看，行政性直接调控方式也确实可以取得立竿见影的效果，但对它的局限性和副作用应有充分的估计。特别是它可能无法实现宏观调控的政策初衷，反而会加剧经济的波动。这是因为，在以经济诱导为主的间接调控体系下，调控当局通过向市场参与者传递政策信号，来引导各经济主体预期和调整微观主体行为。这样一种基于市场的调节方式一般是温和的，而不是大起大落的。但在以直接干预为特征的调控体系下，由于缺少市场反馈链条的平滑作用，容易加大经济起降的幅度。计划调控时期“一放就乱，一乱就收，一收就死，一死再放”的怪圈就深刻反映了这一矛盾。

最后，宏观调控部门过多。卢锋（2016）的梳理亦表明，以不同方式和程度参与调控的有关部门达到十多个，显著增加了政策协调的成本。另外应该看到的是，作为宏观调控的中间层次，地方政府理应作为宏观利益的代表和中央政府的代理人，执行中央制定的宏观调控政策。但由于具有自身相对独立的利益，地方政府在接受中央政府委托并执行中央有关宏观调控政策时，有可能会从自身利益最大化出发采取各种措施，从而导致与中央政府的政策发生偏离。

总之，“广”“宽”“泛”“多”均具有鲜明的转型经济体和发展中经济体特征的双轨并行特点，都反映到宏观调控中“度”的把握上。这就促使我们反思过去的宏观调控实践是不是存在无度和过度的问题。未来在全面深化改革的大背景下，应按照党的十九大报告提出的着力构建“宏观调控有度”的经济体制、“创新和完善宏观调控方式”的改革要求，进一步构建符合社会主义市场经济体制内在要求的以市场化为导向的宏观调控体系，以此提高宏观调控效率，改善宏观调控绩效。

参考文献

财政部:《更好发挥财政在国家治理中的基础和重要支柱作用》，《求是》2017 年第 19 期。

陈彦斌、刘哲希:《中国宏观经济政策体系面临的困境与改革方向》，《中国人民大学学报》2016 年第 5 期。

李宏瑾、苏乃芳:《金融创新、金融脱媒与信用货币创造》，《财经问题研究》2017 年第 10 期。

卢锋:《宏调的逻辑》，中信出版集团 2016 年版。

马骏、管涛等:《利率市场化与货币政策框架转型》，中国金融出版社 2018 年版。

彭文生:《中国双支柱调控框架下宏观金融调控的着力点》，《清华金融评论》2018 年第 2 期。

盛松成、谢洁玉:《社会融资规模与货币政策传导——基于信用渠道的中介目标选择》，《中国社会科学》2016 年第 12 期。

孙国峰:《货币政策工具的创新》，《中国金融》2017 年第 4 期。

伍戈、李斌:《货币数量、利率调控与政策转型》，中国金融出版社 2016 年版。

徐忠:《中国稳健货币政策的实践经验与货币政策理论的国际前沿》，《金融研究》2017 年第 1 期。

徐忠等:《中国货币政策转型：转轨路径与危机反思》，经济管理出版社 2018 年版。

易纲、汤弦:《汇率制度的“角点解假设”的一个理论基础》，《金融研究》2001 年第 8 期。

张明:《如何协调当前货币政策与汇率政策》，《债券》2016 年第 2 期。

张晓慧:《宏观审慎政策在中国的探索》，《中国金融》2017 年第 11 期。

张晓晶:《试论中国宏观调控新常态》，《经济学动态》2015 年第 4 期。

周小川:《把握好多目标货币政策：转型的中国经济的视角》，在 Michel Camdessus Central Banking Lecture 的发言，www. pbc. gov. cn，

2016 年 6 月 23 日。

周小川：《谈人民币入篮 SDR：对外开放进程的历史性进展》，《财经》2017 年 10 月 9 日。

Bernanke, B. and M. Gertler, "Agency Costs, Collateral, and Business Fluctuations", Proceedings, Federal Reserve Bank of San Francisco, 1986.

Blanchard, O. J., Dell' Ariccia, G. and Mauro, P., "Rethinking Macroeconomic Policy", IMF Staff Position Note 10/03. Washington: International Monetary Fund, February 12, 2010.

Borio, C. and A. Zabai, "Unconventional Monetary Policies", BIS Working Paper, No. 570, 2016.

Cesa – Bianchi, A. and A. Rebucci, "Does Easing Monetary Policy Increase Financial Instability?", NBER Working Paper, No. 22283, 2016.

Claessens, S., "An Overview of Macroprudential Policy Tools", IMF Working Paper, No. WP/14/214, 2014.

Ehlers, T., S. Kong and F. Zhu, "Mapping Shadow Banking in China", BIS Working Papers, No. 701, 2018.

Fischer, S., "Reflections on Macroeconomics Then and Now", Speech at 32nd Annual National Association for Business Economics Economic Policy Conference, Mar. 7th, 2016.

Kiyotaki, N. and J. Moore, "Credit Cycles", *Journal of Political Economy*, 105 (2): 211 –248, 1997.

Mishkin, F., "Monetary Policy Strategy: Lessons From The Crisis", NBER Working Paper, No. 16755, 2011.

Rey, Hélène, "Dilemma not Trilemma: The Global Financial Cycle and Monetary Policy Independence", Federal Reserve Bank of Kansas City Economic Policy Symposium, 2013.

Shin, H., "Macroprudential Tools, Their Limits, and Their Connection with Monetary Policy", in Progress and Confusion: The State of Macroeconomic Policy, Blanchard, O., R. Rajan, K. Rogoff and L. Summers (eds.), Cambridge: MIT Press, 2016.

Taylor, J., "The Role of Policy in the Great Recession and the Weak Recovery", *American Economic Review*, 2014, 104 (5): 61 -66.

Tressel T. and Y. Zhang , "Effectiveness and Channels of Macroprudential Policies: Lessons from the Euro Area", IMF Working Paper, No. WP/16/04, 2016.

World Bank, *Infrastructure for Development*, Oxford University Press, 1994.

Yellen, J. , "Macroeconomic Research after the Crisis", Speech at 60th Annual Economic Conference, Oct. , 14th, 2016.

第八章　中国货币政策体系

货币政策理论体系包含了货币政策目标、工具和传导机制，是对货币当局[①]利用政策工具，通过传导机制实现最终目标的理论描述。当一国的内外部经济环境发生变化时，目标、工具和传导机制通常须相应地进行调整。本章重点分析了2008年国际金融危机爆发后中国货币政策理论体系的演变。

一　中国的货币政策目标

从长期看，任何经济体的货币政策理论体系都是随着经济环境的变化而动态发展的。例如，对于货币政策的目标，在20世纪70年代以前，美国的联邦储备系统（The Federal Reserve System，以下简称美联储）的目标包含了维持稳定的通胀、充分的就业和持续的增长；英国的英格兰银行除了和美联储一样追求这些内部经济目标以外，还包含了稳定汇率这一外部目标；而对于同时期的发展中国家而言，其货币当局所要兼顾的目标就更多了。但随着石油危机的爆发，世界各国相继陷入了低增长、高通胀的“滞涨”状态，人们逐渐地认为只有在稳定物价的环境下，经济才能平稳地发展。同时，货币当局在对经济进行干预时应尽可能地公开、透明，接受人们的监督和评价。因此，从20世纪90

① 货币当局是指有权发行通货的国家机构，它的内涵比中央银行的内涵更大。例如在美国，联邦储备系统（中央银行）和财政部都拥有通货发行权，因此美国的货币当局包含了中央银行和财政部。在中国，只有中国人民银行（中央银行）拥有货币发行权，所以中国的货币当局就是指中央银行。

年代开始，陆续有国家从原先的多目标制向单一的通货膨胀目标制（Inflation Targeting Regime）① 转变（见表8－1）。

表8－1　　各国采用通货膨胀目标制的时间

国家	年份	国家	年份	国家	年份
新西兰	1990	巴西	1999	秘鲁	2002
加拿大	1991	智利	1999	菲律宾	2002
英国	1992	哥伦比亚	1999	危地马拉	2005
瑞典	1993	南非	2000	斯洛伐克	2005
芬兰	1993	泰国	2000	印度尼西亚	2005
澳大利亚	1993	韩国	2001	罗马尼亚	2005
西班牙	1995	墨西哥	2001	土耳其	2006
以色列	1997	冰岛	2001	塞尔维亚	2006
捷克	1997	挪威	2001	加纳	2007
波兰	1998	匈牙利	2001		

资料来源：Roger（2009）。

显然，这么多国家的跟进说明通货膨胀目标制有其优点，如能够更加直白地与社会大众沟通，并且可以克服由时间不一致所造成的负面影响。该制度的优点在此次危机爆发前20余年的大缓和时期（the Great Moderation）② 得到了进一步的印证。

但通胀膨胀目标制并不适用于所有国家，至少不适用于现阶段的中国。因为中国直到今天仍然是一个处于转型期的发展中国家，经济和金融市场都有许多不够完善的地方，所以中国人民银行的最终目标除了维

① 通货膨胀目标制是指货币当局明确以物价稳定为首要目标，并将当局在未来一段时间所要达到的目标通货膨胀率向外界公布；同时，通过一定的预测方法对目标期的通货膨胀率进行预测得到目标期通货膨胀率的预测值，然后根据预测结果和目标通货膨胀率之间的差距来决定货币政策的调整和操作，使实际通货膨胀率接近目标通货膨胀率。

② 大缓和这一名词最初由Stock和Watson（2002）提出，主要是指20世纪80年代中期以来经济周期的波动得到了有效的降低，其中的一个重要原因被认为是有效的货币政策。

持物价稳定以外，还包括稳增长、保就业、国际收支平衡或略有盈余，以及推动金融改革和维持金融体系稳定等多重目标。退一步讲，即便将范围限缩在《中国人民银行法》所规定的“保持货币币值的稳定，并以此促进经济增长”，由于我国政府肩负着中华民族伟大复兴的历史使命，许多时候更多地关注经济增长也无可厚非。因此，中国人民银行在过去、现在，乃至未来的相当一段时期内，仍会维持货币政策的多目标制。只是根据经济环境的变化，中国人民银行会对各目标的权重进行相应的调整。

二 中国的货币政策工具

为了实现多重目标，中国人民银行的货币政策工具箱中须同时配备多种货币政策工具，具体包括存款准备金、再贷款和再贴现、存贷款基准利率、公开市场业务以及2013年以来相继推出的新型货币政策工具。

（一）存款准备金

存款准备金是指金融机构为保证客户提取存款和资金清算需要而准备的资金，金融机构按规定向中央银行缴纳的存款准备金占其存款总额的比例就是存款准备金率。存款准备金制度的初始作用是保证存款的支付和清算，之后才逐渐演变成为货币政策工具，中央银行通过调节存款准备金率，影响金融机构的信贷资金供给能力，从而间接调控货币供应量。

除总量调节的功能外，危机过后，中国人民银行还赋予了存款准备金工具结构调节的功能。从2008年10月起，中国人民银行根据金融机构规模实行差别存款准备金率。同时，为了缓解小微企业“融资难、融资贵”的问题，加大对“三农”的扶持力度，中国人民银行近年来多次进行定向降准（见表8－2）。而且，为了确保定向降准政策的落实，中国人民银行还引进了存款准备金率动态调整机制，每年根据上一年银行对小微企业和“三农”贷款的具体情况，动态调节该行的存款准备金率。

表 8－2　2014 年以来中国人民银行定向降准政策

日期	定向降准政策
2014 年 4 月 25 日	下调县域农村商业银行人民币存款准备金率 2 个百分点 下调县域农村合作银行人民币存款准备金率 0.5 个百分点
2014 年 6 月 16 日	对符合审慎经营要求且对“三农”和小微企业放款达到一定比例的商业银行下调人民币存款准备金率 0.5 个百分点
2015 年 2 月 5 日	对小微企业放款占比达到定向降准标准的城市商业银行，非县域农村商业银行额外降低人民币存款准备金率 0.5 个百分点 对中国农业发展银行额外降低人民币存款准备金率 4 个百分点
2015 年 4 月 20 日	对农村信用社、村镇银行等农村金融机构额外降低人民币存款准备金率 1 个百分点，并统一下调农村合作银行人民币存款准备金率至农村信用社水平 对中国农业发展银行额外降低人民币存款准备金率 2 个百分点 对符合审慎经营要求且对“三农”或小微企业放款达到一定比例的大型商业银行和股份制商业银行，可执行较同类机构法定水准低 0.5 个百分点的人民币存款准备金率
2015 年 6 月 28 日	对“三农”放款占比达到定向降准标准的城市商业银行，非县域农村商业银行降低人民币存款准备金率 0.5 个百分点 对“三农”或小微企业放款达到定向降准标准的大型商业银行、股份制商业银行、外资银行降低人民币存款准备金率 0.5 个百分点
2015 年 9 月 6 日	降低县域农村商业银行、农村合作银行、农村信用社和村镇银行等农村金融机构人民币存款准备金率 0.5 个百分点
2015 年 10 月 24 日	为加大金融支持“三农”和小微企业的正向激励，对符合标准的银行降低人民币存款准备金率 0.5 个百分点
2017 年 9 月 30 日	对推动普惠金融相关贷款达一定标准的银行，降低人民币存款准备金率 0.5 个或 1.5 个百分点
2018 年 4 月 17 日	为协助银行偿还到期的中期借贷便利，及减轻市场流动性压力，对部分银行降低人民币存款准备金率 1 个百分点
2018 年 6 月 24 日	为支持对小微企业的放款及支持推动企业“债转股”，对部分银行下调人民币存款准备金率 0.5 个百分点
2018 年 10 月 15 日	为支持偿还到期的中期借贷便利及支持小微企业、民营企业与创新型企业，对部分银行下调人民币存款准备金率 1 个百分点

资料来源：中国人民银行网站。

（二）再贷款、再贴现

再贷款是指中央银行对金融机构的贷款，是央行调控基础货币的渠道之一。自1984年中国人民银行专门行使中央银行职能以来，再贷款一直是我国中央银行的重要货币政策工具。近年来，适应金融宏观调控方式由直接调控向间接调控转变，再贷款所占基础货币的比重逐步下降，结构和投向发生重大变化。新增再贷款主要用于促进信贷结构调整，引导扩大县域和“三农”信贷投放。

再贴现是中央银行对金融机构持有的未到期已贴现商业汇票予以贴现的行为。在我国，中国人民银行通过适时调整再贴现总量及利率，明确再贴现票据选择，达到吞吐基础货币和实施金融宏观调控的目的，同时发挥调整信贷结构的功能。2008年以来，为有效发挥再贴现促进结构调整、引导资金流向的作用，中国人民银行进一步完善再贴现管理：适当增加再贴现转授权窗口，以便于金融机构尤其是地方中小金融机构法人申请办理再贴现；适当扩大再贴现的对象和机构范围，城乡信用社、存款类外资金融机构法人、存款类新型农村金融机构，以及企业集团财务公司等非银行金融机构均可申请再贴现；推广使用商业承兑汇票，促进商业信用票据化；通过票据选择明确再贴现支持的重点，对涉农票据、县域企业和金融机构及中小金融机构签发、承兑、持有的票据优先办理再贴现；进一步明确再贴现可采取回购和买断两种方式，提高业务效率。

该工具在我国货币当局资产负债表中主要对应着资产端的对其他存款性公司债券、对其他金融性公司债券以及对非金融性公司债券三个科目，三者加总占总资产的比重见图8－1。从图8－1中可知，中国人民银行对该货币政策工具的使用在2014年降到最低，之后快速攀升，目前占央行资产负债表的约1/3。危机以来该比重的起伏主要与外汇占款项目的升降有关，这反映了中国基础货币供给结构的变化。

（三）存贷款基准利率

中国目前的货币政策虽然以数量型工具为主，但也采用存贷款基准利率这样的价格型工具。其主要原因在于中国拥有高储蓄率且金融体系

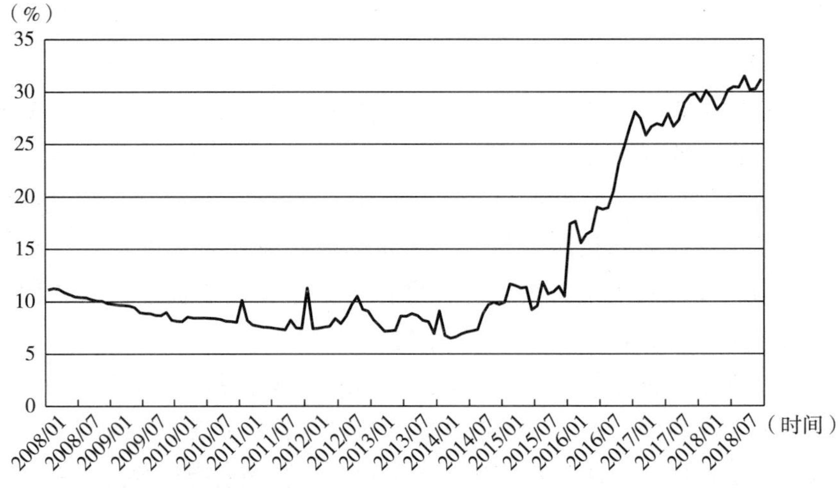

图8－1　中国人民银行再贷款、再贴现占总资产的比重

资料来源：中国人民银行网站。

以信贷交易为主，通过调整存贷款基准利率来直接调控资金价格，可传递货币政策的意图。当然随着利率管制逐步放松，自2015年10月全面取消人民币存款利率上限以来，人行均未调整存贷款基准利率，试图逐步弱化该行政基准利率所发挥的直接调控作用。

表8－3　中国利率市场化进程

日期	市场化措施
2004年1月	人民币的存款利率管制从2004年起开始逐步放开 人民币贷款利率浮动区间上限调整为贷款基准利率的1.7倍，下限调整为0.9倍
2004年10月	取消人民币贷款利率上限，下限仍维持在基准利率的0.9倍 取消人民币存款利率下限
2012年6月	人民币存款利率上限调整为存款基准利率的1.1倍 人民币贷款利率下限调整为贷款基准利率的0.8倍
2012年7月	人民币贷款利率下限调整为贷款基准利率的0.7倍
2013年7月	全面取消人民币贷款利率下限

续表

日期	市场化措施
2014 年 11 月	人民币存款利率上限调整为存款基准利率的 1.2 倍
2015 年 3 月	人民币存款利率上限调整为存款基准利率的 1.3 倍
2015 年 5 月	人民币存款利率上限调整为存款基准利率的 1.5 倍
2015 年 8 月	取消 1 年期以上（不含 1 年期）存款利率上限的规定，活期存款和 1 年期（包含 1 年期）以下仍为存款基准利率的 1.5 倍
2015 年 10 月	全面取消人民币存款利率上限

资料来源：中国人民银行网站。

（四）公开市场业务

在多数发达国家，公开市场操作是中央银行吞吐基础货币，调节市场流动性的主要货币政策工具，通过中央银行与市场交易对手进行有价证券和外汇交易，实现货币政策调控目标。中国人民银行从 1998 年开始建立公开市场业务一级交易商制度，选择了一批能够承担大额债券交易的商业银行作为公开市场业务的交易对象。近年来，公开市场业务一级交易商制度不断完善，先后建立了一级交易商考评调整机制、信息报告制度等相关管理制度，一级交易商的机构类别也从商业银行扩展至证券公司等其他金融机构。

从交易品种看，中国人民银行公开市场业务债券交易主要包括回购交易、现券交易和发行中央银行票据。其中，回购交易分为正回购和逆回购两种。正回购为中国人民银行向一级交易商卖出有价证券，并约定在未来特定日期买回有价证券的交易行为。因此，正回购是中央银行从市场收回流动性的操作，正回购到期则是中央银行向市场投放流动性的操作。相对应的，逆回购为中国人民银行向一级交易商购买有价证券，并约定在未来特定日期将有价证券卖给一级交易商的交易行为。逆回购属于中央银行向市场上投放流动性的操作，逆回购到期则为央行从市场收回流动性的操作。现券交易分为现券买断和现券卖断两种，前者为中央银行直接从二级市场买入债券，一次性地投放基础货币；后者为中央银行直接卖出持有债券，一次性地回笼基础货币。中央银行票据即中国人民银行发行的短期债券，央行通过发行央行票据可以回笼基础货币，央行票据到期则体现为基础货币的投放。

三 中国的货币政策传导机制

目前中国人民银行仍然采取以数量型为主的货币政策调控方式，即央行通过上述的货币政策工具，调节储备货币（货币发行 + 金融性公司存款），通过中间目标以达到最终目标。自 1996 年中国人民银行宣布从原先的直接调控向间接调控转变以来，货币供应量就成为货币政策的中间目标。同时，由于近年来股票、债券等直接融资市场和银行表外业务的发展，传统的货币存量指标难以完全反映金融系统对实体经济的支撑，因此央行于 2016 年又推出了社会融资规模，与 M2 一同作为中国人民银行的货币政策的中间目标。①

但是随着金融市场的发展，对 M2 作为货币政策中间目标的质疑也在逐渐增多。例如《2017 年第 3 季度货币政策执行报告》就明确指出“当前影响货币总量的因素更趋复杂，M2 的可测性、可控性以及与实体经济的相关性已明显下降，M2 指标的意义明显减弱，无须过度关注 M2 增速的变化”。而该官方声明似乎也呼应了长期以来大量的学者对货币存量作为中间目标以及数量型调控方式的批判，如夏斌和廖强（2001）、孙国峰和蔡春春（2014），且中国人民银行的官员也都在各种场合强调要培育基准利率，努力实现向价格型调控方式的转变。显然，中国人民银行提出的弱化 M2 指标的说法象征着该改革进程的提速，即未来将赋予 M2 增速更大的弹性。

根据牛慕鸿等（2015），中国人民银行未来可分三步实现货币政策

① 2016 年 3 月国务院总理李克强在《政府工作报告》中指出“今年广义货币 M2 预期增长 13% 左右，社会融资规模余额增长 13% 左右”。这是社会融资规模首次被纳入政府工作报告及货币政策调控目标。

价格调控方式的建立。第一，在不公布政策利率的情况下，构建一个围绕央行合意政策利率水平的利率走廊。第二，将利率走廊的波动区间逐步收窄。第三，引导市场形成某种利率作为主要政策利率的预期。借鉴国外的经验，央行可以先将SLF利率作为利率走廊的上限，存款准备金利率作为利率走廊的下限，并且在该上下限之间通过公开市场操作维持一个更窄的通道。

图8－2给出了近3年来中国的主要利率走势。从图中我们可以发现：一方面，样本期内SLF平均利率为3.41%，准备金利率维持1.62%不变，二者差值达179个基点，这意味着目前的利率走廊还不够完善；另一方面，银行间债券质押回购利率（DR007）与上海银行间同业拆放利率（Shibor）虽然波动方向相同，但DR007的波动性要明显高于Shibor，因此Shibor可能更加适合作为未来的政策利率。

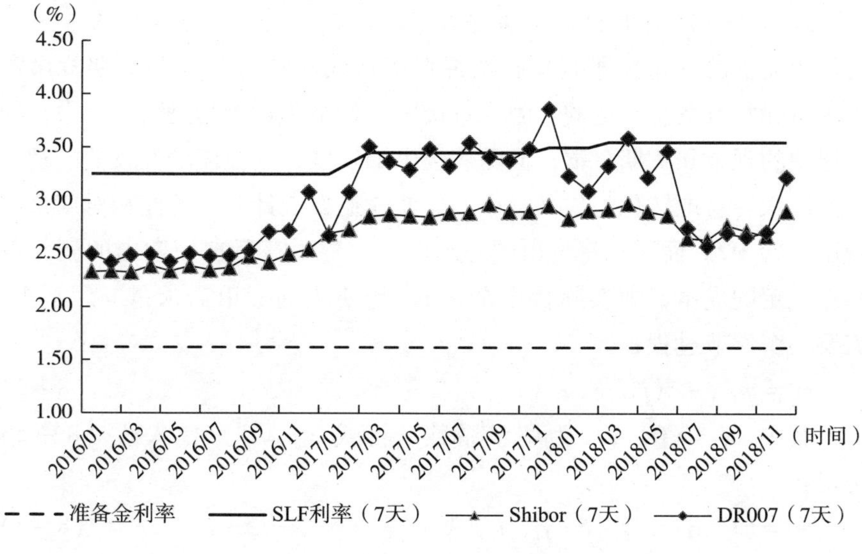

图8－2　中国主要利率走势

资料来源：CEIC数据库。

四　中国货币需求的估计

由上文的分析可知，尽管中国人民银行近年来在持续性地推进金融体制改革，但中国的货币政策调控仍然是多工具、多目标制的数量型宏观调控。而在利率走廊机制完善、基准利率最终确定之前，广义货币M2仍然是我们监测经济流动性、货币政策松紧的重要指标。在这种情况下，了解M2趋势和波动的潜在原因就显得十分重要。因为只有如此，我们才能够辨别出哪部分货币波动来自经济基本面，哪部分来自货币当局。

目前人们使用最多的货币需求函数的理论基础，如果追本溯源，主要来自Baumol（1952）、Tobin（1956）提出的交易动机模型，以及Friedman（1959）提出的资产组合模型。结合不同的理论框架，货币需求的实证模型通常可以表示如下：

$$m_t^* = f(y_t, i_t, X_t) \tag{8-1}$$

其中，m_t^* 表示人们期望或合意的实际货币余额；y_t 表示总收入；i_t 表示名义利率；X_t 表示其他对于货币需求的可能解释变量。

式（8-1）给出的是长期货币需求函数，但人们通常更关注短期内货币需求的变化。那么我们能否直接将式（8-1）作为短期货币需求函数呢？答案是否定的。因为直接影响经济和物价的是狭义货币，即流通中的现金和货期存款，但随着技术的发展，其他流动性较低的货币也能够很容易地转化为狭义货币，这使我们在统计时会关注相对广义的货币，如M2。而一旦将货币的外延扩大，货币存量在短期内的调整就存在一定的成本，即实际货币余额 m_t 与期望的货币需求量 m_t^* 不等，需要一个调节过程：

$$m_t = m_{t-1} + \delta(m_t^* - m_{t-1}) \tag{8-2}$$

其中，$\delta \in (0, 1)$ 为调整系数。将式（8-1）代入式（8-2）可得：

$$m_t = (1-\delta)m_{t-1} + \delta f(y_t, i_t, X_t) \tag{8-3}$$

将式（8-3）以回归函数形式表示可得：

$$m_t = \alpha_0 + \alpha_1 \cdot m_{t-1} + \alpha_2 \cdot y_t + \alpha_3 \cdot i_t + \alpha_4 \cdot X_t + \varepsilon_t \tag{8-4}$$

在具体估计时，m_t 和 y_t 通常取对数，这时 α_2 和 α_3 分别表示关于货币需求的收入弹性和利率弹性。根据估计结果，我们还可以得到关于货币需求的收入和利率长期弹性为 $\alpha_2/(1-\alpha_1)$ 和 $\alpha_3/(1-\alpha_1)$。

根据上述分析，并结合中国的具体实际，笔者将中国的实际货币余额需求函数的具体形式设定如下：

$$m_t = \alpha_0 + \alpha_1 \cdot m_{t-1} + \alpha_2 \cdot y_t + \alpha_3 \cdot c_t + \alpha_4 \cdot \pi_t + \alpha_5 \cdot S3 + \alpha_6 \cdot S2 + \alpha_7 \cdot D + \varepsilon_t \quad (8-5)$$

其中，m_t 表示实际货币余额；y_t 表示实际收入；c_t 表示持有 $M2$ 的机会成本；π_t 表示持币成本；$S3$、$S2$、D 表示虚拟变量；ε_t 表示误差项。关于这些变量的具体描述见表 8－4。

表 8－4　　模型变量描述

变量名称	变量描述
m_t	广义货币供应量除以消费者物价指数，并取自然对数
y_t	名义国内生产总值除以消费者物价指数，并取自然对数
c_t	7 天同业拆借利率与 1 年期定存利率差额，并除以 4
π_t	以消费者物价指数增长率表示通货膨胀率
$S3$	表示第三季度虚拟变量
$S2$	表示第二季度虚拟变量
D	表示 2008 年第三季度至 2009 年第二季度虚拟变量

样本区间取 1996 年第一季度至 2018 年第四季度的季度数据，所有数据均来自 CEIC 数据库。对模型进行 OLS 估计，所得结果如下：

表 8－5　　被解释变量为 m_t 的 OLS 估计结果

样本期	常数	ln（M2/CPI）$_{-1}$	lnGDP	cost	d（lnCPI）	$S3$	$S2$	D	$\overline{R}^2$
1996 年 3 月至 2018 年 4 月	0.045 0.021 *	0.929 0.018 **	0.083 0.023 **	－0.012 0.005 *	－0.010 0.002 **	0.024 0.005 **	0.010 0.005 *	0.016 0.008 *	0.9998

注：第三行为标准差；* 和 ** 分别代表 5% 和 1% 水平下显著。

从表 8－5 我们可以看出包括虚拟变量在内的所有解释变量系数的估计结果均显著，且符号与理论一致，即实际货币需求与收入正相关、与储蓄的机会成本和货币购买力的缩水负相关。值得一提的是，根据表 8－5 的估计结果，中国广义货币需求的收入弹性 $\alpha_2/(1-\alpha_1)$ 等于

1.173，这与国外通常认为的货币需求收入弹性为0—1并不一致。该结果意味着对私人部门而言，实际货币余额是一种奢侈品，同时央行在采用数量型货币政策调控时，实际收入增加一单位，央行需确保货币总量增加超过一单位以满足实体经济的货币需要。这一点与我国过去M2与名义GDP之间的关系应该说基本上是一致的（见表8－6）。

表8－6　　2008—2018年M2、GDP、CPI同比增速　　单位:%

年份	M2	GDP	CPI
2008	17.8	9.7	5.9
2009	28.4	9.4	-0.7
2010	18.9	10.6	3.3
2011	17.3	9.6	5.4
2012	14.4	7.9	2.6
2013	13.6	7.8	2.6
2014	11.0	7.3	2.0
2015	13.3	6.9	1.4
2016	11.3	6.7	2.0
2017	9.0	6.8	1.6
2018	8.1	6.6	2.1
平均	14.8	8.1	2.6

资料来源：CEIC数据库。

由调整后的拟合优度可知$\overline{R}^2=0.9998$，构建的货币需求模型的估计结果相当不错，即文中所列举的解释变量解释了实际货币余额波动的绝大部分。图8－3给出了2008年以来实际货币余额的真实值、拟合值和残差。如果将模型的拟合结果视为经济基本面所决定的货币需求量，则我们就可以将残差视为判断经济中流动性过剩还是不足、货币政策偏松还是偏紧的重要指标。例如，根据图8－3我们发现，在2008年年末、2011年年末以及2014年年末都发生了残差迅速由负转正的情形，而相应的，中国的经济增长率除了在2009年年初受国际金融危机冲击而暴跌外，2012年年初和2015年年初也分别跌破8%和7%的关卡。换言之，当中国经济增长压力紧绷时，中国人民银行确实会采取相应的逆周期调控，且具有一定的前瞻性，然而似乎无法抑制经济增速的持续性下滑。

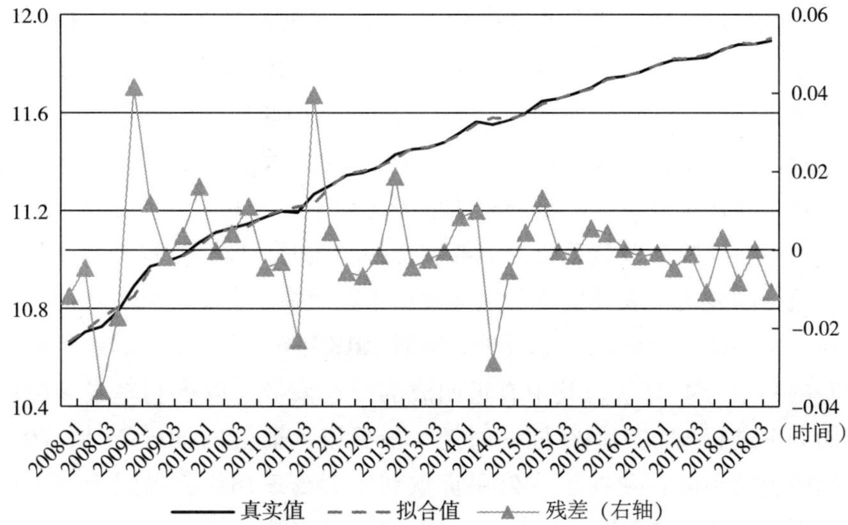

图 8－3 实际货币余额真实值、拟合值和残差

五 对中国货币政策理论体系的进一步探究

从上文的分析可知，中国目前的货币政策是一种多工具、多目标制的相机抉择的调控方式。同时，随着近年来经济增长的压力不断增大，中国政府也试图通过各种调控方式的创新来加强金融对实体经济的支持。例如，习近平总书记在中共中央政治局第十三次集体学习时就强调，应深化金融供给侧结构性改革，增强金融服务实体经济的能力。

很显然，尽管中国过去在经济发展方面取得了长足的进步，但中国的金融体系目前已经滞后于实体经济的发展。中国的利率管制和政府对国有企业的隐性担保，目前已造成严重的金融扭曲。虽然中国自 2015 年 10 月起金融机构存款利率管制已完全放开，但从国内商业银行的存款利率可知，其仍然受到央行非正式的管控，因而长期维持偏低的存款利率水平。同时在融资方面，为扶持效率相对较低的国有企业，政府通常对国有企业的融资提供隐性担保，从而使国有企业能够以更低的价格获得银行授信。

在存款利率偏低和政府隐性担保的大前提下，中国的商业银行攫取了大量的利润，这又进一步地强化了银行对于低效国企的扶持。但是当经济不景气时，效率较差的国有企业会发生经营困难，其不得不依靠银行输血维持经营，成为所谓的“僵尸企业”。而政府为了维持经济和社会的稳定，又要进一步地压低利率，为企业提供隐性担保，从而陷入恶性循环。在该条件下，经济的总体债务比率不断攀升，从而推高金融风险。而一旦风险触及货币当局能够容忍的底线时，监管当局会开始同时限缩银行的表内、表外信贷，这导致原本就面临融资难、融资贵的民营企业、中小微企业处境更加艰难。例如 2018 年 12 月，中国的一年期贷款基础利率为 4.31%，其中有近四成的银行信贷是以该利率或甚至更低的利率进行发放。但在同一时期，根据银保监会的抽样统计，2018 年第四季度小微企业在小贷公司贷款利率 15%—18%，民间借贷平均利率更是高达 24%。[①]

正因如此，央行试图通过各种方法来优化金融体系结构，包括：①优化融资结构，持续提升直接融资比重，降低社会融资成本；②优化金融机构结构，在金融机构中增加非银行金融机构数量占比，在银行机构中增加中小型银行机构、民营银行、外资机构数量占比；③优化金融市场结构，进一步扩大和开放股票市场和债券市场；④优化产品结构，金融产品创新要切实适应发展更多依靠创新、创造、创意的经济发展大趋势，平衡好风险收益；⑤发力金融科技建设，通过“互联网+”、大数据和人工智能等技术为金融业带来深刻变革；⑥加大对“三农”、中小微企业的扶持力度，通过精准滴灌、结构性调节等手段缓和既有经济、金融制度下存在的扭曲。

参考文献

牛慕鸿、张黎娜、张翔、宋雪涛、马俊：《利率走廊、利率稳定性和调控成本》，中国人民银行工作论文，2015，No. 2015/12。

---

① http://insurance.hexun.com/2019-03-01/196350430.html.

盛松成、翟春：《中央银行与货币供给》，中国金融出版社 2015 年版。

孙国峰、蔡春春：《货币市场利率、流动性供求与中央银行流动性管理——对货币市场利率波动性的新分析框架》，《经济研究》2014 年第 12 期。

夏斌、廖强：《货币供应量已不宜作为当前货币政策中介目标》，《经济研究》2001 年第 8 期。

徐忠、纪敏、牛慕鸿、李宏瑾：《中国货币政策转型——转轨路径与危机反思》，经济管理出版社 2018 年版。

Baumol, W., The Transactions Demand for Cash: An Inventory Theoretic Approach, Quarterly Journal of Economics, 1952, 66: 542 - 56.

Friedman, M., The Demand for Money: Some Theoretical and Empirical results, Journal of Political Economy, 1959, 67: 327 - 51.

Roger, S., Inflation Targeting at 20: Achievements and Challenges, IMF Working Paper, 2009.

Stock, J. and Watson M., Has the Business Cycle Changed and Why? NBER Macroeconomics Annual, 2002, 17: 159 - 218.

Tobin, J., The Interest Elasticity of Transactions Demand for Cash, Review of Economics and Statistics, 1956, 38: 241 - 47.

第九章 中国货币政策实践与转型

一 引言

2007 年美国次贷危机蔓延成金融危机，由于货币政策遇上货币理论中的“零利率下限”（Zero Lower Bound），西方国家整体进行“量化宽松”（Quantitative Easing）尝试，引入各种非常规货币政策工具，以维护金融体系的正常运转，防止金融危机进一步蔓延成更严重的经济危机。而此时，中国货币经济哲学和政策调控思想正迅速向利率市场化和货币规则迈进。西方国家危机产生机理以及应对危机的货币政策逻辑给中国带来了新的冲击和深刻思考。为了应对金融危机带来的经济下行，中国先以“四万亿”开启了一轮规模宏大的经济刺激，继而货币政策紧缩直接引发“影子银行”的泛滥，货币政策传导机制与监管逻辑受到严重挑战，经济结构扭曲引发金融资源错配与经济低效率成为后危机时期的重大问题。中国人民银行在继续推进利率市场化的同时，暂时淡化了货币规则的市场化进程，尝试中国版本的非常规货币政策，进行各种定向与短期的货币政策调控，实行“精准医疗”，以求恢复银行体系的信用创造功能，修复一定程度上失灵或扭曲了的货币传导机制。

当前中国的货币政策调控框架基本是数量型调控与价格型调控相结合、传统货币工具与结构型货币工具相结合、规则型政策调控与相机抉择型政策调控相结合。这个框架既延续了市场化改革路径，也“复辟”了某些监管调控手段，力求在金融总量调控与金融结构调整之间取得微妙而有效的平衡，同时坚持价格、就业稳定的宏观目标与经济结构调整的微观目标的有机统一，使金融资源配置更为合理，以推进供给侧改革。可以说，后危机时期的货币政策调控框架的创新既带来金融实践的迷惘，也带来了货币理论的争论。本章探讨后危机时期中国的货币政策转型和实践，后面的论述安排如下：第二部分探讨我国影子银行的发展及其货币创造功能；第三部分讨论我国在基准利率锚定、利率市场化、公开市场业务和银行间货币市场方面取得的进步，并且指出后危机时期影子银行的金融创新对货币政策传导带来的扭曲和梗阻；第四部分重点介绍我国央行的创新型货币政策工具，并且探讨后非常规货币政策在我国的实践；第五部分初步探讨了我国货币政策框架的系统性方案；最后是小结。

二　影子银行与货币创造

（一）货币政策紧缩与影子银行

为了应对2007年美国次贷危机引发的全球需求短期崩塌，中国政府实施了“四万亿”计划。通过财政与投资刺激一定程度上抵消了金融危机所带来的冲击，但投资规模失控引发了盲目建设与信用过度创造。2010年国务院与金融监管部门发现问题严重，进行了金融紧缩，大幅削减银行信贷，使许多既定工程与项目后续资金出现问题。为了缓解融资约束，地方政府设立了融资平台，积极开发土地财政，获取银行贷款与其他渠道金融资源。从成本角度推动土地价格上行，一定程度上造成房地产市场的非理性繁荣。

影子银行源自以同业业务和银行理财业务为代表的金融创新，其实质是逃避监管，逃避风险拨备、信贷指引、税收等约束，进行信用创造。影子银行的信用创造路径扭曲了房地产业信用以及金融衍生品的杠杆创造，极大地提升利率与房地产价格的敏感度，导致顺周期的非理性膨胀，潜藏着巨大的金融风险。经济结构扭曲和金融资源错配在后危机时期越发明显。一方面，存款脱媒促使资金流向影子银行。居民财富增长带动了资产保值增值方面的需求，理财类产品为影子银行提供了重要的资金来源。另一方面，由于中国的信贷市场不发达，中小企业在贷款时常常面临着信贷歧视。体制内金融机构更愿意给体制内的机构（国企和地方融资平台）贷款，而体制外的民营企业和中小企业则很大程度上要依赖影子银行。在需求倒逼与信贷紧缩的背景下，影子银行以金融创新的名义逐渐大行其道。

2013 年年初央行购汇被动吐出大量基本货币，于是通过发行中央银行票据、提高准备金率等手段回收过多的流动性，引发了实体经济流动性的阶段性紧张。以影子银行为主的金融创新开辟了一条流动性新路径，同时也加大了对流动性的依赖及其敏感程度。全社会债务融资需求持续上升，这在总量上推升了银行体系流动性的需求，造成了 2013 年 6 月的“钱荒”事件，银行间隔夜回购利率、同业拆借利率均创历史新高。2014 年以“城投债”等基础资产为标的的同业杠杆迅速增长，虽然其目的是通过“贷”转“债”解决地方政府债务问题，却引发新一轮金融同业投机的交易型危机。2014 年 10 月 2 日发布了《国务院关于加强地方政府性债务管理的意见》（国发〔2014〕43 号），明确提出剥离融资平台公司政府融资职能，融资平台公司不得新增政府债务。虽然城投公司的银行信贷融资渠道受到了严格监管，但影子银行体系通过“表外行为”拓展了城投公司的融资渠道，带动融资平台对外融资规模整体增长。

截至 2016 年年底，中国的广义影子银行规模已经达到 95.95 万亿元，占银行业资产规模比重的 44%。银行非传统信贷业务规模达到 17.1 万亿元（其中委托贷款业务规模为 13.2 万亿元，未贴现承兑汇票规模为 3.9 万亿元）、非银金融机构资产管理业务规模达到 71.18 万亿元（其中资金信托余额为 15.91 万亿元，证券公司资产管理业务规模为 17.82 万亿元，保险资产管理业务规模为 10.06 万亿元）、其他融资类业务规模为 7.65 万亿元（其中财务公司贷款余额为 1.86 万亿元，P2P 网络贷款余额为 2.04 万亿元，小额贷款公司为 0.62 万亿元，金融租赁合同余额为 0.93 万亿元，融资类担保余额为 2.2 万亿元）。

直至 2016 年 5 月 9 日，中央正式提出“三去一降一补”（去产能、“去库存”、去杠杆、降成本、“补短板”），将金融去杠杆作为首要任务。2017 年，是金融去杠杆和严监管的一年，在严监管之下银行理财规模开始掉头向下，从最高 30 万亿元逐步下降到 28 万亿元左右，其中，同业理财萎缩达 5 万亿元至 6 万亿元。金融资本不再是产业资本的服务商，而被视为潜在危害者。一方面，始于 2017 年的金融监管风暴压缩了影子银行融资，一定程度上截断了融资流向实体经济的血管。另一方面，地方政府去杠杆政策和地产调控政策对实体经济融资需求的打压导致基建和地产投资增长在 2018 年明显放缓。2018 年以来，央行大力鼓励银行加大对实体经济和中小企业的信贷支持，并且多次以定向降准或者全面降准的方式来为银行提供低成本资金。2018 年下半年，监管则逐渐放松：资管新规细则明确了公募理财产品可投非标且部分可使用摊余成本法计量；理财新规将产品起投点从 5 万元降至 1 万元且公募产品可间接投资股票；理财子公司管理办法更是在投资范围、销售门槛、代销渠道等方面均有所放松。至此，资管新规、银行理财新规、银行理财子公司管理办法，共同构成了银行理财业务的监管框架，未来理财业务的开展将变得更加规范化。

（二）影子银行与货币创造

中国货币创造的主要渠道包括贷款、外汇占款及证券投资。从存量上看，贷款始终是货币创造的最主要渠道。"四万亿"投资刺激计划和影子银行规模扩大带动 2009 年以来各项贷款的规模显著增大。由于影子银行的极大利益，大量银行理财资金以委外方式通过非银行金融机构加杠杆投资，加大了存款类金融机构与非存款类金融机构的信用利差，使大量的金融资源依附蚕食地方政府、国有企业、房地产业，对实体经济尤其是民营经济造成金融资源的基础效应，很大程度上扭曲了金融资源配置，从金融结构失衡演化为经济结构失衡。因为同业存款基本不缴纳法定存款准备金，银行理财在表外不占用银行资本，传统的信用创造与货币供给的监管约束产生缺位，利率敏感度低。由于地方政府事实上的国家信用背书，以及土地质押的有力保障，金融业的顺周期行为与政府的资金渴求迅速形成了"利益共同体"，形成了庞大的影子银行体系，基本游离于传统金融监管之外。

影子银行主要由金融机构类影子银行和民间融资类影子银行构成。金融机构类影子银行的信用创造机制的运作仍然与传统银行体系密切相关。居民存入银行的存款总量中大部分用于发放贷款，余下部分作为准备金存放或购买其他短期金融资产，银行通过理财产品的方式从公众手中获得资金，随后将募集资金作为银行贷款发放给待融资企业，产生了新的信用创造机制。

与金融机构类影子银行的信用创造机制的运作不同，民间融资类影子银行的信用创造主要是通过私下的借贷活动进行。居民存入银行的存款总量中大部分用于发放贷款，余下部分作为准备金存放或购买其他短期金融资产。待融资个人或企业以欠条等作为凭证，获得贷放资金。民间融资类影子银行在传统银行体系外产生了新的债权债务关系，实现了信用创造。

近年来，我国影子银行体系发展迅猛，且结构日趋复杂化，不仅加剧了市场流动性风险系统性风险，还在一定程度上干扰了货币政策调控，影子银行实际上是银行的延伸和替代。首先，影子银行体系通过金融稳定状况对货币政策产生系统性影响。其次，影子银行体系活跃势必会加快货币流动速度，对央行的基础货币调节及其货币供应调节也有着潜在影响。再次，影子银行体系削弱了货币政策工具的效力。影子银行体系通过各种形式将贷款包装、销售或转移，使融资行为明显“脱媒”，从而削弱了货币信贷规模控制等数量型调控工具的效力。最后，影子银行体系的信用创造加大了货币政策调控的难度。

中国的影子银行助长了由政府平台、国有企业和房地产行业所主导的银行信贷系统内生缺陷。由于国有企业和政府平台常常负担着推动地方经济增长的任务，也与地方政府官员政治升迁捆绑在一起，依靠国家信用和“刚性兑付”，主导了银行的资源配置倾向。同时房地产行业作为地方政府推动土地财政和地区规划的重要组成部分，能够为银行提供更为直观可靠的利润回报。这几方面原因造成了长期以来银行对风险较高的中小企业的信贷歧视并导致影子银行的迅速扩张。地方政府付出了昂贵的融资成本，从成本角度推动土地价格上行，继而造成了房地产的非理性繁荣，隐约显现美国次贷危机的信用逻辑。

（三）金融监管与社会融资总量

由于影子银行的传统监管与统计的缺失，建立在基础货币与货币乘数之上的传统检测指标 M2 逐渐失真，金融监管一方面调整监管政策，让大部分表外业务（实质上的信贷融资扩张）回归表内，另一方面引入社会融资总量的信用创造监管新指标，从银行体系报表的资产方角度来对金融规模进行检测，比较真实地反映经济中的信用创造。

2010 年 11 月，中国人民银行调查统计司开始研究、编制社会融资规模指标。社会融资规模从金融机构资产方出发，统计一定时期内（每月、每季或每年）实体经济从金融体系获得的资金额。相较于新增贷款指标，社会融资规模指标涵盖了从季度到月度、从全国到分省、从增量到存量的全指标体系，能多角度、全方位地反映各类融资支持实体经济的状况、融资结构变化、地区发展差异、行业发展趋向、经济运行边际变化等，对促进金融支持实体经济具有重要意义。

社会融资总量与 M2 分别代表了金融体系的资产方和负债方，是一枚硬币的两面，两者从不同方面反映了货币政策传导的过程。具体而言，社会融资总量和 M2 都涵盖了银行发放人民币贷款、企业债券融资（银行持有部分）和银行投放非银（投向实体经济部分）。两者的不同之处在于，社会融资总量包括企业债券融资（非银行持有部分）、非金融企业境内股票融资、未贴现银行承兑汇票、信托贷款、存款类金融机构资产支持证券以及贷款核销。M2 主要包括外汇占款变动（国外净资产变动）、财政投放（对政府债权变动）、银行投放非银（对其他金融部门债权变动）和货币概览的其他负债。虽然中国货币政策操作正在逐步从数量型调控转向价格型调控，但经济结构中还存在一些对利率不敏感的部门，因为不同利率水平之间没有形成以市场为导向的传导链条，金融市场尚未全面形成市场决定的价格体系。因此，利用 M2 和社会融资总量等数量型货币政策中介目标或监测指标可以起到良好的过渡作用。

2016 年受到金融去杠杆的影响，银行投放非银的资金受到压缩，影子银行全面收缩，社会融资中表外融资大幅萎缩，社会融资总量和 M2 的差异逐渐扩大。尽管我国信贷供应向银行表内回流在一定程度上弥补了影子银行信贷供给，但银行信贷所能提供的部分毕竟是有限的。2019 年以来社会融资增速的持续下降也恰恰反映了这一事实，货币宽松并不必然推动信用扩张。影子银行萎缩带动 2018 年下半年 P2P 平台频频爆雷，不断触发市场上的信用违约事件，揭示了市场资金供应紧张，信贷风险偏好下降。在这样的情况下，更应密切关注金融机构资产端的变化，采取合理的政策措施。社会融资规模指标能有效监测、及时反映金融机构资产端的情况。

三　利率形成机制与传导机制

（一）利率市场化与利率传导

利率市场化推进的目标就是使利率水平由市场决定，随着货币政策基本理念上对规则性和透明度的强调。自 20 世纪 80 年代以来，随着利率市场化的推进，以价格型调控为主的货币政策逐渐取代数量型调控为主的货币政策。这主要是因为数量型调控的有效性有所降低，而价格型调控的传导过程更加优化。早期货币理论家 Thornton（1802）和 Wicksell（1936）认为，短期利率应该成为货币政策操作目标。Walsh（2010）通过期限结构的预期假说提出，长期名义利率取决于对未来短期利率的预期。Woodford（2003）也指出，中央银行影响产出从而影响定价决策的能力取决于其影响政策利率未来路径的市场预期的能力。

Taylor（1993）提出的泰勒规则（Taylor rule）高度概括了价格型货币政策工具的作用机理和操作准则。其作用机制是：中央银行通过对政策利率的调整，影响市场实际利率水平，引导市场参与主体的储蓄、投资和消费等行为向中央银行政策意图方向调整，从而达到对宏观经济进行调控的目的。在泰勒规则下，政策利率是中央银行货币政策的操作目标，实际利率是中央银行货币政策的中介目标，产出与通货膨胀水平是中央银行货币政策的最终目标。

利率市场化的核心是操作目标能否有效地传递到中介目标，即政策利率的变化能否有效传导至实际利率，由于实际利率主要由金融中介的存款利率和存贷利差构成，其中存贷利差受市场化程度、制度环境和外部监管等诸多因素影响。因此，政策利率难以有效传导至利差，以致政策利率的调整难以有效影响实际利率，导致价格型货币政策调控难以实现预期效果。央行到金融机构的货币传导与利率市场化还算顺畅和灵动，从金融机构到实体经济的传导与利率市场化则遭遇梗阻或扭曲。

正是基于上述理论发展，货币政策调控从相机抉择向强调规则性和透明度转变，逐渐发展为“单一目标、单一手段（调节短期利率）”的政策框架。单一目标就是货币政策仅盯住 CPI 或核心 CPI，其典型代表就是通胀目标制。货币政策以“价”作为主要调节手段，需要相对完整的金融市场、利率敏感的微观主体和充分弹性的汇率机制。

对社会融资规模和金融环境的把控需要依靠银行体系的流动性，以市场利率作为目标，明确宣布和维持既定的政策利率水平，建立利率走廊机制。我国在较大程度上仍以实现“量”为目标。一般而言，在金融创新和金融市场发展加快的背景下，货币需求函数越不稳定，以价为目标就会越好。

央行的货币扩张是否能带动实体经济中经济活动的活跃，就要看在两个节点上传导是否顺畅：其一，央行的基础货币投放是否能带来商业银行体系广义货币的派生；其二，商业银行广义货币的派生是否能够带来实体经济的活跃。利率的传导机制大致可以抽象为政策利率—银行负债端利率—银行资产端利率—企业融资成本的过程，其中每一个环节传导效率的微小损耗最终会造成利率传导渠道的不畅。2013 年之前，中央银行操作利率对货币市场利率、国债利率、企业债券利率和贷款利率均有较为显著的传导关系。但 2013 年后，也就是后危机时期，由于经济系统出现了一系列问题，金融资源配置与货币政策传导机制出现阻滞，中央银行操作利率传导贷款利率的作用却出现了下降，短期利率和国债利率波动加大。

当前利率传导受阻需要包括货币政策的调整，金融监管和财政政策的配合在内的一系列措施多管齐下。在经济下行、信用收紧的环境中，预算软约束和信贷额度管理制度导致了信贷偏向，对其他微观主体尤其是小微企业产生了挤出效应，尤其是房地产或是固定资产比重较大等具有优质抵押品的行业以及地方政府融资平台极大地阻碍了货币政策和利率传导。如何构筑适应我国当前经济发展阶段的价格型货币政策调控体系，在利率市场化的基础上增强货币政策价格型调控工具的有效性，是一项理论和实践层面的长期任务。

（二）利率体系建设与基准利率设定

我国利率体系主要包括四类重要利率：货币政策利率、银行间市场利率、交易所利率、银行的存贷款利率。

第一类是货币政策利率，即央行与银行间资金融通形成的利率。货币政策利率是央行执行货币政策的主要渠道，央行所使用的诸多货币政策工具都能够形成利率，并进一步对银行间市场、金融市场、实体经济中的各种利率产生影响。目前中国的货币政策利率共9类，包括公开市场操作利率、中央银行票据发行利率、中期借贷便利利率、抵押补充贷款利率、再贷款利率、常备借贷便利利率、再贴现利率、法定存款准备金利率以及超额存款准备金利率。

第二类是银行间市场利率，主要在银行间市场进行，按有无抵押物担保划分，可分为回购利率和拆借利率。其中较重要的利率包括银行间质押式回购利率（R007）、存款类机构质押式回购利率（DR007）、回购定盘利率（FR007）、银银间回购定盘利率（FDR007）、买断式回购利率（OR007）、银行间同业拆借利率（IBO007）、存款类同业拆借利率（DIBO007）和上海银行间同业拆放利率（SHIBOR）。

2007年1月上海银行间同业拆借利率（SHIBOR）正式发布，其基准性地位逐步夯实。伴随其影响力逐步增强，以SHIBOR为基准的衍生产品市场不断深化，SHIBOR为商业银行内部资金转移定价（FTP）提供了定价基准，与FTP价格之间实现了较好的互动。

第三类是交易所利率，即银行间市场外非银机构与合格投资者间的资金融通形成的利率。其中较重要的包括上交所进行的质押式回购利率和深交所进行的质押式回购利率。

第四类为银行的存贷款利率，也是目前中国利率体系中对实体经济影响最直接的利率指标。但是贷款利率同其他利率间的相关性却存在分化现象，利率传导并不通畅。在存贷款基准利率的机制下，由于商业银行贷款主要参照贷款基准利率，目前货币市场利率较低而贷款基准利率维持不变，商业银行缺乏下调贷款利率的动力，这往往强化了贷款利率刚性。

有观点认为可以通过贷款基准利率（LPR）来定价，这一方法有利于信贷市场利率的稳定。但是 LPR 的变动相对迟缓，由此可能削弱货币政策的传导。2013 年央行启动了贷款基础利率（Loan Prime Rate，LPR）集中报价和发布机制。自 LPR 发布以来，其走势就与贷款基准利率基本一致，对现存的贷款利率定价机制并没有起到显著的补充或者改进作用。因此，如果 LPR 要继续存续，就需要转变 LPR 的形成机制，使 LPR 与市场利率而非贷款基准利率更紧密地联系起来。国际上典型的 LPR 形成机制有三种：第一，LPR 由商业银行依据成本加成的方法计算，对市场利率变动不敏感，如印度的 PLR（Prime Lending Rate）与 BLPR（Benchmark Prime Lending Rate）。第二，LPR 与政策利率挂钩，如美国的 LPR 为联邦基金目标利率加 300bp。第三，LPR 由商业银行自主决定，与市场利率挂钩，如日本的 LPR 与货币市场利率关系较为密切。这种定价方法的优势在于，政策利率的调整能够 100% 传递至贷款利率。然而，由于政策利率与商业银行负债成本之间可能出现分歧，在一定条件下这种 LPR 定价方法可能引发商业银行息差过度收窄的风险。

（三）公开市场业务与银行间交易市场

随着传统货币数量调控有效性的日益下降和基础货币投放渠道的变化，货币政策向价格型调控模式转型的必要性和迫切性日趋上升。我国针对货币价格调控方式转型开展了大量政策创新工作，发挥中长期政策利率作用，引导央行利率政策指导体系和调控市场利率，并逐步得到了金融市场的认同。

银行间市场的形成过程，既形成了初步完整的利率结构体系，又为央行的公开市场操作提供了高效率、市场化的平台。我国利率走廊机制的目前框架是，以常备借贷便利（SLF）利率为上限、以超额准备金存款利率（市场上也有认为公开市场逆回购利率）为下限、通过公开市场操作调控市场利率在合意区间运行。银行间同业拆借市场利率是整个金融市场利率的基础。

在选择货币政策工具上，考虑到利率走廊的内在机制的支付清算需求、意在短期资金利率调控，所以主要考虑 3 个月以内的相关操作，目前可能涉及的操作是公开市场逆回购、SLO、SLF 和 MLF。虽然这几种货币政策工具本质都是向银行投放流动性，但具体功能各有侧重，逆回购是传统的公开市场操作工具，以引导市场利率归于目标利率。

然而，以同业业务和表外理财为代表的金融创新业务削弱了货币政策工具效力，对利率政策提出了挑战。尽管表外业务为实体融资提供了一定支撑，但其对货币政策和利率传导效率的损耗也十分显著。表外资产负债循环以及个人信用贷款资产负债循环的依托均是房地产，其内生动力来自千百年的土地政策以及群体的心理预期，而实体企业的资产负债行为目前内生动力不足，因此银行无论是从表外到表内还是收紧房地产信用贷款等自主降杠杆的方式，只是削弱了闭环的边界，这些闭环的削弱从逻辑上与实体企业的闭环无关，从而难以将资金引流入实体经济，严重削弱了货币政策工具的效力。

受利率市场化、金融改革深化等多方面影响，商业银行在业务上不断创新，如通过表外理财减少资本监管制度约束，减小存款分流压力，通过同业业务扩大低成本资金来源。然而受新业务的影响，银行与非银金融机构的联系更紧密，资金往来更加复杂频繁，利率的传导也因此变得更为复杂。获取资金难度的差异导致中小银行发行同业理财和同业存单的成本居高不下。

综上所述，中国在基准利率锚定、利率市场化、公开市场业务、银行间货币市场等方面取得了长足的进步。可以说，从央行到商业银行、货币市场的货币政策的传导形成了较为有效的机制，也形成了一套比较完整的利率“频谱”，较好地管理了商业银行乃至金融市场的流动性。但是，由于后危机时期经济出现复杂性，影子银行的金融创新带来纷扰，使银行机构向实体经济的货币政策传导出现了扭曲和梗阻，机制的“下半段”一定程度上失灵，给货币政策调控带来了巨大挑战，也使利率市场化和价格型调控效果无法最终落地。

四　非常规货币政策的中国实践

（一）后危机时期的金融资源错配

2014—2016 年，在监管的不断挤压之下，同业业务创新成为影子银行的主要形式，即“同业业务—委外投资—标准化资产”模式，资金的流向转移至债券等标准化产品。同业非理性膨胀严重干扰了利率传导机制，地方政府融资平台发行的城投债（包括企业债、中期票据、短期融资券和公司债等）成为地方政府融资的影子银行的主体，而且由于相当一部分城投债为银行所购买，这部分城投债从银行资产负债表外的影子银行转身变成表内银行的影子。由于地方政府参与了融资平台公司的征信活动，地方政府信用对城投债做了隐性担保，以城投债等基础资产为标的的同业杠杆迅速增长，引发新一轮金融同业投机的交易型危机。2016 年金融紧缩，债券类价格暴跌，金融机构损失惨重，股权质押等融资行为不但没能帮助企业缓解融资约束，反而带来了市场恐慌和股价动荡。2017—2018 年上市公司股权质押危机，使实体经济的信用危机愈演愈烈，极大程度上冲击了上市公司的资产负债表，大股东易位与传统民营创业者的无奈退出严重挫伤了中国的企业家精神。

当前我国货币政策框架正经历从数量型向价格型的转变，经济环境中非市场因素和市场因素并存，使我国货币政策的传导具有特殊和复杂的微观基础。鉴于后危机时期的金融乱象，政府逐渐感觉到经济结构问题和金融资源配置不合理谐振产生的严重后果，随即出台了一系列金融调控政策。在“去杠杆”的调控基调下，密集的金融监管政策对影子银行业务的“一刀切”式打压，以及地方政府去杠杆和地产调控政策，使实体经济遭受重创，银行“惜贷”“畏贷”“懒贷”现象滋生蔓延，让货币政策传导路径阻塞。于是，中国人民银行的传统宽松措施只能传导到银行间市场，而无法带动社会融资的增长。央行传统的总量调控工具解决不了信用配置中的结构性问题，更有甚者还产生了“逆向选择”，使金融资源在国有经济与民营经济之间、虚拟经济与实体经济之间的分配不均越发严重。加之，我国债权融资占比较高，商业银行作为信贷渠道传导的主要途径，在政策规制和利润考核机制的约束下，其目标往往与货币政策调控目标存在差异，很大程度上弱化了货币政策的传导效果。金融市场由银行金融机构主导，银行借贷依然占社会融资规模的 50% 以上；金融市场尤其是股权市场发展滞后，使中央银行更多地依赖信贷渠道来影响需求和价格，导致货币政策调控对企业融资成本在传导过程中存在一定的塞滞。

同时，我国还存在“二元经济”特征，即国有经济和非国有经济并存，中小微民营企业面临的融资问题更为突出。从融资供给层面看，大型商业银行存在惜贷现象，由于地方政府平台和国有企业存在“刚性兑付”，银行更倾向于对地方政府平台、大型国有企业提供资金支持；从融资需求层面看，民营企业的信息不对称程度高，经营风险较大，由于缺乏政府支持，作为经济生命线的中小型企业几乎无法从银行为主的金融体系中获得贷款。在这样的背景下极易把投资者导向追逐短期高利、不追求长期回报，对资本市场的发展产生极大的挤出效应。

（二）结构性货币政策工具

有鉴于此，中国人民银行在继续推进利率市场化的同时，暂时淡化了货币规则的市场化进程，尝试中国版本的非常规货币政策，进行各种定向与短期的货币政策调控，实行“精准医疗”，以求一定程度上修复失灵或扭曲了的货币传导机制，恢复银行体系的信用创造功能，形成中国特有的货币政策调控框架。在技术工具层面，中国货币政策调控快速转型为“精准滴灌”，利用中期借贷便利（MLF）、常备借贷便利（SLF）、补充抵押贷款（PSL）、短期流动性调节工具（SLO）等措施，实现流动性调控的期限精准化，利用定向再贷款、非对称降息、定向降准等工具，实现流动性调控的方向精准化。2018 年 12 月 19 日中国人民银行推出了新的货币政策工具定向中期借贷便利（TMLF），带有结构性定向释放流动性，为民营企业和中小企业提供较为稳定的长期资金来源、降低其融资成本。表 9-1 列出了我国中央银行近些年陆续推出的创新货币政策工具，从各个方面进行了详细对比。

表 9-1　　央行创新型货币政策工具

工具	中文名称	推出时间	主要目的	参与方
SLO	短期流动性调节工具	2013 年年初	无特定	部分政策性银行和全国性商业银行
SLF	常备借贷便利	2013 年年初	无特定	部分政策性银行和全国性商业银行
PSL	抵押补充贷款	2014 年 4 月	“三农”、小微贷款	部分政策性银行和全国性商业银行
MLF	中期借贷便利	2014 年 9 月	“三农”、小微贷款	部分政策性银行和全国性商业银行

续表

工具	中文名称	推出时间	主要目的	参与方
TLF	临时流动性便利	2017年1月	临时流动性支持	大型商业银行
CRA	临时准备金动用安排	2017年12月29日	春节期间现金支出扰动	全国型商业银行
TMLF	定向中期借贷便利	2018年12月19日	小微企业、民营企业	大型商业银行
工具	操作方式	期限	抵押物	
SLO	央行主动操作超短期逆回购	7天以内	国债、央行票据、政策性金融债、政府支持机构债券、商业银行债券	
SLF	金融机构发起，与央行一对一交易	1—3个月	高信用评级的债权类资产及优质信贷资产	
PSL	央行定向发放，以同业存款形式分批提取使用	3—5年	高等级债券资产和优质信贷资产	
MLF	央行定向发放	3个月、6个月、1年	国债、央行票据、政策性金融债、高等级信用债、不低于AA级的小微企业、绿色和“三农”金融债券等	
TLF	央行定向发放	28天	无须抵押或质押	
CRA	央行定向发放	30天	无须抵押或质押	
TMLF	央行定向发放	3年	有待明确	

资料来源：中国人民银行官网。

短期流动性调节工具（Short - term Liquidity Operations，SLO）由中国人民银行于2013年年初推出，按7天期市场化利率招标方式通过央行主动操作超短期逆回购，分为正回购和逆回购。抵押物包括国债、央行票据、政策性金融债、政府支持机构债券、商业银行债券。

常备借贷便利（Standing Lending Facility，SLF）由中国人民银行于2013年年初推出，主要由金融机构发起，与央行一对一交易。对象主要为政策性银行和全国性商业银行，抵押物包括高信用评级的债权类资产及优质信贷资产。

抵押补充贷款（Pledged Supplementary Lending，PSL）是由中国人

民银行于2014年4月推出，期限为3—5年。操作方式主要通过央行定向发放，以同业存款形式分批提取使用，抵押物为高等级债券资产和优质信贷资产。

中期借贷便利（Medium－term Lending Facility，MLF）是由中国人民银行于2014年9月推出，服务于“三农”和小微贷款。对象为符合宏观审慎管理要求的商业银行、政策性银行，抵押物包括国债、央行票据、政策性金融债、高等级信用债、不低于AA级的小微企业、绿色和“三农”金融债券等。

临时流动性便利（Temporary Lending Facility，TLF）是由中国人民银行于2017年1月推出，操作期限28天。TLF的操作不需要抵押券，对银行的LCR考核没有影响。TLF表明了央行积极支持大行向市场融出资金的态度，TLF无须如逆回购和MLF一般要求银行质押债券，对银行LCR考核影响小。

临时准备金动用安排（Contingent Reserve Arrangement，CRA）是由中国人民银行于2017年12月29日创设，主要为满足春节前商业银行因现金大量投放而产生的临时流动性需求，面向全国性商业银行发放，可临时使用不超过2%的法定存款准备金，使用期限可达30天。

定向中期借贷便利（Targeted Medium－term Lending Facility，TMLF）是由中国人民银行于2018年12月19日推出，主要面向小微企业、民营企业发放。对象为符合要求的大型商业银行，期限为3年。TMLF进一步加大金融对实体经济，尤其是小微企业、民营企业等重点领域的支持力度。

为提高银行永续债（含无固定期限资本债券）的流动性，支持银行发行永续债补充资本，中国人民银行近期决定创设央行票据互换工具（Central Bank Bills Swap，CBS），公开市场业务一级交易商可以使用持有的合格银行发行的永续债从中国人民银行换入央行票据。央行票据互换工具可以增加持有银行永续债的金融机构的优质抵押品，提高银行永续债的市场流动性，为加大金融对实体经济的支持力度创造有利条件。

与此同时，发达国家经验显示国债可作为央行实施货币政策的主要工具。央行在二级市场买卖部分国债，作为货币供给与调节市场利率的一种手段，这不仅意味着以推动中小银行回归本源将是未来金融体制改革和发展民营经济的主要着力点，也在一定程度上为解决目前货币政策传导机制不畅给出了方案，即要以完善的银行体系来为不同的实体经济服务。然而，中国在货币政策调控的创新也带来了金融实践的迷惘以及货币理论的争论。

五　货币政策框架的系统性方案

目前中国的货币政策调控框架可以概括为“三个结合”：数量型调控与价格型调控相结合、传统货币工具与结构型货币工具相结合、规则型政策调控与相机抉择型政策调控相结合。在当前的状况下，流动性问题（实体经济的生存与信用可得性）凌驾于价格性问题（实体经济的盈利性与资金成本）之上，如果一味坚守市场化路径，央行的总量调控无法解决金融资源配置的结构性问题，反而由于逆向选择愈加扭曲。这种矛盾的局面显然不是一个市场经济应该处在的常态，可以说是后危机时期的一种临时性、非常规的过渡框架。央行的宏观调控应当立足于建立长期稳定的货币政策架构，即如何从数量型调控与价格型调控相结合过渡到以价格型调控为主、从传统货币工具与结构型货币工具相结合过渡到以传统货币工具为主、从规则型政策调控与相机抉择型政策调控相结合过渡到以规则型政策调控为主的现代货币政策调控框架。

显然，中国的非常规货币政策的逻辑基础与西方量化宽松有本质的不同。中国的货币政策传导机制更体现在经济结构和金融结构的偏差上，所以，各种非常规货币政策更体现为一种纠偏或补充，虽然短期会产生一定效果，但许多工具不符合市场逻辑，长期看对金融资源的有效配置具有不确定性和不协调性，阻碍利率市场化进程。只有在货币政策正常化基础上，才能进一步发挥货币政策的结构优化作用，创新货币政策工具，落实好金融服务实体经济各项政策措施，打破刚兑与推进利率市场化，增加利率敏感度，市场化配置资金与资本，持续推进物价稳定、金融稳定和经济增长。

在金融供给侧改革的进程中，“三个结合”的货币政策宏观调控势必延续一段时间。结合型货币调控框架要更好更快地走上市场化路径，需要实体经济、财政体制、金融环境等各方面合理改革配合，改变各种不合理与不协调因素，优化经济结构与金融结构，顺畅货币政策传导机制，最后达到利率市场化、价格型调控、货币规则的统一。

（一）经济供给侧结构性改革与金融供给侧改革的协同

货币政策调控的最终目标是金融服务实体经济的最优化，体现在宏观上是物价稳定和就业增长，微观上则是实体经济部门的活跃和可持续。如果微观经济体的各种机制不合理不协调，扭曲金融资源配置，那货币政策传导机制必将阻滞，宏观目标也不可能很好地实现。所以，实体经济的供给侧结构性改革是货币政策调控的基石。供给侧结构性改革的主基调是产业结构调整，建立真正的市场化机制，配置实体部门的真实核心竞争力，促成经济的高质量发展。从改革路径上看，提高供给侧质量，在合理解决落后产能问题的同时，为提高高新技术的业态和推广新的商业模式提供成长的阶梯（比如电信、医疗和教育领域），以满足人们消费升级的需要，进而为经济发展提供新的助力。

习近平在金融供给侧改革的讲话中指出，要建设一个规范、透明、开放、有活力、有韧性的资本市场，完善资本市场基础性制度，把好市场入口和市场出口两道关，加强对交易的全程监管。要围绕建设现代化经济的产业体系、市场体系、区域发展体系、绿色发展体系等提供精准金融服务，构建风险投资、银行信贷、债券市场、股票市场等全方位、多层次金融支持服务体系。这样，货币政策才能充分发挥利率锚的作用，货币规则才能变得简单透明，稳定市场预期，从而稳定价格，缓和经济波动，扶助经济增长，达到货币政策的宏观目标。

合力解决金融结构失衡的核心问题是改善股权与债权的失衡，通过金融资源助力新经济。在以债权为主的金融结构环境下，其内在契约形式会有相应的利弊。银行是提供信用的传统中介，但是银行借贷到期都必须偿还相应的本息，否则就视作违约并处置抵押物。同时，无论私人部门流动性怎样，贷款到期必须无条件筹集足额资金进行偿还操作，再等候下一笔信贷，这样损害了私人部门流动性平滑以及信贷资金在实体经济中的使用效率。此外，银行信贷要求良好稳定的收入流、利润以及足量的抵押物，大型企业、房地产、政府平台成为银行信贷资源的最大占有者，对民间资本、“新经济”资本挤出效应明显。

当前金融体系主要依托银行信用供给与资本市场服务于实体经济。金融供给侧改革就是要打造金融结构的第二支柱，即多层次的资本市场，尤其是股权市场，从而建立长期资本形成的第二条主要路径。要改变金融结构的先天不足，就需要打造资本市场的新格局。金融服务的要点从银行转向投行，从债权转向股权，从资金转向资本。股权资本具备更好的稳定性和长期性。股权筹资是基于各股东共识的一种合作投资，利益分享，风险共担。同时，股权资本也具有更好的长期性，不会形成企业现金流的巨大波动，有利于企业制定长期的经营策略，提高资金使用效率，较债权资本有明显优势。另外，从企业杠杆角度看，利用股权资本替换债权资本，在增加企业债务率分母的同时减少其分子，对降低企业债务率，增强企业资信和风险抵抗力，优化企业报表，都有重大的意义。

此外，供给侧结构性改革以绿色金融推动经济转型升级，也是培育经济增长新动力的重要方面。以金融创新推动绿色金融持续健康发展，有助于传统农业、制造业等进行转型升级，带动绿色市场的有机扩展，从而实现经济的平稳较快发展。目前，我国绿色信贷增长呈现健康发展态势，我们应该积极探索绿色金融的运作方式，这不仅有利于改善我国绿色企业面临的财务困境，而且为绿色金融发展探索更多可复制推广的经验和模型，为实施创新驱动发展战略和支持实体经济绿色转型提供更多可能性，让绿色金融成为金融供给侧与经济供给侧结合的友好范式。

（二）宏观调控政策的协同

货币政策调控的有效传导和最终效果，与其他宏观政策调控有紧密联系，需要共同协调合作，才能保证宏观经济目标的实现。但这种紧密联系和合作不代表着宏观政策的混合和模糊，而应该建立在清晰分工、明晰权责的基础上。

首先，必须厘清财政政策与货币政策的关系，正确看待财政投资的软约束与货币信用的顺周期行为，杜绝财政与央行之间的模糊制度安排。稳健的货币政策保持松紧适度，进一步强化逆周期调节。要保持货币金融条件与经济平稳增长及物价稳定的要求相匹配，既要防止货币条件过紧引发风险，也要防止“大水漫灌”加剧扭曲和继续累积风险。

要彻底重构中国金融信用文化，首先必须限制隐性政府信用的泛滥，坚决限制政府对所谓融资平台以及国有企业的信用背书，从政府考核机制、中央与地方财政关系、地方人大监督等层面推动改革，从根本上减轻地方政府软预算约束和过度融资的冲动，真正解决国有企业隐性担保、刚性兑付的问题，让国企与民企享受资本市场和金融机构的平等待遇。同时，做好投资者风险教育，杜绝一切非存款类投资理财的刚兑现象，让债务与投资合约在法律框架内公平合理解决。这样，才能实现市场理性的风险收益观和合理的收益率、利率频谱，理顺金融结构，更好地优化金融资源配置。

其次，推进供给侧改革与新经济必须与财政政策有机配合，一方面应以需求适度扩张来舒缓结构优化改革所衍生的外溢性张力，另一方面也不应忽视财政政策的供给效应。若能将财政政策与产业政策、区域政策、微观政策与货币政策协调配合，就能改善供给结构与质量，提升经济运行效率。另外具有供给效应的财政投资不仅短期内可以拉动需求，而且长远看亦能形成高效率的资本积累，优化潜在总供给，为经济长期增长注入稳健动力。与此同时，若能允许民企进入高利润而被国企垄断的行业，比如烟草、电信、电力、石油化工等，就能有效刺激民间投资，修复商业信用。高利润行业的投资具有很高的商业信用属性，自然会吸引银行信贷，降低企业的营商成本，包括降息、降税，减费，降低油、电、物流成本。企业承担的税费、资金、人力和运营成本都很高，严重侵蚀了利润。企业在低收益环境下只有把成本降下来，才能稳定预期，恢复投资意愿，商业信用才能修复。此外，银行在当前环境下支持民营经济和小微企业，最大的“瓶颈”不是内部激励问题，而是商业信用的缺损和不足。政策性担保可以迅速为中小企业增信，修复商业信用载体，是当前应该重点着力的政策方向。

六　小结

2013 年开始，美国进入后危机时期，金融恐慌得到有效缓解，经济逐渐复苏。美联储逐步开始了量化宽松货币政策的退出（Tapering Out），并进行缩表操作，逐步提高利率，意图回复到常规货币政策框架内，让利率机制和货币规则重新发挥作用。经过 3 年多的沟通、试探、操作，目前利率已在上升通道中，并伴随着对经济的预期变化进行调控。

但是，中国的非常规货币政策的逻辑基础与西方量化宽松有本质的不同。中国的货币政策传导机制更体现在经济结构和金融结构的偏差上，所以，各种非常规货币政策更体现为一种纠偏或补充。这些政策的最终效果不宜过分夸大，比如有些工具有悖市场逻辑，长期看对金融资源的有效配置具有不确定性和不协调性，阻碍利率市场化进程，也不利于货币规则的实施，整体看来只能是后危机时期中国经济特定新常态下的权宜之计。

因此，货币政策调控的整体思维，有赖于经济结构调整的推进，振兴新经济，摆脱政府投资路径依赖、房地产经济路径依赖；也有赖于金融结构调整的进展，摆脱资本形成对银行信用的路径依赖，发展资本市场与股权文化，让金融资源得以有效配置。这样，货币政策才能充分发挥利率锚的作用，货币规则才能变得简单透明，稳定市场预期，从而稳定价格，缓和经济波动，扶助经济增长，达到货币政策的宏观目标。

参考文献

连平：《影子银行——野蛮生长抑或应运而生》，2018 年，www. laohu-caijing. com/news/17534. html。

鲁政委：《LPR 改革猜想：国际不成功实验与中国抉择》，2019 年，news. hexun. com。

马骏：《疏通货币政策传导机制需要系统性分析框架和许多配套改革》，清华金融评论，2018 年 8 月 8 日。

明明：《流动性理论与分析》，中国金融出版社 2015 年版。

钱学宁：《新旧动能转化与中国金融结构变革》，《银行家》2018 年第 9 期。

任泽平：《中国利率市场现状：七大利率如何传导?》，泽平宏观，2018 年。

盛松成、翟春：《中央银行与货币供给》，中国金融出版社 2015 年版。

孙国峰：《货币政策回顾与展望》，《中国金融》2019 年第 2 期。

吴晓灵：《理解央行货币政策工具，引导预期》，2019 年，http：//www. wallstreettt. com/1782039。

伍戈、李斌：《货币数量、利率调控与政策转型》，中国金融出版社 2016 年版。

徐高：《人造的流动性陷阱与两难的人民银行》，2019 年，http：//www. wallstreetcn. com/articles/3472653。

殷剑锋、王增武：《影子银行与银行的影子》，社会科学文献出版社 2013 年版。

张晓慧：《中国货币政策》，中国金融出版社 2012 年版。

Taylor, John B. , "Discretion versus Policy Rules in Practice", *Carnegie – Rochester Conference Series on Public Policy*, 1993, Vol. 39, pp. 195 – 214.

Taylor, John B. , "The Monetary Transmission Mechanism: An Empirical Framework", *The Journal of Economic Perspective*, 1995, Vol. 9, No. 4, pp. 11 – 26.

Thornton, Henry, 1802, *An Enquiry into the Nature and Effects of the Paper Credit of Great Britain*, edited by Friedrich A. Hayek, New York: Rinehart and Co. , 1939.

Walsh, Carl E. , *Monetary Theory and Policy*, The MIT Press, 2010.

Wicksell, Knut, *Interest and Prices: A Study of the Causes Regulating the Value of Money*, London: Macmillan, 1936.

Woodford, Michael, *Interest and Prices: Foundation of a Theory of Monetary Policy*, Princeton University Press, 2003.

第十章　后危机时期的财政政策

一　引言

本轮金融危机爆发之后，美国联邦政府实施了好几轮积极的财政政策（activist fiscal policy）（Auerbach et al.，2010）。2008 年 2 月实施了临时减税，2008 年 7 月又实施了首次购房者税收抵免。2009 年 2 月，随着《美国复苏与再投资税法》（American Recovery and Reinvestment Tax Act，ARRA）出台，财政赤字达到了顶峰。该法案包括减税、对个人和各州的转移支付，以及政府采购，这些措施导致的预算赤字增加相当于 GDP 的5.5%。此后，财政刺激计划继续实施，出台了更具有针对性的措施。2009 年夏季的“旧车换现金”临时计划，旨在刺激旧车换新车，2009 年11 月和2010 年7 月延长和扩大首次购房者信贷。与此同时，世界主要经济体也采取了类似措施，比如英国的临时消费税减免和中国的“四万亿”刺激计划。确实，金融危机和经济衰退为重新采取激进主义财政政策提供了令人信服的条件（Auerbach，2009）。在金融危机 10 年后，随着经济条件的变化和经济研究的进展，财政政策在促进经济稳定方面的作用发生了很大变化。我们已经从一种共识，即自动稳定器应成为反周期财政政策的主要工具，转变为另一种共识，即相机抉择的财政政策在应对衰退时具有重要价值（Auerbach，2017）。

在西方发达经济体，对财政政策的信念和实施具有明显的周期性。Hansen（1951）指出，在20 世纪20 年代价格稳定被认为是最重要的宏观政策目标，对应的政策工具是公开市场操作和贴现率，财政政策受制于财政稳固信条而被认为作用有限。在本轮金融危机爆发之前，经济学家也普遍认为，财政政策作为一种反周期工具是没有用的（Feldstein，2009；Taylor，2009；Blanchard et al.，2010）。然而，1929—1933 年的大萧条爆发后，罗斯福新政开启了全方位的刺激，此后凯恩斯主义逐步开始大行其道，财政政策被广泛运用。本轮金融危机爆发后，华盛顿和各国政府立刻开始制订大规模的财政刺激计划，大学、政府和企业的经济学家也广泛支持这项计划，财政政策应该束之高阁的想法被再次抛弃。

在不同经济环境下，宏观经济政策的效力是不同的。国际金融危机后，发达经济体的安全利率（safe interest rate）持续处于低位，这在限制了货币政策有效性的同时，也增加了财政政策的空间。Blanchard 和 Summers（2017）指出，尽管面对赤字、债务大幅增加以及对债务可持续性的担忧，一些发达经济体的财政扩张迅速转向财政整固和稳定债务，但是，经由金融危机，财政政策作为稳定工具的地位已经重新建立。目前发达经济体的财政政策面临不同寻常的环境：一方面，主要由于金融危机，按历史标准衡量，相对于 GDP 的债务水平很高；另一方面，政府债务的利率却又很低（而且在许多国家，在未来的一段时间内，政府债务利率预计仍将低于增长率），按照历史标准，政府债务偿还水平相对于 GDP 来说是很低的。因此，发达经济体如今面对的一个主要宏观经济问题，就是如何在初始债务高但政府债券利率较低的环境下实施财政政策。

积极财政政策的效果受制于经济周期阶段和政府债务水平，以及二者之间的互动关系。当经济主体担心财政扩张会引发金融危机时，高债务水平会影响财政政策的有效性。在经济衰退时期，这种影响会更大。但是，在经济衰退时期，由于私人部门的消费和投资意愿下降，财政政策的挤出效应本该更小，财政乘数本该更大。因此，如果财政乘数扩大的效应超过了风险规避的效应的话，即使在高债务国家，市场对财政扩张的反应也可能会非常积极。如果财政乘数在经济衰退时期足够大的话，经由经济增长加速，那么财政扩张就有可能降低政府债务与 GDP 的比值，从而实际上降低政府债务负担（Auerbach，2017）。总之，在后危机时期，人们越来越认识到财政政策的复杂性，很多传统的简单信条遭遇挑战。

在中国，由于特殊的经济进程和经济体制，政策制定者很少会考虑全面限制财政政策的使用，也很少会真正怀疑财政政策的作用。我们考虑更多的问题是如何通过体制改革，使财政成为国家治理的基础和重要支柱，完善财政政策作为国家治理体系的重要手段，突出其公共性、非营利性和法治化的特征（高培勇，2014）。不过，在当前局面下，我国财政政策和西方发达国家更多的是共性和共同关注的问题，其核心都是在保证政府债务可持续性的前提下，充分发挥财政政策的逆周期调节作用。本轮金融危机过后，在西方，财政政策可以说是“复活”了；在我国，财政政策也需要进行更加深入的反思。本章后面的论述安排如下：第二部分讨论财政乘数，在介绍国外研究进展的同时，也关注我国的相关研究；第三部分探讨政府债务的可持续性，强调低利率背景下的新观点；第四部分是财政政策和货币政策的配合；最后是小结。

二 财政乘数

大萧条之后，相机抉择的积极财政政策成为西方发达经济体的常备工具，凯恩斯革命之后，这一工具更是获得了强有力的理论支撑。但是，在20世纪70年代所谓“大通胀”或“滞胀”之后，财政刺激的消极作用充分显现，货币政策成为发达经济体调控经济的主要手段。2008年国际金融危机爆发以来，由于货币政策触及“零利率”下限，财政政策又开始受到特别的重视。全球各大经济体不同程度地主动实施了财政扩张，有关财政政策的研究也开始成为热点。实施相机抉择的积极财政政策，首先碰到的问题就是财政乘数的大小，即财政收支的变化会对经济增长造成多大影响。

（一）“财政乘数之争”

2009年，时任美国总统经济顾问委员会主席的克里斯蒂娜·罗默估计（Romer & Bernstein，2009），在美国永久性增加相当于1%的GDP的政府购买，大约会拉动实体经济增长1.6%。但是，美国斯坦福大学教授、共和党人约翰·泰勒提出了不同意见（Cogan et al.，2010），他们的研究表明政府支出乘数远小于1。如表10-1所示，Romer和Bernstein（2009）的估计显示，政府支出的效果两年后达到1.57的最大值，而且一直持续到第四年；但是Cogan等（2010）根据流行的Smets-Wouters模型（Smets & Wouters，2007）所做的估计表明，政府支出的效果递减，而且从第一年开始就一直小于1，存在挤出效应。

表10-1　　美国政府支出乘数

时间	2009年第一季度	2009年第四季度	2010年第四季度	2011年第四季度	2012年第四季度
Romer/Bernstein	1.05	1.44	1.57	1.57	1.55
Smets/Wouters	1.03	0.89	0.61	0.44	0.40

资料来源：Cogan et al.，2010。

泰勒等（Cogan et al.，2010）指出，出现不同结果的主要原因在模型的选择和设定。罗默使用的是传统凯恩斯主义（Old Keynesian）模型，其中没有引入理性预期，而引入理性预期的新凯恩斯主义模型，其财政乘数一般都是小于1。其实，在理性预期革命以来一直占据主流的DSGE框架下，很难得出财政乘数大于1的结果（Christiano et al.，2011）。这是财政政策被束之高阁的理论基础，也是在本轮经济危机爆发前理论界和决策层广泛秉持的观点。然而，在危机后财政政策被广泛使用的背景下，急需从理论上和实证上得出财政乘数大于1的结果。这一方面可以解释已经实施的财政政策确实有效，另一方面也要为未来可能采取的进一步的财政刺激提供学理基础。

（二）大于1的财政乘数及其区间

Christiano等（2011）发现，当名义利率对政府支出的增加没有反应时，政府支出乘数可能远远大于1。在他们的模型中，如果名义利率由泰勒规则控制，财政乘数与此前的研究相同。因为在泰勒规则下，扩张性财政政策会导致名义利率上升，从而给产出和通胀带来压力，产生挤出效应。但是，在一种自然情况下，名义利率对政府支出的增加没有反应，那就是名义利率触及零利率下限时。此时，名义利率不会因应扩张性财政政策而上升，财政乘数会非常大。因此，为应对名义利率零下限的冲击，一些经济体大幅增加政府支出可能是社会最优选择。Farhi和Werning（2016）使用标准的封闭和开放经济新凯恩斯主义模型证实，在流动性陷阱（零利率下限约束）时期，确实存在乘数效应大幅提升的可能性。在开放经济条件下，不需要税收调整的外部融资，其财政乘数也可能会非常大，尤其是当国内商品的平均边际消费倾向较高或政府支出冲击持续时。

其实，财政乘数本来就不应该一成不变，而是应该随着支出方式、周期阶段和经济体的特征不同而发生变化。Auerbach和Gorodnichenko（2012）使用状态转换模型发现，首先，在衰退和扩张时期，支出乘数的大小存在巨大差异，财政政策在衰退时期比扩张时期有效得多；其次，不同支出项目的乘数也不同，其中军费支出的乘数最大；最后，在模型中控制财政冲击的可预测成分，往往会增加衰退中的财政乘数。Ilzetzki等（2013）认为，政府支出冲击的影响关键取决于国家的特征，比如发展水平、汇率制度、贸易开放程度和公共债务。基于44个国家政府支出的最新季度数据库，他们发现：①工业化国家政府消费增长的产出效应要大于发展中国家；②在先定汇率（predetermined exchange rate）制度下运行的经济体，其财政乘数相对较大，但在弹性汇率制度下运行的经济体，其财政乘数为零；③开放经济体的财政乘数小于封闭经济体；④高负债国家的财政乘数为负。因此，财政乘数往往表示为一个区间，而不是一个固定数值。比如，Ramey（2011a）指出，从1939年到2008年，美国政府支出乘数在0.6—1.2，Ramey（2011b）则表示，美国在本轮金融危机后所采取的经济刺激方案，其所面临的财政乘数数值范围可能在0.8—1.5。

（三）中国的财政乘数

自从加入WTO，我国经济和全球经济的联系越来越密切，同时，我国的经济学研究和国际学术界的联系也越来越密切。国际金融危机爆发后，随着国外关于财政乘数研究的兴起，我国学术界开始研究我国的财政乘数。总体来说，相关研究表明，我国的财政乘数显著大于1，表明我国财政政策相对有效，政策实施仍有空间。同时，相关研究在方法上也已经和国际接轨。

王国静、田国强（2014）构建的 DSGE 模型考虑了政府消费和私人消费之间的埃奇沃斯互补性、政府投资的外部性和财政政策规则的内生性，并利用贝叶斯方法对模型的结构参数进行估计。该模型得到的长期政府消费乘数和政府投资乘数分别为 0.8 和 6.1，脉冲反应分析表明政府消费冲击和政府投资冲击对经济的影响有很大的不同。陈登科、陈诗一（2017）将金融摩擦和低利率纳入 DSGE 模型，测算出中国财政支出的产出乘数、就业乘数、消费乘数与投资乘数分别为 3.44、2.13、0.73 和 5.74，而忽视这两个特征将较大程度上低估中国财政乘数，金融摩擦与低利率彼此加强，导致综合效应显著高于二者各自效应的简单相加。

王立勇、徐晓莉（2018）构建的 DSGE 模型，在考虑金融摩擦和企业异质性特征的基础上，研究政府消费性支出和政府投资性支出对国有经济与非国有经济影响的差异性。结果表明：政府消费性支出和政府投资性支出对国有经济和非国有经济的影响机制存在较大差异；政府投资性支出乘数（4.12）大于政府消费性支出乘数（0.27）；政府投资性支出和消费性支出对国有经济的乘数效应（分别为 2.79 和 0.16），均大于对非国有经济的乘数效应（分别为 1.33 和 0.1）；金融摩擦和企业异质性对政府支出乘数有显著影响，当不考虑企业异质性和金融摩擦时，政府支出乘数较大，纳入企业异质性和金融摩擦特征后，政府支出乘数明显变小。李明、李德刚（2018）基于约 1600 个县级单位 1994—2007 年的样本，采用工具变量法评估了中国地方政府财政支出乘数。回归结果显示，中国地方财政支出乘数在 1.15—1.46。

三　政府债务可持续性

与财政乘数小于 1、积极财政政策存在挤出效应的理念相对应，人们对政府债务高企一直心存警惕，甚至是恐惧。因此，相机抉择的积极财政政策实际上遭遇了双重枷锁。一方面，它对经济增长的促进作用有限；另一方面，它会造成债务累积的后遗症，这最终会拖累经济增长，甚至引发金融危机。金融危机后，在财政乘数的研究有所扭转的同时，关于政府债务可持续性的研究也出现新的转机。在流动性陷阱和经济衰退等环境下，财政乘数可能远远大于1；同样，在安全利率长期维持低位的情况下，可持续的政府债务水平可能会更高，而政府债务的处理可能也没有那么棘手。

（一）"政府债务恐惧论"

金融危机爆发后，率先贩卖"政府债务恐惧论"并且获得广泛引用和关注的，是哈佛大学教授、IMF 经济学家卡门·莱因哈特（Carmen M. Reinhart）和肯尼斯·罗格夫（Kenneth Rogoff）。Reinhart 和 Rogoff（2010）指出，公共部门债务的急剧攀升很可能成为本轮国际金融危机最持久的遗产之一。他们研究了 44 个国家的经验，涵盖了长达两个世纪的中央政府债务、通胀和增长数据。主要发现是，在发达国家和新兴市场，高债务/GDP 水平（90% 以上）与显著较低的增长结果相关。Reinhart 等（2012）进一步识别了发达经济体自 1800 年以来的 26 次公共债务过剩（public debt overhang）时期，标准是公共债务总额占 GDP 的比例在 5 年里都超过 90%。总体而言，考察这些时期可以得出如下结论：首先，一旦公共债务过剩持续了 5 年，它很可能会持续 10 年甚至更长时间（除非债务是由一场结束的战争造成的）。这些时期中债务过剩的平均持续时间为 23 年。其次，公共债务过剩并非总是导致实际利率上升和金融危机，实际上，在这 26 次公共债务过剩中，有 11 次的实际利率平均水平与其他时期相当，甚至更低。最后，有很强的证据表明，公共债务过剩确实会减缓经济增长。如果考虑到这些公共债务的持续过剩，即使每年增长率的下降很小，累积的损失也将导致产出水平大幅下降。

然而，这些研究随后即遭遇了诸多批评和质疑。其中，最具新闻性和戏剧性的批评来自 Herndon 等（2014）。他们复制 Reinhart 和 Rogoff（2010）的研究结果，发现选择性地排除可用数据、编码错误和不恰当的汇总统计权重，会导致严重的误判，这些误判错误地反映了 20 个发达经济体的公共债务与 GDP 增长之间的关系。1946—2009 年，公共债务/GDP 比率超过 90% 的国家平均实际年 GDP 增长率为 2.2%，而不是莱因哈特和罗格夫公布的 -0.1%。1946—2009 年的 GDP 增长率中值和

1790—2009 年的 GDP 增长平均数和中值的公布结果均被类似的方法错误所扭曲，尽管扭曲程度略小于 1946—2009 年的平均数。他们发现，与莱因哈特和罗格夫所秉持的观点相反，当公共债务水平超过 GDP 的 90%时，GDP 增长的平均值和中位数与公共债务/GDP 比率较低时并没有显著差异。公共债务与 GDP 增长之间的关系因时期和国家而异，他们提供的证据完全不支持莱因哈特和罗格夫的观点，即公共债务/GDP 比率超过 90% 会持续降低一个国家的 GDP 增长。

有很多研究结果进一步加强和印证了上述批评。来自 IMF 的 Pescatori 等（2014）利用 IMF 财政事务部门开发的新的经验方法和数据库，发现没有任何证据表明，特定的债务门槛，会对中期增长前景造成显著损害。此外，他们发现，在理解未来增长前景时，债务轨迹可能与债务水平同样重要，因为债务高但不断下降的国家的增长速度似乎与债务较低的国家一样快。他们还发现一些证据表明，债务越高，产出波动性越大。Panizza 和 Presbitero（2014）以 OECD 国家为样本，采用工具变量法研究公共债务是否对经济增长产生因果影响。研究发现债务与增长之间存在负相关，然而，一旦纠正了内生性，这种负相关关系就消失了。他们指出，没有证据表明公共债务和经济增长具有负向因果关系，即高债务会损害经济增长，这一结果挑战了很多财政整固和财政紧缩政策的学理基础。

（二）公共债务的财务成本和福利成本

如图 10－1 所示，本轮金融危机过后，英国、美国和日本的政府债务与 GDP 的比值都出现明显上升，引起了各方的警觉。然而，从更长的历史周期看，像日本这样超过 GDP 两倍的政府债务，英国至少已经经历了两次。对美国来说，目前超过 GDP 水平的债务水平，在第二次世界大战之后也遇到过。英国和美国随后的去杠杆进程都旷日持久，主要依赖的力量是控制赤字水平和经济增长率长期稳定地大于国债收益率，后者尤其重要（常欣等，2017）。

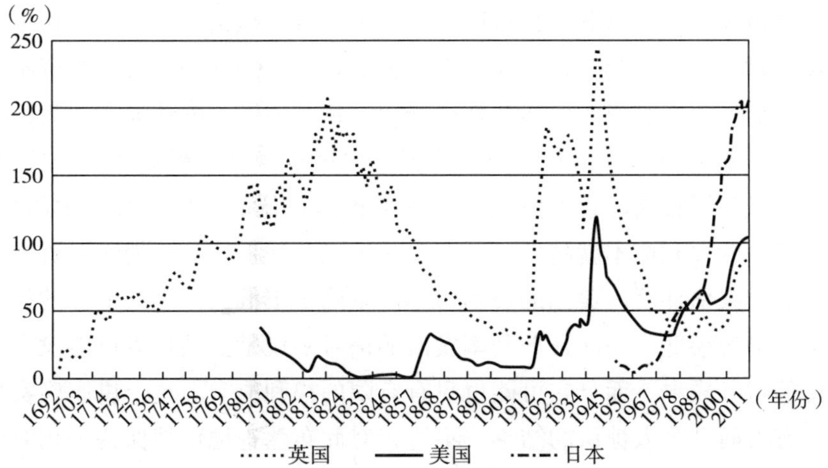

图 10－1　英国、美国、日本政府债务与 GDP 的比值

资料来源：(1) 英国数据来自 www. ukpublicspending. co. uk；(2) 美国数据来自 Wind 和 Congressional Budget Office；(3) 日本数据来自日本财务省。

当前全球经济的一大特点，就是发达经济体处于低利率环境中，这为政府债务的可持续性提供了新的可能。大衰退和国际金融危机使许多发达国家陷入低利率和高水平的公共债务，一般而言，这会限制政策制定者抗击下一次衰退的能力，因为新的财政刺激计划会受到这些已经沉重的公共债务负担的掣肘。然而，以发达国家为样本，Auerbach 和 Gorodnichenko (2017) 发现，政府支出冲击不会导致债务与 GDP 之比或借贷成本持续上升，尤其是在经济疲弱的时期。事实上，根据相关指标，在疲弱的经济中实施财政刺激反而可以提高财政的可持续性。即使在公共债务高企的国家，对激进的相机抉择的财政政策的惩罚似乎也很小。

2019 年 1 月，著名经济学家奥利维尔·布兰查德 (Olivier Blanchard) 在美国经济学会发布了题为《公共债务与低利率》的主席演讲 (Blanchard, 2019)。重点是在安全利率较低时公共债务的成本，可以从四个方面总结。第一，美国的安全利率预计将在很长时间内保持在经济增长率之下，这种情况更多的是一种历史常态，而不是例外。第二，如果未来和过去一样，就意味着债务滚动 (debt rollover)，即在不增加税收的情况下发行债务，很可能是可行的。坦率地说，就是公共债务可能没有财务成本。第三，即使没有财务成本，但公共债务会减少资本积累，因而产生福利成本。布兰查德指出，福利成本可能比通常认为的要小。因为安全利率是经风险调整的资本回报率，安全利率低于增长率，说明经风险调整后的资本收益率实际上也是很低的。资本收益率越低，公共债务的福利成本就越低。第四，相关经验证据显示，消除对资本和租金的错误估计后，美国的资本边际产量确实很低，即公共债务的福利成本也确实很低。因此，低利率发出的信号不仅是公共债务可能没有实质性的财务成本，而且它可能也只有有限的福利成本。这个讲座确实得到了有力而且令人惊讶的结论。不过，对此布兰查德仍然保持了相对保守的态度，补充说明该研究并非鼓励政府增加债务，而是丰富当前关于财政政策和公共债务的讨论。

这些对政府债务相对友好的研究都有一个前提条件，即低利率环境，低利率隐含着的一个结果是经济增长率大于债务利率。这就是众所周知的债务率稳定条件（余永定，2000；李扬等，2012），即如果收入增长率大于债务利率，以收入水平衡量的债务就不会增长，债务就是可持续的。汤铎铎（2014）还指出了债务率稳定条件和 Piketty（2014）的所谓“资本主义基本矛盾”具有一致性，即经济增长率和利率的大小长期来看具有非常重要的意义。如果利率持续大于经济增长率，一方面会导致资产泡沫和债务膨胀，另一方面会恶化收入分配，加剧贫富分化。从图 10－2 可以看出，改革开放以来很长时间内，我国都处在经济增长率大于国债利率的有利经济环境中，这对我国公共债务的可持续性和收入、财富分配都有积极和正面的作用。

（三）研究方法

21 世纪以来，尤其是国际金融危机爆发后，公共债务可持续性问题作为宏观经济学财政政策研究的焦点，再一次凸显。最近二三十年发展起来的各种宏观经济研究的方法和工具，在这个领域都得到了淋漓尽致的运用。D'Erasmo 等（2016）很好地总结了这一领域的三个研究进路。第一个是从实证层面入手，以政府跨期预算约束为基础，用计量方法估计政府的财政反应函数，以刻画和衡量政府的清偿力；第二个从理

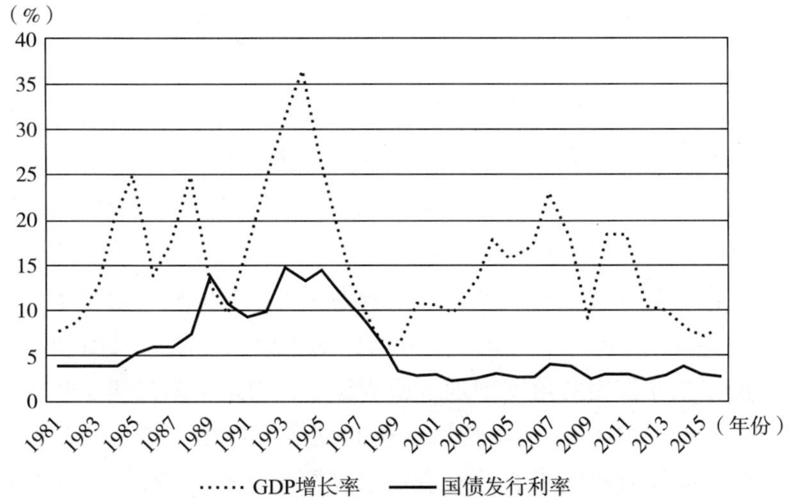

图 10－2　中国名义 GDP 增长率和国债发行利率

资料来源：Wind。

论层面入手，用 DSGE 方法构建结构性的开放经济模型，讨论不同财政政策的经济后果；第三个是所谓国内违约方法（Domestic Default Approach），该模型的假设允许政府对国内债务从法律上（de jure）违约，而不仅仅是利用通货膨胀手段进行所谓实质性（de facto）违约。D'Erasmo等（2016）指出，三种方法各有优缺点，而未来研究的主轴是要将金融因素真正引入模型，这可以说是未来宏观经济学发展的最大机会，也是最大挑战。

四　财政政策与货币政策的配合

在国际金融危机爆发前，主流观点认为财政政策只能是自动稳定器，激进的相机抉择不但无用而且有害，同时，货币政策推崇一个工具（政策利率）和一个目标（通货膨胀率）。因此，其所谓的财政政策和货币政策配合，很大程度上只发生在理论探讨中，比如教科书中IS－LM框架下的松紧搭配。国际金融危机后货币政策遭遇零利率下限，除实施非常规货币政策外，财政政策也重新进入政策制定者的工具箱，财政政策与货币政策的协调配合立刻丰富起来，成为更有意义和内容的论题。

首先，在国际金融危机之后，财政政策和货币政策的分野更加模糊了。其实，财政政策和货币政策的区分本来就不像教科书上讲得那么清晰。中央银行发行货币可以直接获得铸币税，通过货币政策维持适度通货膨胀可以让公共债务贬值，从而间接让政府得到好处，这些货币政策其实都包含了财政政策的成分。西方学界流传已久的所谓价格水平的财政理论（fiscal theory of the price level），则从税收、政府支出和央行公开市场操作相互作用的角度来理解通货膨胀，而这本来是属于货币政策的范畴（Sims，2016）。金融危机后美联储实行量化宽松政策，很多批评者认为美联储直接购买非政府资产已经严重超越了货币政策的范围。因为，美国政府通过发行债券来购买同样的非政府资产，完全可以复制美联储的政策（Auerbach，2017）。因此，从某种意义上说，财政政策和货币政策密切关联，二者甚至有很多交叉重叠的部分。

其次，财政政策和货币政策除了有很强的互补性，还有一定程度的替代性。在一方丧失功能或受到限制的时候，另一方往往可以发挥更大的作用。由于法律程序的问题，财政政策在危机救助方面存在较大时滞，此时中央银行就可以“越俎代庖”，用非常规的货币政策来解决问题。在货币联盟的情况下，由于缺乏统一的中央财政，也需要利用货币政策来完成传统财政政策才能完成的功能。然而，正如前文所述，在货币政策遭遇零利率下限的时候，财政政策的乘数会变大，从而可以发挥更大作用。面对这种互补性和替代性，中央银行独立性的要求也要重新理解（Sims，2016），不能过分死板和教条。维持央行的独立性固然是可取的，但是，经济学家们已经不把降低央行独立性将导致通胀上升的观点视为理所当然。

再次，缺乏配合的财政政策和货币政策组合，可能会导致非常严重的后果。Bianchi 和 Melosi（2018）研究了在一场衰退中，当经济主体意识到货币和财政部门之间缺乏协调时，可能会出现两种严重结果。在第一种情况下，市场预期财政政策调整最终将得到实施，但由于缺乏货币政策配合，政策制定者无力提高通胀预期，这就难以拯救经济走出衰退。另一个可能的结果同样糟糕，经济会陷入债务增长、产出下降和通胀压力上升的恶性循环。在这种情况下，货币当局提高政策利率也不能控制通胀，而且通胀在冲突期间实际上还会加剧。美国 20 世纪 70 年代所遭遇的所谓“滞胀”就是这样一种情形。因此，最重要的解决方案就是要让市场相信政策制定者协调货币政策和财政政策的能力，同时，还要将短期政策干预与长期财政可持续性问题明确区分开来。

最后，金融危机后实施量化宽松政策，致使中央银行资产负债表大幅扩张，在某些情况下可能需要财政注资来“救助”中央银行（Del Negro & Sims，2015；Sims，2016）。在很多人的观念中，中央银行可以发行货币，扮演最后贷款人的角色，其自身不会出现偿付和流动性问题。但是，实施量化宽松不仅导致中央银行资产负债表规模扩张，其结构也复杂化了，即风险资产和有息负债大量增加，导致资产和负债风险特征之间的错配加剧。这就带来了央行市场价值净值大幅波动的风险，甚至可能出现负值。在这种情况下，央行正常的货币政策操作就会受到影响，在市场预期和政治舆论转向的时候，就有可能引发恶性通胀和金融危机。

五　小结

国际金融危机和大衰退不但改变了宏观经济学，也改变了宏观经济政策。就财政政策而言，就是从消极的自动稳定器转变为积极的相机抉择。这种转变的最大触发因素是急迫的现实需要，从这个意义上看，实证研究和理论解释远远滞后于经济现实。

在西方发达国家，危机后的最大现实是公共债务高企和低利率。持续的低利率为宏观经济学研究提出了全新课题，就财政政策而言，政府支出乘数、债务可持续性以及财政政策和货币政策的协调配合等问题都需要重新思考和回答。总而言之，零利率下限似乎解除了财政政策的双重枷锁，在这种环境下，政府支出乘数似乎要远大于 1，而政府债务也不那么令人恐惧了，甚至连一直被视为“金科玉律”的中央银行独立性观点也遇到挑战。

在我国，除让财政政策在各所有制经济主体中实现“国民待遇”这类具有中国特色的问题外（高培勇，2018），还有很多问题与西方发达经济体完全类似和相同。尤其是我国国有企业和地方政府当前面临较大的债务压力，未来很有可能会转化为中央政府债务，因此，西方的相关经验和理论无疑具有宝贵的借鉴意义。

参考文献

常欣、张莹、汤铎铎:《中国政府部门的债务风险》，载《管理结构性减速过程中的金融风险》，社会科学文献出版社 2017 年版。

陈登科、陈诗一:《中国财政支出乘数研究——基于金融摩擦与“超低利率”的视角》，《金融研究》2017 年第 12 期。

高培勇:《论国家治理现代化框架下的财政基础理论建设》，《中国社会科学》2014 年第 12 期。

高培勇:《中国财税改革 40 年：基本轨迹、基本经验和基本规律》，《经济研究》2018 年第 3 期。

李明、李德刚:《中国地方政府财政支出乘数再评估》，《管理世界》2018 年第 2 期。

李扬、张晓晶、常欣、汤铎铎、李成:《中国主权资产负债表及其风险评估（上、下)》，《经济研究》2012 年第 6、7 期。

汤铎铎:《经济增长、财富积累与收入分配》，载《经济蓝皮书（夏季版)：中国经济增长报告 2013—2014》，社会科学文献出版社 2014 年版。

王国静、田国强:《政府支出乘数》，《经济研究》2014 年第 9 期。

王立勇、徐晓莉:《纳入企业异质性与金融摩擦特征的政府支出乘数研究》，《经济研究》2018 年第 8 期。

余永定:《财政稳定问题研究的一个理论框架》，《世界经济》2000 年第 6 期。

Auerbach, Alan J. , “Implementing the New Fiscal Policy Activism”, *American Economic Review*, 2009, Vol. 99 (2), pp. 543 –49.

Auerbach, Alan J. , “Fiscal Policy”, Presented at the “Rethinking Macroeconomic Policy”, Conference, Peterson Institute for International Economics, 2017.

Auerbach, Alan J. , and Yuriy Gorodnichenko, “Measuring the Output Responses to Fiscal Policy", *American Economic Journal: Economic Policy*, 2012, Vol. 4 (2), pp. 1 – 27.

Auerbach, Alan J., and Yuriy Gorodnichenko, "Fiscal Stimulus and Fiscal Sustainability", NBER Working Paper, No. 2017, 23789.

Auerbach, Alan J., William G. Gale, and Benjamin H. Harris, "Activist Fiscal Policy", *Journal of Economic Perspectives*, 2010, Vol. 24 (4), pp. 141 – 64.

Bianchi, Francesco, and Leonardo Melosi, "The Dire Consequences of the Lack of Monetary and Fiscal Coordination", *Journal of Monetary Economics*, forthcoming, 2018.

Blanchard, Olivier J., "Public Debt and Low Interest Rates", *American Economic Review*, Forthcoming, 2019.

Blanchard, Olivier J., and Lawrence H. Summers, "Rethinking Stabilization Policy: Evolution or Revolution?", NBER Working Papers, 2017, No. 24179.

Blanchard, Olivier, Giovanni Dell' Ariccia, and Paolo Mauro, "Rethinking Macroeconomic Policy", IMF Staff Position Note, 2010, SPN/10/03.

Christiano, Lawrence, Martin Eichenbaum, and Sergio Rebelo, "When Is the Government Spending Multiplier Large?", *Journal of Political Economy*, 2011, Vol. 119 (1), pp. 78 – 121.

Cogan, John F., Tobias Cwikc, John B. Taylor, and Volker Wieland, "New Keynesian Versus old Keynesian Government Spending Multipliers", *Journal of Economic Dynamics and Control*, 2010, Vol. 34 (3), pp. 281 – 95.

Del Negro, Marco, Christopher A. Sims, "When Does a Central Bank' s Balance Sheet Require Fiscal Support?", *Journal of Monetary Economics*, 2015, Vol. 73, pp. 1 – 19.

D' Erasmo, P., E. G. Mendoza, and J. Zhang, "What is a Sustainable Public Debt?", *Handbook of Macroeconomics*, 2016, Vol. 2B, pp. 2493 – 2597.

Farhi, Emmanuel, and Iván Werning, "Fiscal Multipliers: Liquidity Traps and Currency Unions", *Handbook of Macroeconomics*, 2016, Vol. 2B, pp. 2417 –2492.

Feldstein, Martin, "Rethinking the Role of Fiscal Policy," *American Economic Review*, 2009, Vol. 99 (2), pp. 556 –59.

Hansen, Alvin H., *Business Cycle and National Income*, W. W. Norton & Company, INC. New York, 1951.

Herndon, Thomas, Michael Ash, and Robert Pollin, "Does High Public Debt Consistently Stifle Economic Growth? A Critique of Reinhart and Rogoff", *Cambridge Journal of Economics*, 2014, Vol. 38, pp. 257 –79.

Ilzetzki, Ethan, Enrique G. Mendoz, and Carlos A. Végh, "How Big (small?) are Fiscal Multipliers?", *Journal of Monetary Economics*, 2013, Vol. 60 (2), pp. 239 –54.

Panizza, U, and AF Presbitero, "Public Debt and Economic Growth: is there a causal effect?", *Journal of Macroeconomics*, 2014, Vol. 41, pp. 21 –41.

Pescatori, Andrea, Damiano Sandri, and John Simon, "Debt and Growth: Is There a Magic Threshold?", IMF Working Paper, 2014, WP/14/34.

Piketty, Thomas, *Capital in the 21st Century*, Harvard University Press, 2014.

Ramey, Valerie A., "Identifying Government Spending Shocks: It's All in the Timing", *Quarterly Journal of Economics*, 2011a, Vol. 126, No. 1, pp. 1 –50.

Ramey, Valerie A., "Can Government Purchases Stimulate the Economy?", *Journal of Economic Literature*, 2011b, Vol. 49, No. 3, pp. 673 –85.

Reinhart, Carmen M., and Kenneth S. Rogoff, "Growth in a Time of Debt", *American Economic Review: Papers & Proceedings*, 100, 2010, pp. 573 –78.

Reinhart, Carmen M., Vincent R. Reinhart, and Kenneth S. Rogoff, "Public Debt Overhangs: Advanced – Economy Episodes since 1800", *Journal of Economic Perspectives*, 2012, 26 (3), pp. 69 –86.

Romer, Christina, and Jared Bernstein, "The Job Impact of the American Recovery and Reinvestment Plan", *Council of Economic Advisors*, 2009, January 9.

Sims, Christofor, "Fiscal Policy, Monetary Policy, and Central Bank Independence", in Designing Resilient Monetary Policy Frameworks for the Future, Jackson Hole Economic Policy Symposium: Federal Reserve Bank of Kansas City, 2016, pp. 313 –25.

Smets, Frank, and Raf Wouters, "Shocks and Frictions in U. S. Business Cycles: A Bayesian DSGE Approach", *American Economic Review*, 2007, Vol. 97 (3), pp. 506 –606.

Taylor, John B., "The Lack of an Empirical Rationale for a Revival of Discretionary Fiscal Policy", *American Economic Review*, 2009, Vol. 99 (2), pp. 550 –55.

第十一章　构建中国宏观审慎监管框架

一　引言

早在20世纪70年代末国际监管合作的文件里就开始出现了宏观审慎监管的表述，1997年亚洲金融危机发生后宏观审慎监管被多次提及，一些亚洲国家和地区建立了金融稳定委员会，初步形成了防范系统性风险的宏观审慎理念并进行了宏观审慎政策尝试，但是直到2008年国际金融危机发生后宏观审慎监管才受到广泛关注，一些东亚国家在亚洲金融危机发生后采取的在当时形成一定争议的宏观审慎政策（如针对国际资本流动的托宾税等），也在2008年国际金融危机发生后得到了国际货币基金组织（IMF）和国际清算银行（BIS）等国际组织的广泛认同。

以往主流观点认为货币政策不需要关注资产价格，但是本次国际金融危机的经验教训充分显示，资产价格和金融市场的剧烈波动会对经济和物价产生明显的冲击，而以产出和价格稳定为主要目标的货币政策无法同时兼顾金融稳定，主要关注单个金融机构是否稳健运营的微观审慎监管在维护金融体系整体稳定性方面也存在缺陷。为了防范系统性金融风险的爆发，宏观经济政策需要同时追求经济稳定和金融稳定两个目标。根据丁伯根法则，一国所需的有效政策工具数量至少要和所希望达到的独立的经济目标数量一样多，即要达到一个经济目标至少需要一种有效的政策工具。在此背景下，各国政府将关注金融体系总体风险的宏观审慎政策列入经济政策的重要组成部分。

2009年，巴塞尔委员会成立了宏观审慎工作组，以宏观审慎原则为指导，对之前以微观审慎原则为指导的部分监管政策进行了修改，并形成了《巴塞尔协议Ⅲ》。2010 年，在 G20 峰会上各成员国将宏观审慎政策定义为利用审慎性工具防范系统性金融风险，从而避免冲击实体经济的政策。IMF、BIS、金融稳定理事会（FSB）等国际组织和各国中央银行针对宏观审慎政策框架开展了大量研究和政策协调。建立和完善宏观审慎政策框架被认为是对危机经验教训进行反思和金融监管体制改革的最重要成果之一。

本章讨论宏观审慎政策的主要内容和我国建立宏观审慎监管框架的相关情况，后面的论述安排如下：第二部分简单介绍宏观审慎政策的目标和工具；第三部分介绍宏观审慎政策的相关制度安排；第四部分全面刻画我国宏观审慎监管体系的构建；第五部分探讨宏观审慎政策和货币政策的协调配合，并针对我国当前经济周期和金融周期分化，提出相应政策建议。

二　宏观审慎政策的目标和工具

宏观审慎政策的根本目标是防范系统性金融风险，降低金融顺周期性的影响。IMF、BIS 和 FSB 于 2016 年联合发布的《有效宏观审慎政策要素：国际经验与教训》进一步列出了宏观审慎政策的三个中间目标：通过增加缓冲资本，增强金融体系应对总体冲击的稳健性，提高金融体系抵御系统性风险的能力；抑制资产价格和信贷投放之间的顺周期性，防范时间维度的系统性风险；解决“大而不倒”问题，防范由于金融机构之间高度关联和共同风险暴露引起的空间维度的系统性风险（IMF、FSB、BIS，2016）。

宏观审慎政策注重的是系统性风险，但监管的着力点是结构而非总量，是针对某个部门或某个市场进行的调控，如针对银行体系、房地产市场或跨境资本流动进行的调控。宏观审慎政策工具从不同的角度可进行不同的划分。IMF、FSB、BIS（2016）从时间维度将宏观审慎政策分为三类：第一类是资本类工具，包括动态准备金计提要求、逆周期资本缓冲、资本充足率要求和最低风险权重限额等；第二类是资产类工具和贷款限制，资产类工具通过限制特定部门持有特定资产的风险敞口，避免整体上在该资产积累过高风险，贷款限制包括贷款价值表、贷款收入比等；第三类是流动性工具，包括差额存款准备金要求、流动性覆盖要求、核心融资比率、存贷比等。

彭文生（2017）从应对不同的风险角度将宏观审慎政策分为三类：第一类是微观审慎监管或传统的银行监管工具的自然延伸，最重要的就是银行的资本充足率要求和拨备要求，如逆周期资本缓冲要求在信贷快速增长和系统性风险积累时期增加资本计提，使银行有足够的资本应对未来经济衰退时期可能遭受的损失，同时在一定程度上有助于抑制银行在繁荣时期信贷膨胀的能力，抑制银行顺周期性对资产价格和宏观经济波动的放大作用；第二类宏观审慎监管工具旨在限制银行的资本扩张，尤其是信贷扩张，包括房贷的首付比例要求和债务占收入比例要求等，房贷首付比例要求抑制信用和房地产价格相互促进带来的顺周期性，对降低金融周期的波动幅度尤其有帮助；第三类宏观审慎监管工具是对银行的流动性要求，分为数量型和价格型两类，数量型工具如流动性覆盖比例要求，目的在于促使银行维持足够多的流动性资产来应对未来一段时间可能出现的资金流出压力，在降低流动性风险的同时也起到抑制信贷扩张的作用，价格型工具针对银行面临的流动性风险收取费用，流动性风险越大需要交纳的费用越高。

从宏观审慎政策工具的性质角度，可以分为数量型工具和价格型工具。数量型工具包括房贷首付比例要求、债务占收入比例要求、流动性覆盖要求等，价格型工具如针对银行面临的流动性风险收取费用等，逆周期资本缓冲是数量型和价格型工具的混合体。宏观审慎工具更偏重数量型，是因为宏观审慎监管本质上是结构性政策，而价格型工具作为结构性政策手段的效率并不高。

在选择宏观审慎政策工具、进行政策决策时，需要充分考虑和权衡政策工具的成本和收益。IMF、FSB、BIS（2016）指出了需要考虑的三类政策工具成本：第一类是调整成本，资本类工具和流动性工具强制规定了金融机构资产负债表需要达到的最低比例，会给金融机构带来调整成本，可以通过渐进式或分布式收紧政策以降低成本。如巴塞尔委员会建议监管机构提前 12 个月发布通知，留给银行足够的时间达到逆周期资本缓冲要求。第二类是效率成本，应在选择宏观审慎政策工具时，更多地选择波及范围更小、更加精准的政策工具，以提升宏观审慎政策的效率，降低不必要的成本。第三类是产出成本，监管约束可能会使产出增长出现暂时的下降，带来产出成本，但是由于这些监管约束会降低危机发生概率，产出成本在长期可能会变弱并被正面影响抵消。

三　宏观审慎政策的制度安排

作为危机后才进入政策制定者工具箱的宏观审慎政策，其政策目标的有效实现不仅与政策工具的选择和实施有关，还与不同宏观审慎政策制度安排有密切关系。Nier 等（2011）指出一个国家的宏观审慎政策制度安排与六个方面的因素有较大关系，包括资源的可获得性（包括专有技术人才和高级管理人才等）、货币政策制度、金融体系的规模和复杂程度、现有金融管理制度的历史渊源、法律传统以及政治经济关系。其中，资源的可获得性、现有金融管理制度安排的历史渊源、法律传统和政治经济关系对宏观审慎政策制度安排的影响相比而言更大。

为了指导各国选择最适合本国国情的制度安排以及对现有制度安排进行调整，Nier 等（2011）提出了为有效实现政策目标，宏观审慎政策制度安排应该具备的特征和应遵循的原则，分别包括：①中央银行应该在宏观审慎政策制定中发挥重要作用；②复杂而分割的监管结构难以降低系统性风险，因此应该避免；③财政部参与政策制定是有益的，但是让财政部起主导作用会带来风险；④系统性风险防范和危机管理属于不同的政策职能，应该由不同的机构承担；⑤宏观审慎政策框架不应该影响其他现有政策的自主权；⑥宏观审慎政策制度安排应考虑到每个国家的特定情况；⑦需建立评估系统性风险的信息共享机制；⑧至少应有一家参与评估系统性风险的机构能够获得所有的相关数据和信息，该机构应是评估系统性风险水平最高的机构之一；⑨需要相关机制安排能够质疑一家机构评估系统性风险得出的主流观点；⑩制度安排应有助于提高防范系统性风险累积的意愿，并降低政策延误的风险；⑪宏观审慎政策的主要监管部门应该被授予明确的权力，通过管控市场机构的激励以降低系统性风险；⑫宏观审慎政策的主要监管部门应被授予足够大的权力，包括能够发起一项审慎工具应对系统性风险，且通过机制保证当需要时可以进一步授予更大的权力；⑬宏观审慎管理应优先降低系统性风险，其次应考虑宏观审慎工具的成本和权衡取舍；⑭为了防范政策过度或不适当，应在不损害宏观审慎政策有效性的前提下引入适当的政策透明度和问责机制；⑮央行内部金融监管机构的整合有助于货币政策、宏观审慎政策和微观审慎政策的有效协调配合；⑯当宏观审慎政策的制定和政策工具的使用无法避免分别归于不同机构时，法律框架需要赋予机构相应的权力以建议或引导其他政策制定者采取行动；⑰当不同的机构分别作出决策时，建立政策协调委员会是有帮助的，但是不一定能够克服政策协调和问责方面的问题。

IMF、FSB、BIS（2016）给出了目前在实践中宏观审慎政策的三种主要制度安排，第一种是中央银行直接承担主要的宏观审慎监管职能，宏观审慎政策由董事会或行长负责制定，如爱尔兰、新西兰和新加坡。第二种是中央银行内部专门设立的委员会承担主要的宏观审慎监管职能，如英国、中国和马来西亚。英国在国际金融危机后调整了金融监管的治理架构，英格兰银行下设货币政策委员会（Monetary Policy Committee，MPC）、金融政策委员会（Financial Policy Committee，FPC）和审慎规制委员会（Prudential Regulation Committee，PRC），分别负责货币政策、宏观审慎政策和微观审慎政策。中国在 2019 年发布的《中国人民银行职能配置、内设机构和人员编制规定》中，在中国人民银行内部增设了宏观审慎管理局，货币政策司与宏观审慎管理局在双支柱调控框架中分别承担货币政策和宏观审慎政策职能。第三种是由一个独立于中央银行的跨部门委员会承担主要的宏观审慎监管职能，委员会往往由央行主导或财政部主导，如美国、法国和德国。美国于 2010 年 7 月颁布的《多德—弗兰克华尔街改革和消费者保护法案》建立了宏观审慎政策框架，授权组建了金融稳定监督委员会（Financial Stability Oversight Council，FSOC），FSOC 主席由财政部长担任，10 名有投票权的成员包括财政部长、美联储主席、其他监管部门的负责人以及 1 名具有保险专业知识的独立成员。FSOC 主要负责识别美国的系统性金融风险、增强金融市场的自我约束以及应对各种影响金融稳定的潜在风险。

前两种以央行承担主要宏观审慎监管职能的制度安排在各国实践中更为普遍，这种制度安排的好处在于，货币政策和宏观审慎政策的协调配合在央行内部，可以提高政策制定的效率，降低政策协调的成本，央行在相关数据信息的获得处理以及对系统性风险的分析方面所具备的优势也有助于宏观审慎政策的有效制定，但是潜在的风险主要在于央行同时具有经济稳定和金融稳定两个政策目标并具有货币政策和宏观审慎政策两种政策手段时，可能产生偏重于某一政策目标或者偏重于依靠某一政策工具的情况，从而无法实现两种政策工具的最优使用。

四　中国宏观审慎管理体系的构建

（一）危机前我国蕴含宏观审慎思想的宏观经济政策

我国较早开始了宏观审慎政策方面的实践，传统的关注流动性、信贷数量和窗口指导的货币政策调控模式、2004 年推出的差别存款准备金调整机制、动态拨备制度以及针对房地产市场的调控政策等都蕴含着宏观审慎思想，因此在实施宏观审慎政策方面具有一定的实践基础。

2004 年我国开始实行差别存款准备金调整机制，将金融机构适用的存款准备金率与资本充足率和资产质量等指标挂钩，资本充足率低、不良贷款率高的金融机构适用的存款准备金率较高，而资本充足率高、不良贷款率低的金融机构适用的存款准备金率较低，从而引导货币信贷平稳增长、金融机构达到资本充足率目标，防范系统性金融风险累积。中国人民银行定期根据上一年金融机构的季度平均资本充足率和不良贷款率对存款准备金率进行调整。但是从实践看，差别存款准备金调整机制未能实现调控货币信贷增速和降低系统性风险的理想效果。

（二）差别存款准备金动态调整机制和宏观审慎评估体系

2009 年中国人民银行开始系统研究宏观审慎政策框架，并于 2011 年将货币信贷和流动性管理的总量调节与逆周期的宏观审慎理念相结合，建立了差别存款准备金动态调整机制，将差别存款准备金率与银行的资本充足率、资产质量状况、贷款增速情况等指标挂钩，具体计算公式为：差别存款准备金率 = 稳健性调整参数 ×（最低资本要求 8% + 系统重要性附加资本 + 逆周期资本缓冲 − 各行的资本充足率），稳健性调整参数主要取决于单个银行的流动性状况、杠杆比率、拨备、审计结论、信用评级、内控水平、支付结算情况、信贷政策（信贷投向、结构等）执行情况等。与2004年建立的差别存款准备金调整机制相比，差别存款准备金动态调整机制引入了更为动态、可预期和公开透明的调整规则，对货币扩张过快背景下贷款过度扩张、资本充足率过低的金融机构不仅要上缴差别存款准备金，而且可能降低或取消差别存款准备金率，差别存款准备金率的调整与更多指标挂钩，且中国人民银行按月进行相关指标的测算和调整，对信贷的调节更具有灵活性。从调控实践看，差别存款准备金动态调整机制取得了一定的效果，在促进信贷平稳增长的同时，强化了对金融机构的行为约束和引导，提高了金融机构的资本水平，改善了资产质量，增强了风险防范能力。

尽管差别存款准备金动态调整机制实施的五年时间中，有效地控制了信贷的过快增长，但是这一时期金融创新快速发展，影子银行不断膨胀，大量资金通过影子银行渠道进入实体经济，资产负债类型更为多样，仅盯住狭义贷款的差别存款准备金动态调整机制越来越难以实现逆周期的宏观审慎调控目标，继续推进利率市场化改革、人民币汇率形成机制改革等也对宏观审慎管理能力提出了更高要求，需要进一步完善宏观审慎政策框架，使其更有弹性、更加全面、更有效地发挥逆周期调节作用和防范系统性风险，因此在2016年中国人民银行将差别准备金动态调整机制升级为“宏观审慎评估体系”（Macro Prudential Assessment, MPA），提出了“货币政策+宏观审慎政策”双支柱的金融调控政策框架，其中货币政策主要针对经济稳定，而宏观审慎政策主要针对金融稳定。

宏观审慎评估体系建立了一套评估机制，于每季度末进行考核，考核对象为银行业金融机构，包括全国性系统重要性机构（N-SIFIs）、区域性系统重要性机构（R-SIFIs）和普通机构（CFIs）三类。宏观审慎评估体系从七大方面对金融机构的行为进行多维度的引导。一是资本和杠杆，通过资本约束金融机构的资产扩张行为，加强风险防范；二是资产负债，从盯住狭义贷款转为考察广义信贷，既关注表内外资产的变化，也纳入了对金融机构负债结构的稳健性要求；三是流动性，参照监管标准提出了流动性覆盖率要求；四是定价行为，评估金融机构利率定价行为是否符合市场竞争秩序等要求；五是资产质量，鼓励金融机构提升资产质量，加强风险防范；六是跨境融资风险，从跨境融资风险加权余额、跨境融资的币种结构和期限结构等方面综合评估；七是信贷政策执行，鼓励金融机构支持国民经济的重点领域和薄弱环节（见表 11－1）。

宏观审慎评估体系根据上述七大类建立了评分体系，在单项评分中，90 分以上得 A 档，60 分以下得 C 档，60—90 分为 B 档。在整体评分中，七大类指标均得 A 档，整体评分为 A 档，资本和杠杆、定价行为、跨境融资风险任意一项指标得 C 档，或其他两项及以上指标得 C 档，整体评分为 C 档，其他情况评分为 B 档。根据评分结果将存款类金融机构分为三档，A 档拟上调人民币法定存款准备金利率，B 档不做调整，C 档拟下调人民币法定存款准备金利率。姜超（2017）则进一步指出，如果 MPA 考核落入 C 档，可预期到的惩罚还可能包括差别存款准备金制度、取消或者暂停 MLF 资格、取消或暂停一级交易商资格、口头劝解、金融市场准入限制以及提高 SLF 利率等。

宏观审慎评估体系继承了差别存款准备金动态调整机制对宏观审慎资本充足率的关注，保持了逆周期调控理念，将单一指标拓展为七大类二十项指标，由原来的盯住狭义贷款拓展为关注广义信贷，广义信贷涉及各项贷款、金融市场业务、同业业务、资管业务、子公司股权投资、应收及预付款、表外理财等业务，兼顾量和价、兼顾间接融资和直接融资，提高了货币政策执行的准确性和覆盖面，减少了金融机构腾挪资产规避监管的行为。通过综合评估存款类金融机构的审慎经营情况加强逆周期调节，引导银行进行自我约束和自律管理，在一定程度上起到了防范系统性风险、维护金融稳定的作用。

表 11－1　　　　　　　　宏观审慎评估体系

	七大类	二十项指标
1	资本和杠杆	（1）资本充足率
		（2）杠杆率
		（3）TLAC

续表

	七大类	二十项指标
2	资产负债	（1）广义信贷
		（2）委托贷款
		（3）同业负债
3	流动性	（1）流动性覆盖率
		（2）净稳定资金比率
		（3）遵守准备金制度
4	定价行为	（1）信息披露
		（2）定价行为
		（3）存款定价偏离度
5	资产质量	（1）不良贷款率
		（2）拨备覆盖率
6	跨境融资风险	（1）跨境融资
		（2）外汇自律评估
		（3）外汇管理考核
		（4）跨境人民币
7	信贷政策执行	（1）信贷政策执行
		（2）央行资金运用情况

（三）住房宏观审慎政策

我国住房宏观审慎政策的最显著特点是因城施策和差别化的按揭政策，这与我国房地产市场明显的结构性特征有关。住房宏观审慎政策工具主要包括贷款价值比（首付比例）、按揭贷款利率和最长贷款年限等。贷款价值比和债务收入比等工具既能约束银行对房地产市场的风险敞口，也有助于控制房地产泡沫，国际经验显示是非常有效的宏观审慎工具，在某些情况下甚至比资本充足率、准备金率等宏观审慎工具更有效。

我国近年来的住房宏观审慎政策对房地产市场的影响总的来说较为显著。2003 年中国人民银行颁布《关于进一步加强房地产信贷业务管理的通知》。规定对购买高档商品房、别墅或者第二套以上的商品房，适当提高首付款比例，以防范房地产价格泡沫和信贷风险，这是我国住房宏观审慎政策的开端。2003—2007 年，住房价格快速上涨，在此期间，国务院、住建部、中国人民银行和银监会等部门发布了一系列文件，进行逆周期的住房调控政策，建立了差别化的住房信贷政策，主要体现在首套房的最低首付比例和按揭利率要求比较低，二套房及以上的要求比较高，对自住房和普通住房的贷款条件要求较为宽松，而对非自住房和非普通住房的要求较高等。2007 年年末之后，受货币政策和住房宏观审慎政策的影响，以及国际金融危机的冲击，住房价格滞胀后开始下跌，在这一背景下，2008 年下半年住房宏观审慎政策也开始相应转向，调降了最低首付比例和住房契税，免征印花税和土地增值税，对首次购买住房和改善性普通住房提供贷款利率优惠，中国人民银行也出台了降息降准政策，在一系列政策支持下，房地产市场开始回暖。2009 年第四季度开始，上海、北京等一线城市住房价格开始出现快速上涨，这一轮房价上涨持续到了 2013 年。在此期间，住房宏观审慎政策不仅体现在更加严格的差别化住房信贷政策，还形成了因城施策的区域差别化调控思路。2010 年，国务院办公厅发布的 4 号文件指出“地方人民政府可根据实际情况，采取临时性措施，在一定时期内限定购房套数”，在政策指引下，多个省市相继出台了针对辖内房地产市场的差别化调控政策。2014 年随着房地产市场再次回落和经济下行，住房宏观审慎政策又再次放松，如调降第一套房贷已结清的第二套房贷首付比，调降非限购城市首套普通住房的最低首付比例等，这一政策引起了 2016 年以来一线、二线城市房价的快速上升。自 2016 年 10 月起，住房宏观审慎政策被再次收紧，包括提高房贷首付比例和降低按揭贷款利率优惠等，如 2017 年 3 月北京将第二套普通住宅首付比例由 50% 提高到 60%，非普通住宅首付比例由 70% 提高到 80%，限购政策不变，相关政策又使多个火爆的一线、二线城市房地产市场出现快速降温。

尽管住房宏观审慎政策对住房价格的调控效果较为显著，但是长期看我国住房价格经历了一个长期较快上涨过程，始终未能控制在一个平稳区间。这一方面与人口结构、土地制度和住房供求等因素相关，另一方面与住房宏观审慎政策的调控思路是依据经济周期还是金融周期相关，首付比例和房贷利率等政策工具曾数次因经济下行而放松，是商品房价格进一步上涨和系统性风险逐步提高的一个重要原因。

（四）对跨境资本流动的宏观审慎政策

跨境资本流动的大幅波动可能会危害金融稳定，甚至触发系统性金融风险，因此需要在必要时采取对跨境资本流动的宏观审慎政策。亚洲金融危机和国际金融危机发生后，国际社会逐渐形成了对跨境资本流动进行宏观审慎管理的共识。李波（2018）将央行管理跨境资本流动的宏观审慎政策工具分为两类：一类是银行体系外汇头寸管理，属于数量型宏观审慎工具，主要是防止银行体系在资本流入时过度增加外币负债，在资本流出时过度囤积外汇资产。另一类是类托宾税措施，属于价格型宏观审慎工具。托宾税的本意是对外汇交易征税，后来则将与跨境资本流动相关的交易都囊括其中，从早期单纯限制短期资本流动发展成为改善资本流动期限结构的工具，并演化出无息准备金、宏观审慎管理费等多种类托宾税措施。

为了应对人民币汇率异常波动、市场主体的过度加杠杆和跨境资金的短期炒作，2015 年中国人民银行将外汇流动性和跨境资金流动纳入了宏观审慎管理范畴，主要包括以下三个方面：第一，中国人民银行在 2015 年 8 月底和 9 月中旬对银行代客远期售汇和人民币购售业务施行了宏观审慎管理政策，要求金融机构按其远期售汇签约额的 20% 缴存外汇风险准备金，并提高了跨境人民币购售业务存在异常的单个银行购售平盘手续费率，以通过价格手段抑制部分企业及境外主体汇率方面的投机行为，完善了外汇流动性宏观审慎政策；第二，2016 年 1 月 25 日起中国人民银行对境外金融机构在境内金融机构存放执行正常存款准备金率，加强了对人民币跨境资本流动的宏观审慎管理，有助于抑制跨境人民币资金流动的顺周期行为；第三，2015 年中国人民银行建立了对上海自贸区经济主体跨境融资的宏观审慎管理，将金融机构和企业跨境融资与其资本金相挂钩，设置了杠杆率和宏观审慎调节参数加以调控，并于 2016 年 1 月扩大了全口径跨境融资宏观审慎管理试点，通过调节宏观审慎参数使跨境融资水平与国际收支状况、整体偿债能力和宏观经济情况相适应，以控制杠杆率和货币错配风险。

2017 年 9 月，在市场预期合理、跨境资本流动和外汇供求恢复平衡、市场环境转向中性的情况下，中国人民银行宣布将外汇风险准备金征收比例降为零，并取消了对境外金融机构境内存放准备金的穿透式管理。2018 年 8 月，受贸易摩擦和国际汇市变化等因素影响，外汇市场再次出现了一些顺周期波动迹象，中国人民银行再次将远期售汇业务的外汇风险准备金从 0 提高到了 20%。

总体而言，2015 年之后我国采取的对跨境资本流动的宏观审慎政策具有市场化、价格型、透明、非歧视和动态调整的特征，既不属于资本管制，也不是行政性措施，相关政策实施后效果较为明显，抑制了短期投机性交易，防范了以加杠杆为主要特征的顺周期行为和货币错配风险。而根据市场环境变化将逆周期宏观审慎管理措施回归中性的动态调整行为，也有助于强化外汇市场价格发现功能，能够稳定市场预期，提高市场流动性，从而更好地服务实体经济。

五　宏观审慎政策与货币政策的协调配合

（一）宏观审慎政策与货币政策的联系

货币政策和宏观审慎政策之间的联系可主要分为货币政策促进宏观审慎政策目标实现、宏观审慎政策促进货币政策目标实现、货币政策和宏观审慎政策实施存在冲突三类。

首先，货币政策促进宏观审慎政策目标实现。比如，货币政策可以影响资产价格和金融机构的风险承担行为，从而影响金融稳定；此外，宏观审慎政策可能对产出和价格稳定产生负面影响，也可能由于政策不到位或用力过猛对金融体系乃至整体经济带来成本，而货币政策可以通过维持价格稳定为金融稳定提供重要条件。

其次，宏观审慎政策促进货币政策目标实现。宏观审慎政策可以减少货币政策对金融稳定的负面作用，并为货币政策创造更多的操作空间。比如，通过使用一些宏观审慎工具如逆周期资本缓冲，可以限制宽松货币政策导致的金融机构过度冒险和杠杆过高情况，货币政策也可以通过更小的利率变动实现货币政策目标；通过事先加强债务收入比例上限等工具，能够减少因紧缩货币政策导致的不良贷款率上升；通过使用贷款价值比等工具控制资产价格泡沫，能够缓解宽松货币政策导致的房地产价格快速上涨情况。

最后，货币政策和宏观审慎政策实施存在冲突。比如，宏观审慎政策通过抑制金融机构的过度风险承担行为，能在一定程度上减少经济波动程度，但部分货币政策是通过影响资产价格而管理经济的，从而使宏观审慎政策可能会削弱货币政策传导机制；严格加强宏观审慎政策可能会在一定程度上延缓经济从衰退中复苏，降低货币政策刺激经济的效力；而扩张性货币政策可能由于刺激资产价格泡沫而削弱抑制资产价格泡沫的宏观审慎政策效果。

总的来说，货币政策和宏观审慎政策存在不同的联系与处于不同的经济周期和金融周期趋势以及货币政策和宏观审慎政策的具体实施方式有密切关系，当经济周期和金融周期同向变动时，总体而言货币政策和宏观审慎政策能够相互助益，而当经济周期和金融周期分化时，货币政策和宏观审慎政策可能存在一定冲突。因此，下面主要讨论经济周期和金融周期分化时货币政策和宏观审慎政策的协调配合问题，并结合我国当前经济周期和金融周期分化背景提出相应建议。

（二）经济周期和金融周期分化对货币政策和宏观审慎政策协调配合的影响

由于以下三个特点，货币政策和宏观审慎政策协调配合的实际效果受到经济周期和金融周期不同走势组合的影响。第一，货币政策同时影响经济周期和金融周期，宏观审慎政策也同时影响经济周期和金融周期，两者存在传导渠道一定程度的重叠，例如收紧宏观审慎政策，包括提高银行的流动性要求、资本要求，或提高首付比例等，会抑制信贷需求或降低信贷供给的总体水平，并对实体经济起到收缩作用；收紧货币政策通过抑制金融机构的冒险行为、抑制资产价格和抵押品价值上涨、提高信贷资金成本等也会降低经济体的杠杆率、减缓资产价格泡沫的膨胀，起到降低金融风险的作用。第二，货币政策和宏观审慎政策的操作可能存在相互影响，如对金融机构提高流动性要求的宏观审慎政策将影响金融机构对中央银行流动性的需求，提高短期市场利率，从而影响货币政策操作，可能使央行被动释放流动性。第三，经济周期和金融周期之间也存在相互影响，例如房地产价格下降甚至泡沫破裂时，金融周期下行，通过债务违约率提高等影响银行信用创造，以及影响房地产上下游产业链如建材家具等行业的需求，将带来经济周期的下行压力。

上述三个特点使货币政策和宏观审慎政策会同向地共同作用于经济周期和金融周期。由于它们对经济周期和金融周期的作用是同向的，当经济周期和金融周期的走势同向时，货币政策和宏观审慎政策互相助益，而当经济周期和金融周期趋势相反时，致力于抑制金融风险的政策可能加大经济下行压力，而缓解经济下行压力的政策可能会提高金融风险，货币政策和宏观审慎政策的效果存在一定程度的相互抵消，政策配合难度提高。

目前很多观点认为在货币政策和宏观审慎政策配合时，宏观审慎政策应盯住金融周期，货币政策应盯住经济周期。中国人民银行前副行长张晓慧（2017）曾指出，我国“货币政策 + 宏观审慎政策”双支柱政策中，货币政策继续主要针对宏观经济和总需求管理，侧重于经济增长和物价水平的稳定，而宏观审慎政策则直接和集中作用于金融体系本身，抑制杠杆过度扩张和顺周期行为，侧重于维护金融稳定。但是当经济周期和金融周期走势出现分化，货币政策和宏观审慎政策效果存在一定抵消的情况下，货币政策盯住经济周期、宏观审慎政策盯住金融周期的政策目标分配可能不是最有效的。下面结合中国和美国货币政策与宏观审慎政策协调配合的历史经验，讨论当经济周期和金融周期分化情况下货币政策目标和宏观审慎政策目标分配应注意的问题。

1. 货币政策目标分配

“货币政策 + 宏观审慎政策”双支柱政策的目标是同时实现经济稳定和金融稳定，如果货币政策盯住经济周期而宏观审慎政策盯住金融周期的目标分配方式能够同时实现经济稳定和金融稳定，那么实行这种明确的政策目标分配就是最好的。但是结合 2010 年后我国影子银行的发展经历和 2003 年美国 IT 泡沫破裂后的货币政策影响，发现货币政策仅盯住经济周期而宏观审慎政策盯住金融周期可能较难同时实现经济稳定和金融稳定，因此需要讨论不同经济周期和金融周期趋势组合下的政策目标分配。

我国影子银行在 2010 年之后快速发展，反映了金融机构与监管机构之间“金融创新—加强监管—金融创新绕开监管”的过程。2010 年开始，央行对地方融资平台和房地产行业的信贷政策收紧，但上述领域的资金需求仍旧旺盛，商业银行开始将理财资金通过信托公司、券商资管、基金子公司等通道机构流向上述信贷受到约束的领域，资产出表规避了相关监管，但风险也相应提高。2013 年银监会 8 号文和 2014 年银监会 127 号文等对上述通道业务进行了限制，同时经济不景气亦导致了非标融资需求趋弱，在这种情况下，理财资金逐渐转向委外投资，商业银行通过发行同业存单或同业理财募集资金，并通过非银行金融机构的委外业务投资于标准化产品，随着资金成本的逐渐抬高，非银行金融机构开始采取加杠杆、加久期和加风险的方式提高收益，系统性风险不断升级。而同期一年期存款利率从 3.5% 下降到 1.5%，宽松的货币政策提高了金融机构的风险承担行为，尽管不断出台监管政策，但是金融机构也不断地通过金融创新绕开监管，监管总是落后于金融创新，并一步步推高了金融风险。这在一定程度上表明，在很多情况下如果没有货币政策的配合，仅依靠审慎监管政策难以实现金融稳定目标。

反观 2001 年美国互联网泡沫破灭之后，美联储推出了扩张性的货币政策，2001—2004 年连续 13 次降息，联邦基金利率从 6.5% 一直降到了 1%，并保持 1% 的超低利率达一年之久，扩张性的货币政策推动了资金流向房地产和股票市场，再和金融创新结合，逐渐累积了巨大的金融泡沫，并最终引发了次贷危机。

对比上述中美经历，在一定程度上反映出，当经济周期下行而金融周期上行时，如果微观审慎监管和宏观审慎监管框架并不足够完善，仅实行控制特定金融风险的宏观审慎政策很可能引发绕过监管的“金融创新”行为，并进一步产生新的风险，此时货币政策应尽量兼顾金融周期。而当金融周期下行但经济稳定时，针对金融周期放松货币政策可能会引发新的金融风险或引起经济过热，此时应通过放松宏观审慎政策应对金融周期下行。货币政策兼顾金融周期的前提应是存在潜在的系统性金融风险，如果金融周期下行没有对实体经济造成较大影响，此时应尽量避免货币政策对金融周期做出应对，而是由宏观审慎政策加以应对。即在经济周期下行而金融周期上行时，货币政策可能需要兼顾金融周期和经济周期；而在经济周期上行而金融周期下行时，货币政策应尽量不针对金融周期做出应对。

2. 宏观审慎政策目标分配

由于宏观审慎政策不像货币政策作用于整体经济，而是针对特定领域的失衡，因此在研究宏观审慎政策的目标分配时有必要区分不同类型的宏观审慎政策。这里将宏观审慎政策划分为针对资产价格的宏观审慎政策，如针对房地产市场的贷款价值比和房贷利率等，以及针对银行体系的、与货币政策传导渠道部分重叠的宏观审慎政策，如逆周期资本缓冲、我国综合评估银行审慎经营情况的 MPA 体系等。

首先考虑针对资产价格的宏观审慎政策，这里主要讨论针对房地产市场的宏观审慎政策。我国针对房地产市场的宏观审慎工具如贷款价值比和房贷利率等曾数次因经济周期下行而放松，如 2014 年为应对经济下行，贷款价值比被数次调降，宽松的政策导致了商品房价格的进一步上涨，系统性风险进一步提高，并且由于泡沫破裂的可能性和破裂后的负面影响进一步提高，增加了政策难度。因此资产价格上涨而经济周期下行时，由于经济下行压力而放松宏观审慎政策将很可能会促进资产价格泡沫进一步膨胀，资金进一步“脱实向虚”，并推动经济周期和金融周期的进一步分化。这在一定程度上反映了针对资产价格的宏观审慎政策应尽量避免由于经济周期下行而放松。但即使针对资产价格的宏观审慎政策工具只盯住资产价格，由于金融周期的波长比经济周期更长，有时我们难以分辨当前处于金融周期的什么位置，也即很难判断资产价格是进入长期下降趋势还是只是暂时性的调整，因此即使资产价格出现一定程度的下降，仍需对放松宏观审慎政策格外小心。美国在本次金融危机后经济严重衰退时，就是一方面长期实施“零利率”和量化宽松政策，另一方面加强宏观审慎和微观审慎政策，升级对房地产和商业银行的监管，实施沃尔克法则，限制银行的业务规模和范围，从而使美国实现了较为有效的金融去杠杆，房地产泡沫没有过度膨胀，经济也逐步进入复苏轨道。

针对银行体系的、与货币政策传导渠道部分重叠的宏观审慎政策，由于传导渠道与货币政策部分重叠，当经济周期与金融周期同向时，两者能够相互助益，而当经济周期和金融周期反向时，两者政策效果的抵消效应较为明显，例如在经济周期下行而金融周期上行时期，提高逆周期资本缓冲要求、收紧我国 MPA 评估体系等政策都会在一定程度上抵消扩张性货币政策的作用。在这种情况下，为提高政策有效性，降低政策效果的相互抵消，一方面需要在金融稳定和经济稳定政策目标之间权衡取舍，并根据优先目标进行相应的政策调整，另一方面需要通过政策创新缓解政策冲突。

（三）我国宏观审慎政策与货币政策的协调配合

国际金融危机发生后，我国经济周期和金融周期逐渐分化，以GDP增速为代表的经济周期呈下降趋势，而以信用和房地产价格刻画的金融周期呈上升趋势，经济周期和金融周期的分化加大了“货币政策+宏观审慎政策”双支柱的金融调控政策框架的政策协调配合难度。下面主要结合我国当前经济现实，从政策目标的分配和权衡取舍，以及通过政策创新缓解政策冲突两个方面，讨论在经济周期和金融周期分化背景下，我国货币政策和宏观审慎政策应如何协调配合以更有效地实现政策目标。

1. 政策目标的分配和权衡取舍

基于上述讨论，在我国当前经济周期下行而金融周期上行背景下，由于微观审慎政策和宏观审慎政策尚不够完善，货币政策制定应适当兼顾金融周期和金融风险，以避免金融机构通过“金融创新”绕开金融监管，进行监管套利，形成新的金融风险。而针对房地产市场的宏观审慎政策应集中于金融稳定，如果货币政策因经济下行而放松，针对房地产市场的宏观审慎政策还应在一定程度上相应收紧，从而维持一定的调控力度。

由于宏观审慎政策和货币政策在经济周期和金融周期分化下存在一定的政策效果相互抵消情况，需要对政策目标进行一定的权衡取舍，即在稳增长和控风险之间进行权衡取舍，而如何取舍首先取决于实际经济运行逻辑和主要矛盾，必须具体情况具体分析。即使相同的经济周期和金融周期趋势组合，如果背后的经济主要矛盾和运行逻辑不同，货币政策和宏观审慎政策的配合策略也不相同。

我国当前存在的非金融企业高杠杆、地方政府债务风险、“僵尸企业”、高房价以及影子银行风险等潜在风险点在一定程度上与国际金融危机后出台的大力度经济刺激政策、宽松的货币政策有关。大量基础设施建设项目等经济刺激政策和宽松的货币政策相配合，提高了地方政府的债务水平和非金融企业的杠杆率水平，并推动了房价上涨和影子银行的快速发展，而这背后则反映了一系列的经济结构矛盾和体制机制问题，如国有企业和地方政府的预算软约束、人口结构拐点出现、金融监管体制和监管水平落后、地方政府土地财政问题等。

在经济结构矛盾、体制机制问题和过于宽松的宏观经济政策共同作用下，我国经济在过去几年处于“脱实向虚”的恶性循环中，各种风险不断累积，而住房价格上涨在恶性循环中起到了关键性作用。房地产等资产泡沫推高了企业生产成本和投资于实体经济的机会成本，侵蚀了实体投资回报，实体投资转为虚拟投机进一步催生了资产价格泡沫，促进了影子银行发展，不断膨胀的资产泡沫又进一步降低了实体投资回报。如果当前住房价格再次出现较大幅度上涨，不仅会使经济陷入“脱实向虚”恶性循环中，而且在高杠杆背景下房地产泡沫破裂很可能引发系统性风险，因此加强房地产市场的宏观审慎政策，严防房价再次上涨应是当前具有优先地位的政策目标。但如果政策力度过大导致房地产泡沫破裂，则很可能会在短期内触发系统性金融风险。因此，当前优先的政策目标应是通过把握适当的货币政策和房地产宏观审慎政策调控力度，避免住房价格出现进一步上涨以及快速下跌局面。

如果能够在稳房价的前提下推动经济平稳增长，则可在一定程度上通过经济增量化解存量问题，因此政策目标的优先次序应当是在优先稳房价的基础上着力推动经济增长。但我国当前实体经济投资收益率不高，投资需求低迷，且金融监管体制尚未达到充分完善水平，实行宽松货币政策难以避免资金重新寻找金融创新渠道而滞留金融体系内部或进入房地产等领域，很可能像前几年一样对金融周期上涨起到重要推动作用。由于上述问题与我国结构性矛盾和体制机制问题相关，单凭货币政策难以解决，因此在通过货币政策和宏观审慎政策协调配合以在稳房价前提下促进经济增长的同时，还需要积极财政政策和产业政策等相关政策的共同努力，此外还需要加快推动供给侧结构性改革，以及通过国企改革、城市土地管理制度改革等从源头上解决问题，合力推动经济适度增长以走出当前的政策困境。

2. 通过政策创新缓解政策冲突

经济周期和金融周期分化下货币政策和宏观审慎政策存在一定冲突和效果的相互抵消，一方面不得不结合实际经济情况在不同政策目标之间进行权衡取舍，另一方面还应依据现有的政策传导机制和金融市场结构特点以及通过政策创新等方式寻找能够在一定程度上抵消政策冲突的策略。

首先，应结合政策传导机制和金融市场结构特点，选择对金融周期和经济周期的影响相对独立的政策工具，以降低政策配合的成本。法国中央银行副行长让·皮尔·拉多指出，应考虑使用在实施宏观审慎监管政策时不干预货币政策操作的政策工具，如中央银行可以通过政策利率的变化实施货币政策，同时通过其向金融机构提供的基础货币影响金融稳定，虽然原则上价格和数量无法同时控制，但在实践中，可以通过支付储备利息，实施所谓“区间”方法等，避免流动性导致的价格波动，从而让这些工具彼此独立。

我国目前尚未完全实现利率市场化，处于利率市场化转轨过程中，货币政策工具一方面延续了以前的部分工具，如尽管取消了存贷款利率上下限，但确定并公布了存贷款基准利率，从而对商业银行定价起到一定引导作用，以及调整存款准备金率调节流动性，通过窗口指导、信贷政策等方式进行信贷结构引导等；另一方面建立了多元的中央银行利率体系，包括公开市场回购和逆回购操作利率、公开市场短期流动性调节工具利率和常备借贷便利利率等短期利率，以及中期借贷便利和抵押补充贷款等中长期利率。货币市场短期利率向债券市场的传导机制比较通畅，但是由于商业银行的产品定价模式及负债和资产的市场化程度较低，向信贷市场利率的传导机制存在一定阻滞，货币市场利率对信贷市场利率的影响相对较弱、传导不太通畅且时滞较长，在一定程度上形成了“防火墙”，使提高货币市场利率对信贷市场的影响相对较小，从而对实体经济的压力相对较小。因此我国当前通过对货币市场和信贷市场（如调整信贷市场贷款基准利率、窗口指导、定向释放流动性等）进行不同力度的调控，可以在一定程度上实现货币政策对经济周期和金融周期的兼顾，缓解由于经济周期和金融周期分化而导致的货币政策和宏观审慎政策冲突。

其次，通过一定的政策创新，例如引导定向释放流动性（如引导信贷投向“三农”企业、小微企业、基础设施建设和民生支出领域等）等方式能够在稳增长的同时尽量避免资金流入资产价格部门等领域，在应对经济周期下行的同时减轻了对金融周期的影响，降低了政策冲突。如我国近期提出建立金融机构绩效考核与小微信贷投放挂钩的激励机制、小微企业贷款利息收入免征增值税政策、适当提高贷存比指标容忍度、支持发行小微企业贷款资产支持证券等政策创新，能够在一定程度上引导信贷资金流向小微企业等领域，在避免引起房地产价格泡沫进一步膨胀情况下通过结构性的货币宽松推动实体经济复苏。尽管结构性的货币政策无法完全控制资金在市场中的流向，但仍与传统的宽松货币政策有所差别，美联储、欧洲央行、英格兰银行等也都曾采取过形式多样的结构性货币政策。在我国当前较为复杂的经济形势下通过政策创新减轻货币政策和宏观审慎政策的政策冲突仍是当前重要的政策选项。

参考文献

管涛：《要不要管理跨境资本流动：这是个问题》，《上海金融》2018 年第 1 期。

郭子睿、张明：《货币政策与宏观审慎政策的协调使用》，《经济学家》2017 年第 5 期。

姜超、周霞、张卿云：《MPA：资产泡沫的枷锁》，《海通证券债券研究报告》2017 年。

克莱森斯等：《宏观审慎监管政策——通向金融稳定的新道路》，电子工业出版社 2013 年版。

李波：《构建货币政策和宏观审慎政策双支柱调控框架》，中国金融出版社 2018 年版。

李宏瑾：《全球金融危机十年：经验、教训与启示》，《金融评论》2018 年第 5 期。

廖岷、孙涛、丛阳：《宏观审慎监管研究与实践》，中国经济出版社 2014 年版。

骆志芳：《我国差别存款准备金率制度设计的缺陷及改进措施》，《经济体制改革》2013 年第 9 期。

马勇、张靖岚、陈雨露:《金融周期与货币政策》,《金融研究》2017年第3期。

彭文生:《渐行渐近的金融周期》,中信出版集团2017年版。

王佳:《货币政策和宏观审慎政策的协调》,《中国金融》2018年第21期。

王璟怡:《宏观审慎与货币政策的研究动态综述》,《上海金融》2012年第11期。

徐忠:《中国稳健货币政策的实践经验与货币政策理论的国际前沿》,《金融研究》2017年第1期。

杨明:《关于国际三大金融组织对有效宏观审慎政策国际经验总结的简要介绍》,《金融会计》2016年第11期。

杨燕青、肖顺喜:《中国金融风险与稳定报告(2017)——管理日趋复杂的金融系统》,中国金融出版社2017年版。

詹向阳、郑艳文:《差别存款准备金率政策透视》,《中国金融》2011年第5期。

张晓慧:《宏观审慎政策在中国的探索》,《中国金融》2017年第11期。

中国人民银行货币政策分析小组:《中国货币政策执行报告(2015年第四季度)》,中国人民银行,2016年。

中国人民银行货币政策分析小组:《中国货币政策执行报告(2017年第四季度)》,中国人民银行,2018年。

Blanchard, O., G. Dell' Ariccia, and P. Mauro, "Rethinking Macroeconomic Policy", *Journal of Money, Credit and Banking*, 2010, Vol. 42, pp. 199-215.

IMF, FSB, BIS, Elements of Effective Macroprudential Policies: Lessons from International Experience, 2016, https://www.imf.org/external/np/g20/pdf/2016/083116.pdf.

Nier, Erlend W., Jacek Osiński, Luis I. Jácome, and Pamela Madrid, "Towards Effective Macroprudential Policy Frameworks: An Assessment of Stylized Institutional Models", IMF Working Paper, 2011, No. 250.

第十二章 内外均衡中的货币政策与汇率政策

一 引言

改革开放40年来，中国的实体经济与金融体系都已同世界深度整合。因此，即使聚焦于各种国内的宏观经济问题，特别如货币创造、信用扩张、金融风险、投资储蓄失衡等，相应的政策目标、工具、方法，也都会受到外部因素的影响与制约。同时，作为中国这样的发展中大国，其政策效应自然也会“溢出”国界，影响外部世界，而后者则会进一步反馈。由此可见，作为经济全球化的重要参与者、推动者，完全独立的国内政策更多的只是一种假设性情景，在现实中并不存在，也不应存在。当然，这种内外部的交互响应涉及众多问题，不一而足。限于篇幅，本章仅仅关注汇率、跨境资本流动、货币政策独立性三个维度，这也构成了开放宏观经济学中一个核心的理论框架，即所谓的“三元悖论”。而在实践中，三者无疑也是近年来在开放条件下中国经济面临的热点、重点问题。特别是在政策层面，如何处理三者关系，业已成为平衡各种内外部因素、实现国内宏观目标、防控相关风险的关键所在。

回顾中国的相关实践，三者之间的“故事”大致始于2005年的汇率改革。通过这一改革，中国开始全面采行有管理的浮动汇率制度，人民币也对美元等主要国际货币持续升值。在这一因素作用下，大量

“热钱”开始涌入中国，并在一定程度上推高了房产、股票等资产价格。[①] 大量外资入境，也使中国人民银行外汇储备几乎持续增加、资产方外汇占款比例也相应变大（由2005年年末的60%升至2014年7月的82%），相应的“冲销”（sterilization）成本也在增加。然而，约自2014年下半年以来，随着美联储货币政策转向（大致是由应对危机时的“松”恢复到常态时的较“紧”状态）、美元开启趋势升值、中国2015年8月11日推出的人民币中间价改革等一系列新情况，“资本外流”开始取代“热钱”涌入，成为中国跨境资本流动过程中最主要的风险来源，并吸引了来自决策层和理论界的大量关注与讨论。自此，人们普遍担心“资本外流”——主要表现在对外投资头寸表的资产方变动——对实体及金融部门造成的诸多不利影响：包括资金抽离带来的产业萎缩、人民币资产价格下跌、外汇储备流失、对市场信心带来的负面冲击及其“自我实现”等诸多严峻问题。

需要指出的是，得益于汇率市场化改革、资本账户开放、人民币国际化、“一带一路”倡议、“自由贸易区”建设等多方面的实践探索，中国同国际资本市场的整合程度不断提升，跨境资本的流入、流出也逐渐活跃——这不仅表现在资本流动规模的扩大上，也表现在项目、渠道的多样化、复杂化上。毋庸置疑，中国的金融开放进程对于提升整体的资源配置效率、改进金融业服务水平、促进国际贸易、支撑实体经济发展等有重要的积极意义。然而，同样难以忽视的是，在开放过程中对外金融风险敞口有所扩大，风险点日趋隐蔽、复杂。特别地，随着对外金融活动同国内部门的联系逐渐紧密，外部风险在国内部门之间的传导更为“便利”、互动也更为频密——这也成为诱发系统性金融风险的又一来源。在这一背景下，此前的以对汇率、利率、跨境资本流动全面管制为主要内容或重点的货币金融政策与制度安排也越发难以适应新形势的需要。

基于以上认识，本章将从“三元悖论”等理论视角与分析框架，就中国近年来的汇率改革、跨境资本流动以及中央银行货币政策等做一

① 如据苏剑、童立（2011）估算，2005—2010年，流入中国的热钱合计约为8200亿美元，约占同期GDP合计值的3%。

简要梳理，并介绍相关的国际经验。在以上研究基础上，本章还将探讨促进内外部平衡、防范化解金融风险的政策思路，重点突出在向高质量发展转型过程中，中国在货币、金融领域所面临的新环境、新挑战、新约束，以及在对策方面的新目标、新途径、新工具。

下文的结构如下：第二部分首先从理论层面探讨开放宏观经济学中的一个核心问题——“三元悖论”，并以此作为理解、评判中国对外金融风险及相关政策选择的总体理论框架。第三部分介绍中国近年来的汇率制度改革，同时述及汇率自动稳定器作用。第四部分以人民币国际化为背景，梳理、讨论中国在资本账户开放方面的进展以及所遇到的问题，并论及近年来的跨境资本流动的总体特点、趋势。其后，基于中国及国际有关经验，第五部分总结、整理资本管制的历史与近期的措施，并讨论资本管制的有效性问题。第六部分讨论后危机背景下，国际货币政策的联动及中国的选择——特别是美国退出非常规货币政策的外溢效应。最后一部分总结全章，并展开相关的政策讨论。

二　“三元悖论”框架

（一）“三元悖论”与对外风险

在理论上，开放条件下的资本流动、汇率调整和相应货币决策可以从“三元悖论”（trilemma）或“不可能三角”（impossible trinity）的视角进行考察。这一悖论由诺贝尔经济学奖得主加拿大经济学家蒙代尔提出（Mundell，1963）。简单地讲，其基本理论逻辑在于，对一个经济体而言，汇率稳定、完全自由的资本流动和货币政策独立性三者不可同时实现，只能得其二者。[①] 换言之，如图 12 - 1 所示的，政策组合只能位于三角形中 A、B、C 三边中的一边，因此也只能“照顾”到两个角所代表的政策目标。进一步举例来说，对于一个实行固定汇率和没有资本

---

① 最近，Bordo 和 James（2015）又进一步将此框架延伸为“资本流动—固定汇率—金融稳定”“资本流动—民主—货币政策独立性”“资本流动—民主—国际秩序”等不同版本的三元悖论。

管制的经济体（图 12－1 中的 C 边），如果其货币当局根据国内情况制定了一个高于外国的目标利率，则会导致外部资本出于“套利”目的大量涌入，进而使其利率政策失效。因此，对于一个追求货币政策独立性的国家，必须在固定汇率与资本管制和浮动汇率但无资本管制两套政策组合之间进行抉择。

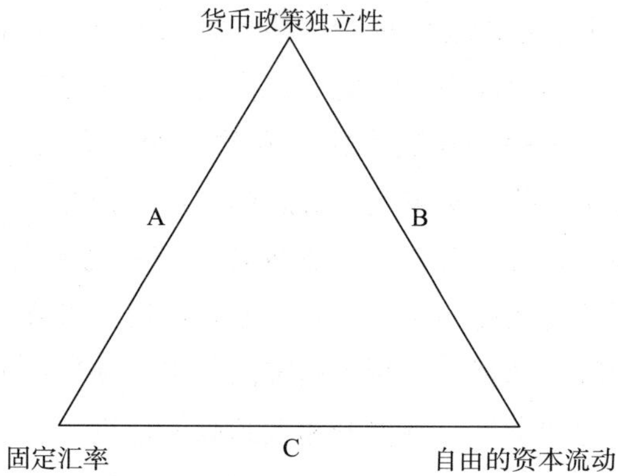

图 12－1　“不可能三角”示意

注：按图中所示，中国在 2005 年汇率改革之前的政策组合以及布雷顿森林体系下的国际货币金融秩序都基本可由 A 边概括。

在很大程度上，如何认识这一所谓的“三元悖论”，成为讨论汇率制度安排、跨境资本流动影响、国内货币政策设定的重要逻辑基点。当然还要指出，尽管这一框架在理论和实践中都产生了较大影响，并成为开放宏观经济学的一个重要的经典分析模型，但自其被提出以来便一直面临着理论和现实的双重挑战。这一点在 2008 年国际金融危机以来表现得尤其明显。其中，主要的问题在于在资本流动和货币政策独立性的两难选择中，汇率制度究竟发挥何种作用（主要指“三元悖论”还是“二元悖论”的争议）、三种极端选择的中间状态等问题。下文对此逐一进行论述。

（二）汇率制度还重要吗？

从理论上讲，汇率是一种货币相对于另一种货币的价格。在浮动汇率制下，这一价格由市场供需决定。在资本可以跨境自由流动的情况下，汇率的上下调整，可以使货币当局全力应对其国内的政策目标（如通胀水平），即实现了图 12－1 所示的不可能三角中“B”边所对应的情况。然而，以上仅仅是一种建构在诸多假设之上的理论图景。学术界对此的争议与挑战从未停歇。如在 2008 年国际金融危机之前，Obstfeld 等（2005）即通过对国际利率历史变化的研究，指出即使在资本自由流动的时期，在浮动汇率制下一国利率与中心国家利率之间的联动性有增强的趋势——换言之，货币政策的独立性趋于减弱。在金融危机爆发以后，汇率安排的作用以及“三元悖论”框架引发了学界的进一步关注。其中特别值得介绍的是，通过考察历次金融危机中发达经济体和后发经济体的关系，法国经济学家 Rey 对传统的“三元悖论”理论提出了质疑。Rey 认为，由于中心国家——主要指美国——的货币政策变动，会对全球金融体系产生一系列影响（包括银行的杠杆率、资本流动、信贷增长、市场情绪等），进而促成了全球性的金融周期。在这一背景下，如果资本跨境流动没有受到限制，那么无论采行何种汇率安排，处于“外围”的新兴市场国家的货币政策都难以独立——换言之，浮动汇率并不能使其国内货币政策免予外部的左右（Rey，2015，2016）。与之相关，Passari 和 Rey（2015）进一步提供了经验证据，显示在金融自由化条件下，发达经济体的国内货币政策与金融变量也会受到国际资本市场走势的显著影响。据此，Rey 指出国际金融周期的形成使“三元悖论”转化为所谓的“二元悖论”问题，即资本自由流动（或资本账户开放）和货币政策独立性的“二选一”问题。相应地，汇率制度在这一“故事”中变得不再重要。值得指出的是，最近，孙国峰、李文喆（2017）也对“三元悖论”提出了理论修正，并构建了较之于“二元悖论”更为一般化的“不等边不可能三角”分析框架。其中，作者进一步强调了在资本自由流动下浮动汇率对货币政策独立性的作用微弱。

以上观点对于理解全球金融市场高度整合背景下的国内货币政策独立性，以及国际金融周期联动性等提供了新的理论视角。而从 2008 年国际金融危机以来的实践中，人们似乎也可以看到大量符合“二元悖论”的经验事实。如美国联邦储备银行的货币政策——既包括常规的公开市场操作，也包括危机之初的多轮“量化宽松”及近期的“缩表”[①] ——都在很大程度上影响国际资本市场的信贷条件与风险水平（如常用的VIX指数等）。在资本自由流动的情况下，他国国内的货币政策也深受其累，独立性受到严重削弱。

然而需要强调的是，无论是“二元悖论”或“不等边不可能三角”，其成立与否（或换言之，汇率制度在“不可能三角”中的重要性如何），归根结底还是实证问题。特别是其中的关键点在于，作为某种“共同冲击”的国际金融周期特征（或中心—外围金融市场的联动性）是否足够明显，以使“三元”选择变为“两元”选择。否则，各种汇率制度选项仍然会对外部风险与货币政策产生不容忽视的影响。对此，Klein和Shambaugh（2015）利用上文提及的KAOPEN等指标，考察了在不同资本账户开放和汇率制度的政策组合下，各国利率对基准国（以美国和欧洲国家为主）利率的关联性。他们的回归结果表明，在资本账户完全开放和固定汇率（钉住汇率）下，这一关联性最强，回归的拟合度（fitness）也最高，进而在一定程度上支持了经典的“三元悖论”观点（图12－1三角形中C边所反映的情况）。与之类似地，Obstfeld等（2017）通过对新兴市场经济体样本的研究发现，在不同汇率制度下，净资本流量、国内信贷增长、资产价格、金融机构存贷比、经济增速等对于国际资本市场冲击（以VIX指数的前身VXO指数衡量）的反应程度有显著差异：如在固定汇率制下，这种负向的联动性最为剧烈，国内货币政策也受到更多限制。由此，Obstfeld等的发现也否定了Rey的“二元悖论”观点。此外，通过构建“三元悖论”指数，[②] Ito和Kawai（2012）发现，广大新兴市场和中、低收入经济体的经验较为符合“三元悖论”的理论预测。而若干不符合“三元悖论”的案例，往往是临时性的、非可持续的政策组合，甚至常常以严重的货币、金融

---

① 美联储通过减少债券等资产项目的持有规模，收回美元，进而使其资产负债表规模缩减的政策操作。

② 在Aizenman等（2008）研究的基础上，Ito和Kawai（2012）对汇率弹性、货币政策独立性、资本账户开放度进行了测量，并分别在0至1之间取值。按照“三元悖论”，三个分指标之和应等于2。一国实际取值和“2”这一理论值之间的差距便成为衡量对“三元悖论”理论预测值的偏差。

危机而告终。

(三)"三元悖论"中的"中间状态"

在很大程度上，自"三元悖论"提出以来，理论界的关注重点一般在于三点的"极值"，即"完全"的固定汇率、资本自由流动和货币政策独立性。然而，这更多地表现为一种思想实验（thought experiment）。在现实中，大多数经济体都处于某种"中间状态"。基于这一认识，近年来也涌现出大量有关研究和政策讨论，旨在将"三元悖论"这一理论框架同现实情况更好地契合。

例如，上文中的Ito和Kawai的"三元悖论"指数也显示，在现实世界中各个经济体常常位于三个极端之间的"中间状态"。这为判别金融风险、认识各种政策选择的利弊得失提供了更为精当的视角。类似地，在Klein和Shambaugh（2015）一文中，作者重点考察了各种汇率制度和资本跨境流动的所谓"中间政策"（middle ground policies），及其对国内货币政策独立性的影响。通过实证研究，以上两位作者发现，对于抑制国内资产价格波动，持久的、普遍性的资本管制要强于部分的、个别的资本管制［前者被称作"墙"式管制，后者被称作"门"式管制，另见（Klein，2012）］。此外，相对于较为严格的钉住汇率（hard peg）安排，在较为宽松的钉住汇率（soft peg）下，货币政策会有更大的灵活性，但后者又弱于在完全的浮动汇率之下的灵活性。由此，Klein和Shambaugh的研究虽然基本支持了"三元悖论"，但也如其文章题目所说，"磨圆了"不可能三角形的尖角（rounding the corners），进而呈现了现实中三种"极值"之外的多种可能性。相应的政策组合、政策目标也变得更为多样，但也更加复杂。借助国际面板数据，范小云等（2015）发现汇率波动会通过经常项目和企业资产负债表等多种途径影响国内货币政策的独立性，导致两者之间存在非线性关系。这一研究也从另一侧面揭示出"三元"选择中存在较大的模糊、折中空间，并非简单的"三选二"问题。

对于中国实践而言，基本也符合以上描述的中间状态，即有管理的浮动汇率、部分的资本账户开放以及相对独立的货币政策。而且还要注意到，中国在汇率制度、资本账户、货币政策三方面的状况也始终处于动态之中。如汇率的灵活性趋于提高，但又受到波幅区间限制、“逆周期调节因子”等措施的影响；资本账户开放或更广义的金融开放也在总体推进的同时，时而加快、时而放缓，侧重点也因时因地有所调整；不同时期的货币政策也常在国内、国际因素，尤其是国际政策协调等综合考量之下有所权衡。值得指出的是，通过“金融加速器”的视角，骆祚炎和赵迪（2017）针对中国经验的一项新近研究显示，汇率灵活性的增加并不必然导致货币政策独立性的增强（两者关系还受到汇率对贸易收支弹性等一系列变量的影响），因而进一步揭示了“三元悖论”的“折中化”趋势。当然，从国际比较的视角，Aizenman 和 Sengupta（2013）则发现，在“三元”选择的中间地带，中国和印度各有特点：与多数新兴市场国家不同，中国更重视汇率稳定，同时大量的外汇储备以及有效的冲销政策弱化了“三元悖论”的基本逻辑；而印度则更关注资本账户开放。

三　汇率制度与自动稳定器

在 1979 年以前，人民币汇率主要由官方决定。在“独立自主”的原则下，彼时中国对外贸易量较小，对外汇的需求也较少。1979—1993 年，中国采行汇率“双轨制”，即低估的官方汇率和外汇调剂中心的市场汇率同时存在。1994—2005 年，中国结束了汇率双轨制，并确定了建立基于市场的“有管理的浮动汇率”制度的改革目标。然而，自 1997 年爆发亚洲金融危机以来，人民币在事实上又开始与美元挂钩，比率长期稳定在 8.28 元兑 1 美元的水平（见图 12－2）。2005 年 7 月 21 日，中国人民银行结束了人民币对美元的钉住，而是采用“一篮子”货币作为定价参考，并在一次性跳至 8.11 元兑 1 美元后开始浮动升值。其后，随着 2008 年 9 月“雷曼兄弟”银行的破产，为稳定金融市场和提振宏观经济信心，人民币汇率开始进入一个危机时期的“非常规”安排，即重新开始钉住美元。直至 2010 年 6 月，人民币汇率机制退出了这一特殊安排，相关改革再次启动，人民币汇率浮幅开始加大。自 2014 年 3 月起，中国人民银行进一步加快了建立市场导向的汇率制度：包括进一步扩大汇率波幅，并在 2015 年 8 月引入新的人民币中间价机制。最近值得一提的是，在资本外流活跃和人民币波幅扩大的背景下，2017 年 5 月中国人民银行又再次引入“逆周期调节因子”。这一机制即在设定中间价时考虑宏观经济基本面及周期因素，通过逆向调节与引导，使人民币汇率在合理均衡水平下保持基本稳定。如图 12 - 3 所示，历次汇率改革对人民币对美元汇率的波动性（以 10 日汇率移动标准差衡量）的影响巨大，可谓“立竿见影”。但从总体趋势看，人民币汇率的弹性有所增加，显示了市场力量在汇率决定中扮演愈加重要的角色（管涛等，2017）。

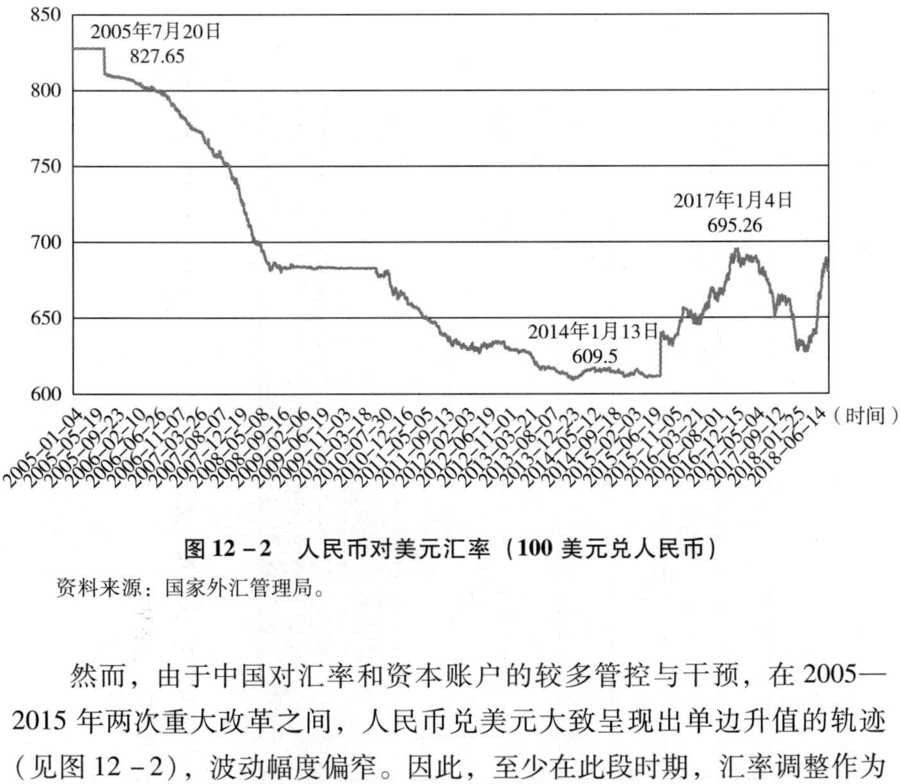

图 12 - 2　人民币对美元汇率（100 美元兑人民币）

资料来源：国家外汇管理局。

然而，由于中国对汇率和资本账户的较多管控与干预，在 2005—2015 年两次重大改革之间，人民币兑美元大致呈现出单边升值的轨迹（见图 12 - 2），波动幅度偏窄。因此，至少在此段时期，汇率调整作为跨境资本流动自动稳定器的作用没有充分展现。当然，在 2015 年 8 月“汇改”后，虽然上述的单边升值状况（包括实际轨迹与预期）发生改变，汇率波动也明显增加，但正如下文进一步详述的，强力、及时的资本管制措施（主要在 2016 年、2017 年密集出台）也在很大程度上阻断了汇率调整与国际资本流动的联系。需要指出的是，虽然其在防范大规

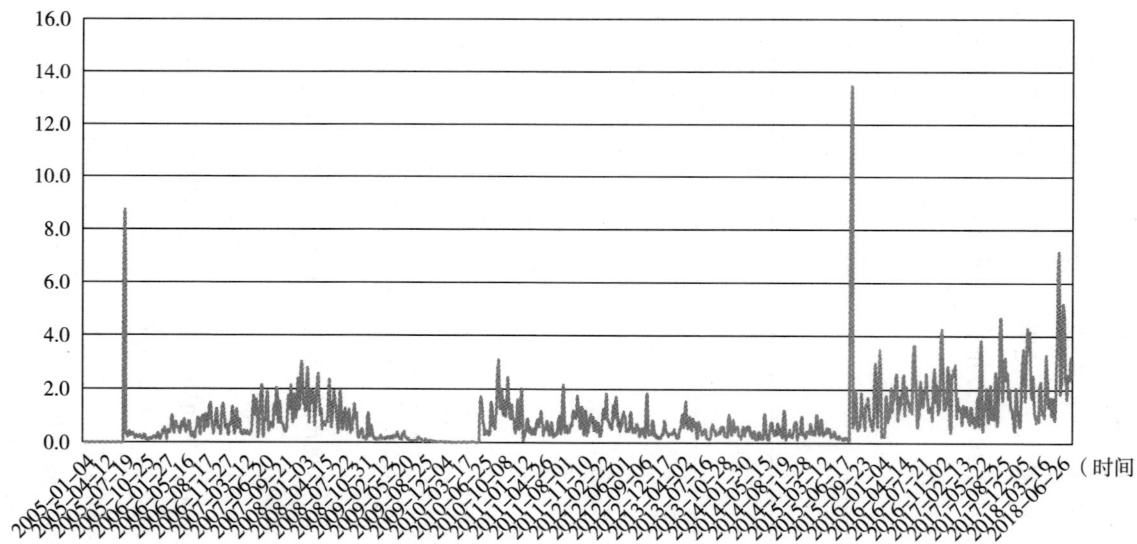

图 12－3　人民币对美元汇率的波动性（以 10 日移动标准差衡量，100 美元兑人民币）

资料来源：国家外汇管理局与笔者估算。

模资本外流、抵御人三个道民币贬值预期等方面有积极作用，但也破坏了汇率对资本流动的调节作用，因此必然附带不容小觑的成本——如削弱了市场机制等。

四　资本账户开放与人民币国际化

（一）国际资本流动的现实与理论背景

“二战”结束后，随着以美元—黄金“双挂钩”为主要特征的国际货币体系的建立，各国间形成了一种较为稳定的固定汇率秩序，同时采取了严格的资本管制（大致对应于图12－1三角中的A边）。而且在战争蹂躏之下，彼时西欧与日本的经济体系均遭受严重破坏、国民财富损毁严重，也难有能力进行资本输出。但这一时期持续时间较短。事实上，在1971年，美国单方面宣布美元与黄金脱钩（又称“尼克松冲击”），“二战”后形成的国际货币体系（布雷顿森林体系）旋即结束。此后在发达国家，金融市场的自由化、国际化——特别是资本账户开放以及资本跨国流动渐成潮流。约至20世纪90年代中期，世界上主要发达经济体（如七国集团）的资本账户都已在原则上实现了完全开放，跨境的资金流动也几无管制。与此同时，广大新兴经济体和发展中国家也在20世纪80年代起开启了金融自由化的进程。

从理论上讲，这一波金融自由化的过程应当有利于资本在更广阔的地域范围内进行配置，以实现更高的资源利用效率，并通过学习、知识外溢等过程，提高各国金融业的水平，进而更好地为实体经济服务。同时，资本市场的高度整合也能更好地分散、对冲金融风险。然而，在实践中，资本流动的多种负面影响——如对本国货币政策、商业周期波动、国际收支平衡等方面的冲击——也逐渐显露。[①] 甚至可以说，自20世纪70年代“布雷顿森林”体系解体、国际金融市场大幅整合之后，在历次世界或局部范围的金融动荡中，都少不了跨境资本流动的身影。甚至在一定程度上看，两者实际上互为因果。例如，在80年代，拉丁

① 关于国际资本流动的利弊，参见Passari和Rey（2015）。

美洲国家（包括墨西哥、巴西、委内瑞拉、阿根廷等）频繁爆发了金融与债务危机，由国际资本流动——尤其是投机性的“热钱”① 涌进涌出——给本国经济与金融体系带来的各种冲击异常激烈。在此背景下，国际资本流动的成因、危害以及相应的政策选择等问题一时间成为学术界和各国决策者的关注焦点。而 1997—1998 年爆发的亚洲金融危机，更是“热钱”同一个主权国家货币金融体系直接对抗的生动案例。值得指出的是，最近来自国际货币基金组织（IMF）的 Ostry 等（Ostry et al.，2016）总结到，在 1980 年以来的 150 次对新兴市场国家的资本涌入事件中，约有 1/5 最终导致银行或货币危机，并引发产出的大幅下降以及收入分配的恶化。

在以上现实背景下，相关分析框架或理论解释开始大量涌现，包括 Feldstein 和 Horioka（1980）提出的从储蓄—投资关系视角衡量国际资本流动；Krugman 等建构的三代货币危机理论（Krugman，1979）；Dornbusch 和 Werner（1994）指出的“资本骤停”（sudden stop）概念；Chang 和 Velasco（2001）强调的国际流动性风险；Allen 等（2002）提出的资产负债表错配分析框架（balance sheet approach）等（后者将在本章外债部分进一步介绍）。鉴于相关基础理论的文献总结已较为丰硕，此处不再赘述。但值得指出的是，自 2008 年国际金融危机以来，跨境资本流动——特别是发达经济体和新兴市场经济体之间的流动，再次成为人们关注的热点。其中，学术界对国际资本流动的决定因素、对相关国家的影响、风险评估以及相应政策展开了更为深入的研究与反思（Klein，2012；Klein & Shambaugh，2015；Rey，2015，2016；Cerutti et al.，2017；Eichengreen et al.，2017；Obstfeld & Taylor，2017；Obstfeld et al.，2017）。

（二）近年来中国的相关实践

转至中国：2008 年国际金融危机以来，中国开始积极推进人民币的国际化进程，构成了中国近年来在汇率制度改革和跨境资本流动管理方面最重要的实践和战略抓手之一。需要指出的是，人民币国际化战略

① Hot money，又称“国际游资”，主要指跨境的短期投机性资金流动。

并非“为了国际化而国际化”。其主旨或主要初衷在于通过扩大人民币在国际贸易、投资和官方储备中的使用，使中国的经济金融体系减少对西方货币——主要是美元——的依赖，以此有效防范、化解汇率风险和流动性风险，同时为本国金融体系的发展、成熟提供更多的空间与助力。[①]

然而，相关实践也带来了新的挑战与风险：从理论上看，一种国际化货币的母国，必须具备对外高度开放的金融体系——特别是在资本账户下能够实现货币的可兑换性与“来去自由”。因此，资本账户开放完全可以被视作人民币国际化的题中应有之义。事实上，在1998年亚洲金融危机之后，中国即开始了渐进式的改革，逐渐增加人民币在资本项目下的可兑换性。后者也成为十余年来中国金融改革和对外开放的重要政策方向。特别是在本轮国际金融危机之后，中国决策层和有关部门（主要是中国人民银行）已多次提出了加快相关改革、扩大开放的政策主张（见党的十八届三中全会公报、“十三五”规划，中国人民银行课题组，2012a，2012b等），并在某些方面取得了重要的实践进展。[②] 然而不可否认的是，跨境资本流动风险也同这一开放过程相伴而生。

约至2014年年中，从跨境贸易结算、人民币离岸市场、央行间货币互换、国际外汇交易等多个维度看，人民币国际化尤其是资本账户开放形成了阶段性的高峰（Li & Zhang，2017）。作为常用的衡量资本账户实际开放度的指标（Ito & Kawai，2012），中国“（对外资产+对外负债-储备资产）/GDP”已从2004年的50%升至2014年的71%（见附录一）。然而，也需清醒地认识到，这一局面的形成一方面得益于中国金融体系的不断深化与开放，另一方面也源于人民币对美元的单向升值预期（见图12-2）。在此条件下，企业倾向于“资产本币化”“负债外币（主要是美元）化”的配置模式。可以说，这时的人民币国际

---

① 然而也应注意到，在实践中，以上初衷并未完全实现。例如，尽管人民币跨境贸易发展迅速，但在2014年年末之前，中国官方外汇储备依旧持续增长。如张斌（2011）、李扬等（2013，第6章）指出，该举措在一定时期内反而继续推高了中国的外汇储备，从而使中国陷入更大的汇率风险和中美利差损失之中。

② 如根据IMF有关标准，在资本账户的40个细项中，中国实现部分可兑换的有22项，基本可兑换的有14项。受限部分主要在于短期资本流动及个人外汇业务（参见IMF，2011；中国人民银行课题组，2012a；Zhou，2015；中国人民银行，2017）。另见本章第五部分。

化基础尚不牢固，受人民币—美元汇率走势及其预期，以及其他短期、投机性因素的影响较大。

（三）资本账户开放与人民币国际化的相关政策调整

然而，在资本账户开放和人民币国际化达到阶段性高峰后不久，2014 年下半年起决策层和学者的焦点或顾虑开始转向渐成规模的资本外流：中国资本账户结束了自 1999 年以来的长期顺差局面（除 2012 年外），转而从 2014 年第二季度开始出现持续较长的逆差（连续 11 个季度，见图 12－4）。同时，官方外汇储备也在 2014 年年中达到近 4 万亿美元后开始掉头向下（见图 12－5），至 2017 年 1 月已下降近 1 万亿美元（亦即缩水近 1/4）。中国对外直接投资（一种对外资产）也自 2014 年起连续三年超过外商来华直接投资（一种对外负债）。[①] 此间，人民

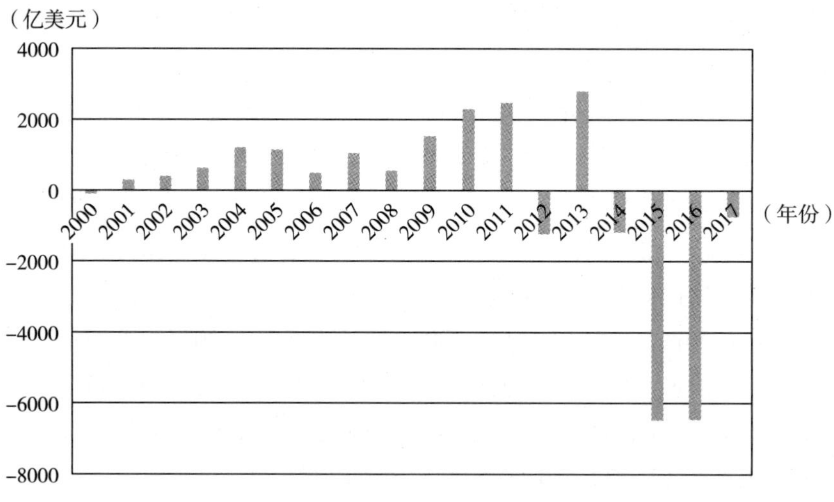

图 12－4　中国资本账户差额（2000—2017 年）

注：资本账户差额指“非储备性质的金融账户”净额与“净误差与遗漏”之和。

资料来源：国家外汇管理局，BMP6 标准。

① 此外值得注意的是，对外投资超过来华投资的差额也迅速增大，从 2014 年的 36 亿美元增至 2016 年的 701 亿美元。

币兑美元汇率也一路走低：从2014年的1美元兑6.14元人民币（年平均价）降至2017年第一季度末的6.9元人民币（另见图12－2）。在这样的背景下，上文提出的“三元悖论”抑或“二元悖论”问题开始浮现。这主要表现在当资本外流加剧时，货币当局希望稳定汇率预期的努力，妨害了其执行国内货币政策的能力，同时导致了外汇储备大量流失。现实中可以看到，中国人民银行似乎赋予了保持自身独立性更大的权重，为此采取了“双管齐下”的应对措施：既加强了资本管制、审慎开放资本账户，又着力稳定人民币币值。这一系列的目标、对策、矛盾与权衡，成为描绘近期中国对外金融风险的重要图景。

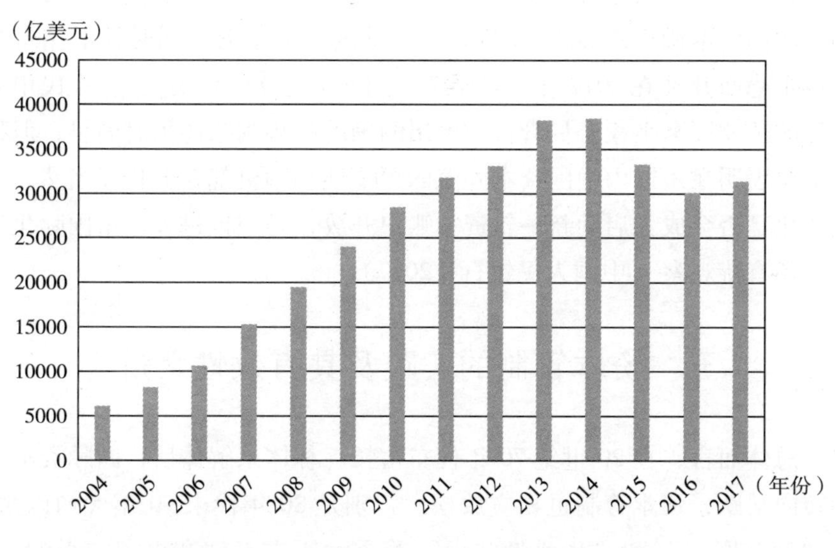

图12－5　中国官方外汇储备（2004—2017年）

资料来源：国家外汇管理局。

不难理解，资本账户开放与人民币国际化的节奏也由此出现重大调整，并引发广泛的讨论。[①] 如周小川曾在IMF某会议上明确表示，即使中国完成人民币资本项目下可兑换后，仍将通过宏观审慎政策等工具保留对跨境资金的某种管理与限制，以防范相应的流动风险、稳定汇率以

① 事实上，尽管在2016年10月IMF将人民币纳入特别提款权（SDR）的货币篮之中，这一节奏调整依然持续。

及创造安全的金融环境（Zhou，2015）。2016 年，为进一步防范化解资本流动的伴生风险，一种新的政策框架，即“全口径跨境融资宏观审慎管理”在经过试点后开始在全国范围内推行（中国人民银行，2017）——当然，其中既有加强资本管制的内容，也有放松管制的内容。需要注意到，以上调整同 2008 年以来 IMF 等主要国际机构和学界开始对“资本账户开放”及“资本管制”态度发生转变高度一致，甚至可谓“一脉相承”，成为后危机时代的一种主流政策意见。

由于对跨境资本流动的各种管制措施开始见效、人民币兑美元的贬值压力不断释放[①]、国内外宏观经济形势变化[②]等多种原因，自 2017 年以来，中国跨境资本流动趋势发生转向：资本大规模外流受到明显抑制，例如资本账户差额在 2017 年第一季度转为正值，同时外汇储备规模也企稳回升（在 2017 年 1 月至 7 月间增加近 900 亿美元），人民币兑美元的预期逐渐平稳。尽管目前做出明确的趋势判断还为时尚早，但种种迹象表明在短期内中国资本外流的可能性和动机都在弱化。当然，以上变化是否会成为启动新一轮资本账户开放，乃至推进人民币国际化的契机还有待观察（中国人民银行，2017）。

五　资本管制的实践及其有效性之辩

总体而言，在 20 世纪 70 年代布雷顿森林体系解体后，国际资本流动转向活跃，资本管制也相应放松。特别是 80 年代末 90 年代初以来，在“苏东剧变”和“华盛顿共识”等重大历史事件和思潮的影响下，主流经济学界、IMF 等国际机构以及多国决策者对跨境资本流动或更为一般的金融开放基本上持高度肯定的态度。一时间，资本流动对改进资源配置效率和促进各国（主要是新兴市场国家）金融体系发展的积极作用被广为推崇。然而，在 1997—1998 年爆发的亚洲金融危机之后，

---

① 例如，自 2017 年年初至 9 月 30 日，1 美元兑人民币中间价已由 6.95 降至 6.64。另见附录二。

② 例如，在 2017 年 7 月出版的《世界经济展望（更新）》中，国际货币基金组织调降了对美国 2017 年、2018 年两年的经济增长预期，同时提高了对中国及新兴市场国家整体的增长预期（IMF，2017）。

国际资本流动所带来的弊端开始凸显，相关认识与实践也出现转变。如 IMF 有关专家开始主张更为“折中性”的资本开放措施，而一些国家（包括巴西、冰岛、土耳其等）纷纷采取各种长效的或临时性措施进行资本管制（Klein，2012）。此后，在 2008 年国际金融海啸的冲击下，人们对跨境资本流动的利弊得失有了更为深刻的认识。总体上讲，采取某种形式、某种程度的资本管制已经成为包括中国在内的世界主要经济体的常态。

本节将简要论述“二战”后资本管制的国际经验以及中国在改革开放以来的相关实践，并介绍关于资本管制有效性的讨论。

（一）资本管制的一般国际经验

“资本管制”指一国/经济体的当局对资金跨境流入流出所采取的一系列管制措施与制度安排，主要施加于资本项目。[①] 事实上，无论是通过直接的行政性限制还是市场化工具，资本管制在几乎所有国家的历史上都曾出现，并且管制强度与经济周期波动和全球化浪潮息息相关。

布雷顿森林体系是资本管制的经典样本。这一体系要求维持美元、黄金及其他货币间的固定汇率安排。其间，美国曾在 1958—1960 年陷入较为严重的国际收支逆差。为扭转这一状况，美国采取了多种控制措施，包括价格型和数量型的政策工具。此后不久，某些较为直接的新型管制措施开始出现（多发生在林登·约翰逊总统任期内）。例如，以管制长期资本流出为目的，美国在 1963—1974 年对私人部门持有的外国股票和债务征收“利息平衡税”（Interest Equalization Tax），税率依据证券种类和期限有所不同，进而增加了持有外国证券的成本；1965 年启动“自愿对外信贷约束计划”（Voluntary Foreign Credit Restraint Program），对位于美国的银行对外信贷规模设置了上限（王志军，2012）；1968 年则进一步提出了“强制性限制海外直接投资计划”，对跨国公司的对外直接投资进行直接限制。

在同一时期，严格的资本管制在美国之外的发达经济体也颇为常

① 在很大程度上，资本管制和 IMF（2016）提出的“资本流量管理措施”（capital flow management measures）基本重合。

见。如德国在1960年对非居民购买本国货币市场票据、居民与非居民间回购协议下的证券交易进行了若干限制；1965年对非居民债券息票支付征收25%的预扣税；1968年德国马克债券的发行主体只能限于国内商业银行；日本规定非居民购买本国股票都要由政府批准，限制非居民投资者购买日本政府短期债券和发行欧洲日元债券，并设定了对外直接投资的上限（张方波，2015）。

但随着20世纪70年代布雷顿森林体系的解体和经济全球化进程的不断深入，发达国家资本管制大幅减少。如从定量来看，根据广泛应用的Chinn和Ito（2006）研发的KAOPEN指标衡量，美国、德国、加拿大在1970年（Chinn和Ito研究的样本期起始年），英国、日本在1983年，法国、意大利在1994年相继录得KAOPEN指标的最大值（“1”），表明实现了完全的资本账户开放。①

当然，在发展中国家，作为一种在欠发达的金融体系下的保护措施，资本管制更为普遍。而当出现重大危机后，管制尤其严格。例如，20世纪80—90年代墨西哥、阿根廷、巴西、智利等拉美国家陷入金融风暴，资本管制开始强化。其中，严控短期资本流入是拉美国家实践的重点。例如，巴西在1993年开始限制短期外资对固定收益证券的投资（宋林峰，2002），延长了贷款的最短分期摊还期限、外汇汇出的所得税退还期限和出口收汇的期限，鼓励进口商提前支付贷款，并暂时取消了作为未来资本形成和搭桥投资的短期资本流入。再如，智利政府于1990年开始对所有的外国借款征收1.2%的印花税，并于1991年起对所有旨在套利的外国资本流入（包括外国借款、债券和股票投资等）提出20%的无偿准备金要求（URR）。② 翌年这一准备金率进一步提高到30%。一般认为，通过这种类似“托宾税”的隐性税收方式，智利的URR措施事实上是对短期资本流入更为严厉的管制［叶春明、许新亚，2005；另见Baba和Kokenyne（2011）对哥伦比亚和泰国URR的论述］。

---

① 需要注意的是，KAOPEN指数衡量的是一种原则上的、法理上的（de jure）开放程度，这同事实上（de facto）的开放程度还存在一定差异。参见附录一。

② 所有此类外国资本须按照这一比率存入其在中央银行的账户，并规定须存满一定期限，中央银行对此准备金不支付利息。

（二）中国资本管制措施概述

中国的资本管制历史有其自身特点。事实上，在中华人民共和国成立之初的计划经济体制下，中国曾实行严格的外汇集中计划管理和资本管制制度。并且长期奉行既不举借外债，也不接受外国直接投资的政策原则。所有外汇收入强制结算并售给国家，外汇使用也按照计划分配（外汇管理的统收统支制度）。此时的人民币汇率并非货币市场供需的结果，而仅作为一种核算工具。①

然而，自1978年以来，中国在对外商贸、投资以及金融领域的改革开放全面推进。特别是在实现人民币经常项目下可兑换之后，对资本账户开放也提上议事日程（重要标志是2003年党的十四届三中全会，参见Zhou，2015），并已经取得了重要进展。但总体来说，目前中国仍属于采行资本管制的国家（IMF，2016），尤其同美国等发达国家的开放程度还有较大差别（见附录一），并且行政性的和数量型的限制工具较为普遍。

具体而言，1978年至20世纪90年代中期，中国对经常项目的资本管制措施主要表现在强制结汇制度、外汇留成制度和双重汇率制度。为配合当时的吸引、利用外资政策，对资本项目则采取控制外债规模和结构、对外商直接投资实行宽进严出、对证券投资和金融信贷实行严格管制的政策。

其后，在1994年进行了较大力度的汇率改革，结束了官方汇率和市场汇率并存的“双轨制”，并相应建立了全国银行间外汇市场。1996年又进一步实现了人民币经常项目可兑换。这一阶段，中国对中资企业的经常项目外汇收入实行强制限额结汇制度，即除按国家规定的比例开立外汇账户保留以外，其余必须出售给指定银行。而对外资企业则实行意愿结汇制度，但其结售汇业务仍须在外汇调剂中心进行。在资本与金融项目方面，仍基本沿袭此前的措施，但更趋精细化。主要包括：①除另有规定外，所有资本项目外汇收入均须调回境内；②境内机构（包括外资企业）的资本项目外汇收入均应在银行开立外汇专用账户；③外资企业外汇资本金结汇可持相应材料直接到外汇管理局授权的指定银行办理，

---

① 参见国家外汇管理局网站，http：//www. safe. gov. cn/wps/portal/sy/jgzn_ lsygz。

其他资本项目外汇收入出售给指定银行时也必须得到有关部门的批准；④除外汇指定银行部分项目外，资本项目下的购汇和对外支付都必须经过有关部门的批准，持核准件在指定机构办理相关业务。

再后，中国于2001年加入世界贸易组织后，经常项目顺差持续积累，跨境资本双向流动更为活跃。在步入这一新的开放阶段后，金融领域改革进一步提速：首先是汇率市场化改革推进力度较大。特别是在2005年"汇改"以来，逐渐形成了参考"一篮子"货币的有管理的浮动汇率制度。人民币兑美元汇率波动幅度加宽，价格形成机制也更多倚重市场供需力量。自此，人民币进入长达近10年的升值通道。在经常项目方面，外汇管理局于2007年8月取消了经常项目外汇账户限额管理，境内机构可根据自身经营需要自行保留其经常项目外汇收入，完全实现了意愿结汇。此外，个人用汇限制也有所放宽，相关手续逐渐简化。

在这一时期，对资本项目的管制及相关改革内容更为丰富，政策方向上也可谓"一张一弛"（见表12－1）：在外商直接投资方面，除了涉及环境和出于国家安全考虑的特定产业外，对外商投资领域在原则上较为宽松，清算和撤资一般不受限制，并且在满足真实性原则的条件下，对外商的结售汇也完全放开。值得一提的是，最近，为更好地利用外资、鼓励和引导外资投向，国家发改委和商务部于2017年重新修订了《中西部地区外商投资优势产业目录》（2月）和《外商投资产业指导目录》（6月），通过列举"负面清单"的形式，进一步放宽了服务业、制造业、采矿业等领域的外资准入限制。对于中资企业的直接境外投资，自20世纪末提出"走出去"战略以来，政策层对此一直持积极、鼓励的态度。近年推动的"一带一路"倡议，更为企业"出海"提供了新的动力与空间。然而，自2014年以来，为应对资本外流所带来的金融风险及其他负面影响，在政策大方向不变的前提下，若干管制措施陆续出台，并成为货币政策和宏观审慎政策双支柱框架体系的重要组成部分。例如，①在对外投资一般程序中，强化了商务部或其他相关部门的审批——包括清算或变更注册资本等事宜需要先报经原审批部门批准。②外汇管理局对与对外直接投资相关的外汇资金进行登记和备案，具体外汇业务经由外汇指定银行办理。③加强了对央企"出海"的管理：国资委于2017年年初颁行了《中央企业境外投资监督管理办法》，进一步完善了境外投资监督管理体系：该办法对事前、事中、事后以及风险和责任追究等做出具体要求，并设立了中央企业境外投资项目的“负面清单”，其中特别规定了中央企业原则上不得在境外从事非主业投资。④如前文提及的，为优化中资企业的境外投资结构，避免非理性境外投资，国家发改委、商务部、中国人民银行、外交部四部委联合在 2017 年 8 月发布了《关于进一步引导和规范境外投资方向的指导意见》，列出了鼓励开展、限制开展及禁止开展的境外投资项目，其中房地产、酒店、影城、娱乐、体育俱乐部等为限制开展的项目，须经主管境外投资的有关部门核准。

表 12－1　　　　中国资本管制措施汇总

<table>
<tr><th colspan="2">管制项目</th><th>现行法律法规依据</th><th>管制措施</th></tr>
<tr><td colspan="2">个人外汇管理</td><td>2007 年《个人外汇管理办法》及实施细则</td><td>按照经常项目和资本项目分别进行，主要管理方式包括额度限制（如年度购汇、携带外汇出境、每日交易额等）、申报管理、账户管理等</td></tr>
<tr><td rowspan="4">直接投资</td><td>外商直接投资</td><td>《外商投资产业指导目录》（2017 年修订）；《中西部地区外商投资优势产业目录》（2017 年修订）</td><td>目的为引导外资投向和投资结构：前者与 2015 年修订版相比减少了限制性措施，提高服务业、制造业、采矿业等领域开放水平；后者的目的是支持中西部地区承接外资产业转移，与 2013 修订版相比扩大了中西部地区鼓励外商投资产业范围</td></tr>
<tr><td rowspan="3">中资企业对外投资</td><td>《境外投资管理办法》</td><td>实行备案和核准管理</td></tr>
<tr><td>2017 年 8 月公布的《关于进一步引导和规范境外投资方向的指导意见》</td><td>目的在于促进“一带一路”建设、引导和规范企业境外投资方向、防范和应对境外投资风险
鼓励开展境外投资，如有利于“一带一路”建设和周边地区互联互通的基础设施境外投资，境外油气、矿产等能源资源勘探和开发等；娱乐、体育俱乐部等为限制开展的项目，须经境外投资主管部门核准等；禁止开展的境外投资项目，包括未经国家批准的军事工业核心技术和产品输出等</td></tr>
<tr><td>2017 年 1 月公布的《中央企业境外投资监督管理办法》</td><td>中央企业境外投资项目负面清单，原则上不得在境外从事非主业投资，纳入国资委债务风险管控的中央企业不得因境外投资推高企业的资产负债率水平</td></tr>
</table>

续表

管制项目		现行法律法规依据	管制措施
证券投资	来华投资	合格境外机构投资者制度（QFII）	对投资主体有资产规模和经营年限要求，实行投资额度管理（备案和审批）、账户管理、汇兑管理，并进行统计监管
	对外投资	合格境内机构投资者制度（QDII）	资金募集实行申请或备案，限定可投资的金融产品种类，进行额度规模管理
债务管理	对外债务	2013 年公布实施的《外债登记管理办法》	制订国家借用外债计划，进行登记或备案管理，采取外债账户余额指标管理和外债登记制度

在证券等金融投资方面，中国设置了合格境外机构投资者（QFII）和合格境内机构投资者（QDII）等资本项目不完全开放下的过渡性安排，主要通过行政审批和限定交易额度等方式实现管制。其中，QFII允许获得许可的境外机构投资者投资于境内证券市场，包括股票、债券和基金等人民币标价的金融产品，同时对投资额度、汇出款项额度设有上下限，否则境外人员只能在 B 股市场交易；QDII 允许获得许可的国内主体购买境外资本市场的股票、债券等资产，并且向国外汇出相应款项。此外，证监会对境内公司在境外上市、发行股票等也有一系列核准程序与规定，既含有便利化举措，也在某些方面加强了监管。

最后，中国在对外债务方面也有严格、系统的管理制度，包括短期外债余额指标管理和外债登记制度等。按照相关规定，外汇管理局等部门对各类主体的外债需进行全口径统计监测与管理，不同类型的负债主体也要依据限额举借外债，并进行登记（参考 2013 年颁行的《外债登记管理办法》）。当然，近年来在关于外债监管方面也有某些放松，如在前述的“全口径跨境融资宏观审慎管理”框架下，对中资企业和外资企业的对外融资活动采取了基本相同的管理标准——这给前者提供了更多的便利与自主权。

综合对比各国经验，发达经济体常采取价格型工具进行资本管制（如交易税、资本利得税及其他隐性税收等），在资本市场供需力量的作用下，企业、个人等微观主体一般仍会有较大的调整空间。而中国等发展中国家的资本管制则具有更强的行政色彩和约束力，因此也带有更多的临时性、不确定性，甚至是随意性的特征。

（三）资本管制的有效性之辩

无论是“三元悖论”的极端状态还是中间状态，都涉及资本管制的有效性问题。显然，如果各种旨在控制跨境资本流动的政策措施在实际中无效或收效微弱，则在很大程度上，决策者只能在汇率稳定和货币政策独立性两者中进行权衡。而从金融风险角度，资本管制失效也意味着当局难以管控由国际资本流动带来的风险。

大量研究与事实表明，资本管制的有效性主要表现为一个“经验”问题。如前文所述，各国或多或少都对国际资本流动有所管制，而规避方法、渠道也不一而足。因此，管制的成效取决于各种内、外部实际情况，并且尤其要在时间维度考察。例如，通过研究四个新兴市场国家（巴西、哥伦比亚、泰国和韩国），Baba 和 Kokenyne（2011）发现资本管制往往可以起到增加货币政策独立性、延长对外负债期限的效果，但对释放本币升值压力效果有限，且各种措施仅仅在短期见效、在各国之间也有明显的程度差异。又如，通过考察巴西在 2008—2011 年国际金融危机中的历次重大管制措施的调整，Jinjarak 等（2012）发现资本管制（主要指价格型管制措施）的效果均发生在极短时间，而且投资者对“加紧”管制的反应尤其不明显。总体说来，笔者认为在巴西，资本管制更多的是一种政治考量，甚至简单说是一种选举策略，实际效果有限。通过计量分析，上述的 Klein 和 Shambaugh（2015）着眼于“何种管制措施更有效”的问题。他们的研究表明，尽管会带来各种扭曲，但广泛、长期、制度化的资本管制措施（“墙”式管制）对提高国内货币政策独立性有作用。相反，一过性、特殊性的管制措施（“门”式管制）对此没有显著作用。

具体到中国，如上节所述，目前存在大量违法违规渠道使资本可以逃避监管、流出境外——有时甚至仅仅改换了核算项目而已。显然，这使各种管制措施的效果被打“折扣”，也使资金流出的形式更加隐蔽（见表 12－2 对违规资本外流方式的汇总）。限于篇幅，本部分在此仅简单考察资本管制对中国货币政策有效性的影响。为此，图 12－6 展示了中国市场利率（以上海银行间同业拆放利率 Shibor 衡量）和国际风险指数（又称“恐慌指数”）VIX 之间的联动关系。经计算，2007 年

1月至2014年9月，两者的相关系数为 -0.38。这显示出中国国内的货币市场状况同国际市场存在较为明显的关联。然而，2014年10月至2016年12月，这一相关系数降为0.01。在一定程度上，表明在加强资本管制后（大致对应于上述期间），两者的关联几近于无，中国货币政策的独立性也相应增强。当然，这里未考虑汇率等其他因素，而仅仅提供了一种直观的分析思路，远不足以回答“中国的资本管制政策是否有效”的问题。显然，相关研究还需要进一步深入。

表12-2　　违规资本外流方式汇总

大项	小项	
通过经常项目	贸易渠道	（1）伪报进出口；（2）出口推迟结汇；（3）进口提前购汇或制造虚假的进口活动；（4）转移定价
	非贸易渠道	（1）高报非贸易费用；（2）从海外购买无形资产；（3）利用出国的方式进行资本转移
通过资本项目	对外投资渠道	（1）对外利用国有资产进行私人投资；（2）隐瞒、截留对外投资；（3）利用价格或利润转移资本
	融资渠道	（1）进行虚假融资；（2）利用金融工具
其他方式	（1）利用地下钱庄和手机银行；（2）走私贵重物品；（3）其他非法渠道	

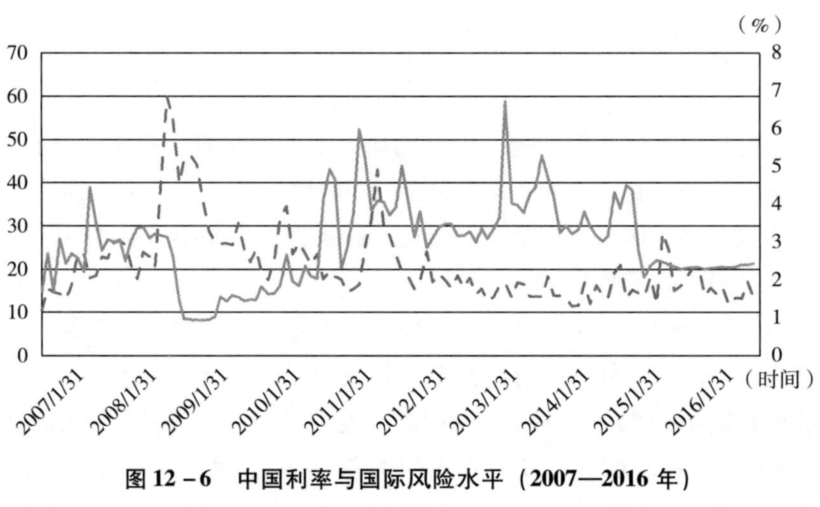

图12-6　中国利率与国际风险水平（2007—2016年）

注：（1）实线为中国上海银行间同业拆放7天利率，20日均值月末值，右轴；（2）虚线为芝加哥期权交易所VIX指数月末值，左轴。

资料来源：Wind。

六　国际货币政策的联动及中国的选择

2008 年 9 月至 2014 年 10 月，美联储相继推出三轮量化宽松措施（QE），大举通过购买资产的方式，为市场注入流动性。作为结果，其资产负债表规模迅速扩张。如在 2008 年 8 月，美联储总资产仅约为 9000 亿美元，但在 2014 年 10 月，已高达近 4.5 万亿美元，扩张近 5 倍之多（见图 12－7）。但在此后，随着 QE 措施的退出、经济情势的转暖，美联储规模从扩张开始转向企稳进而有所收缩。特别在 2016 年年底的 4.45 万亿美元缩至 2018 年年中的 4.31 万亿美元。同时，随着经济强劲复苏和就业好转，美联储结束了在危机期间近乎零的超低利率水平，转而频繁加息。特别在 2018 年年初以来，在新任联储主席鲍威尔的推动下，美联储已经 4 次加息（联邦基金利率已由 1.5% 升至 2.5%）。如此一系列操作，除了出于对通货膨胀的顾虑外，还在于跳脱“流动性陷阱”，“预留”常规货币政策（主要通过调节利率）的操作空间。当然，由于 2019 年包括美国在内的全球经济前景暗淡（世界

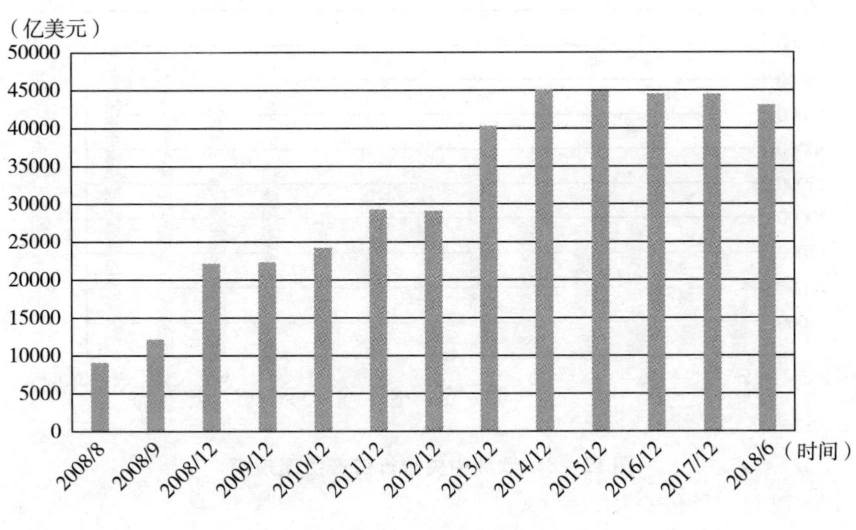

图 12－7　美联储资产负债规模

资料来源：美国联邦储备银行。

银行，2019），以及特朗普当局对加息政策的多次批评，美联储是否继续加息以及继续推进货币政策“正常化”的举措还充满诸多不确定性。

但需要指出的是，至少从央行资产负债规模变动来看，包括中国在内的全球主要经济体的货币政策并不同步，或者说各有明显特点。例如，欧洲央行在2008—2009年的国际金融海啸高潮时刻，并未像美国一样在短期大幅扩张。然而，在2011年欧洲主权债务危机逐渐升级的背景下，央行资产扩张幅度加大——由2010年年底的约2万亿欧元，升至2012年年底的3万亿欧元。此后，随着债务危机渐去，央行资产规模又开始在2013年、2014年两年明显回落。其后，在通货紧缩风险加剧的背景下，欧洲央行在2015年开始推出量化宽松——几乎是与美国退出QE同时。而直至2018年年底，尽管“欧洲版本”的QE结束，但鉴于2019年区内经济前景疲弱等原因（世界银行，2019），继续通过加息等举措收紧货币政策的可能性有所减小。尽管这一切还有待观察，但据目前形势看，欧洲央行货币政策的所谓“正常化”转向并不明显。

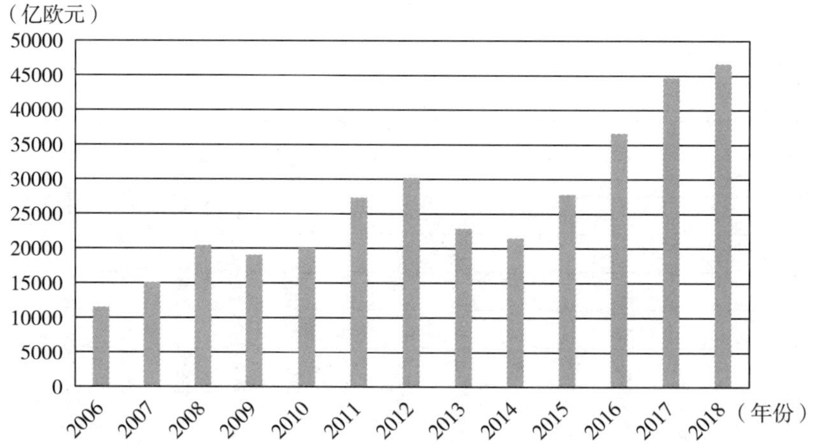

图12－8　欧洲中央银行资产负债规模

资料来源：欧洲中央银行。

此外，日本央行及相应的货币政策走势也有其特点。如图12－9所示，在国际金融危机高潮期间，日本央行规模并未有较大变动，几近

"按兵不动"。然而，随着 2012 年年底安倍执政以来，在所谓"安倍经济学"的引领下，日本央行开始采行异常宽松的货币政策，并以实现合意的通胀率为主要目标（如 2%）。相应地，近 6 年来其规模几乎持续扩张——从 2012 年 12 月的 158 万亿日元扩至 2018 年 12 月的 552 万亿日元（约合 5 万亿美元），按照其同 GDP 的比例，远超美国、欧洲、中国等。在此作用下，日元也相应贬值。依目前情况判断，由于其提振经济、刺激通胀等目标并未较好实现，加之全球经济放缓等因素，日本货币政策在近期大幅转向的可能性较小。

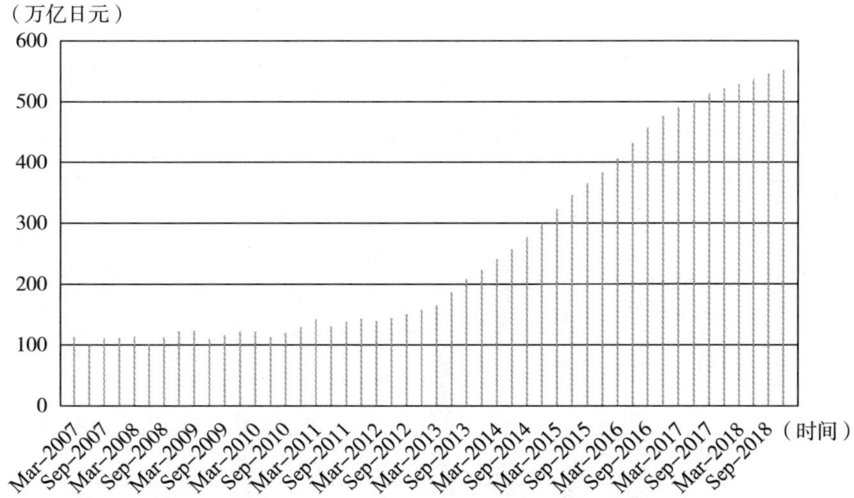

图 12－9　日本中央银行资产负债规模

资料来源：日本银行。

最后转至中国。如图 12－10 所示，相对于上述发达经济体而言，自 2008 年以来，中国人民银行资产变动幅度较为平缓：2008—2018 年，其规模仅从 21 万亿元扩至 37 万亿元，慢于同期 GDP 的增长。特别是近两年来，在中性货币政策的主基调下，无论是中性"偏紧"还是中性"偏松"等不同解读和侧重，大致上说，传统的货币政策框架与工具（调息、调"准"等）基本完成了保持合意通胀水平这一主要政策目标。但在此之余，其对经济增长等目标的调控作用有所弱化，同时又受制于"保汇率""保储备"等其他目标。后者受到美欧等相关政策走向的影响更为直接——这在很大程度上也是新兴市场经济体的通病

（李若愚，2018）。与此同时，包括跨境资本管制、金融监管等金融稳定政策（或宏观审慎监管）的角色进一步凸显。事实上，至少从中国近年来的实践可见，相关的监管政策往往能对实际的经济运行与金融交易产生“立竿见影”的效力，因此其在宏观调控中的角色也日益凸显。由此可见，上述情况也意味着在经济下行压力增加的形势下，进一步借助传统货币政策进行反周期调节的空间似乎颇为狭小。此外，尽管程度不同，中国央行往往同时应对通胀、增长、就业、汇率、储备、金融稳定等多重政策目标，而后者经常彼此牵制甚至相互冲突，实难由同一机构、依靠少数工具加以兼顾。鉴于此，今后逐渐分化央行目标，创新相应机构、框架以及调控工具应是大势所趋。

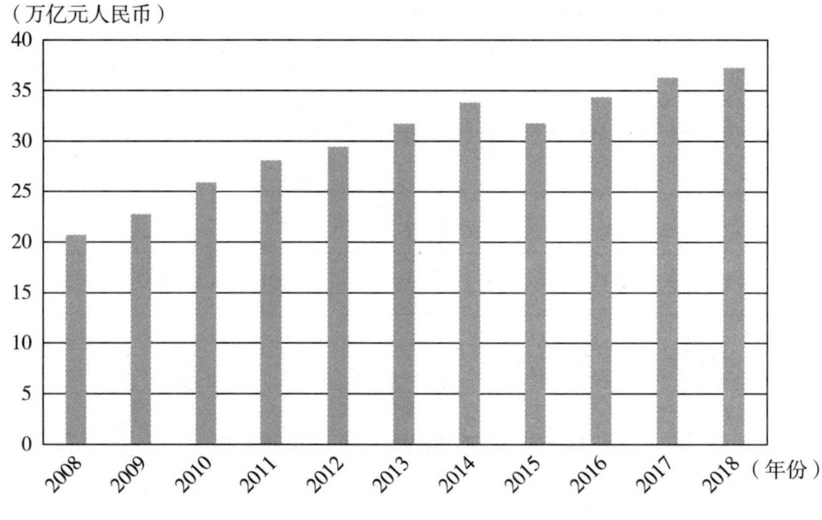

图 12－10　中国人民银行资产负债规模

资料来源：中国人民银行。

七　结论与政策讨论

自 2014 年、2015 年以来，美国、欧洲等世界主要发达经济体开始呈现温和但不平衡的经济复苏，相应的财政、货币政策也出现分化。同时，中国经济也进入以增速放缓和结构调整为主要特征的“新常态”。特别地，在新的国际、国内背景下，中国在货币金融层面又出现了许多新情况、新特点。这主要包括人民币汇率（主要指对美元汇率）出现双向变动、波幅也有所放宽；跨境资本出现日益明显的双向流动；传统货币政策目标、工具发生变化，货币政策和宏观审慎政策双支柱框架正在形成；等等。

基于以上认识，本章借助开放宏观经济学中“三元悖论”这一经典理论模型，以及国际收支平衡表、对外投资头寸表等流量、存量分析框架，对近年来中国汇率制度安排、跨境资本流动的规模与风险、资本账户开放以及人民币国际化的进展与挑战、资本外流途径与管制措施等内容进行了分析梳理，并对相关理论框架和国际经验作了简要论述。通过研究，我们认为得益于中国经济良好的基本面、较大的国内宏观政策空间、雄厚的外汇储备、得力的资本管制措施等因素，中国在新开放格局中的各种内外金融货币政策对于实现国内增长与“六稳”等宏观目标，起到了重要的积极作用。当然也需要指出，尽管当前中国货币金融运行平稳、风险水平较低，处于总体可控的范围，但某些局部、个别的风险仍值得关注——主要涉及残留的各种违规跨境资本流动、游离于监管体系外的非法金融活动等。

当然，更为重要的是，新形势下金融开放的特点及相应风险点的改变也为相关政策安排提出了新的挑战。这不仅表现在短期内各种因应措施能否达到设定目标仍待观察，而且更为根本的是，当前有关货币政策及宏观审慎管理（包括各类行政性资本管制措施、人民币汇率形成机制中引入的“逆周期因子”等）的长期影响——特别是“负面”影响——需要引起高度重视。例如，上述举措如何服务于市场化改革与对外开放（特别是金融开放）这一长期发展方向？其中又蕴藏着多少政策风险与成本等战略层面的问题都难以回避。

必须指出的是，习近平总书记在党的十九大报告中明确指出“中国开放的大门不会关闭，只会越开越大”，并从建设现代化经济体系的高度，提出继续推进“一带一路”建设、“实行高水平的贸易和投资自由化便利化政策”、“大幅度放宽市场准入、扩大服务业对外开放”、提高“自由贸易试验区”改革自主权等重要战略举措（习近平，2017）。毋庸置疑，未来中国对外金融开放将会进一步深入推进，从长期看跨境资本配置活动也会更加活跃。在效率改进、知识外溢等收益之外，这一过程自然会带来新的风险、成本。后者的表现形式、影响途径也可能变得更为复杂、多样、隐蔽。对此，决策层需要从战略高度，全面审视开放过程中的利弊得失，并要保持政策“定力”，客观、冷静、辩证地面对各种新问题、新挑战。一方面，在监管实践中，即使相关举措难免会放任一部分投机性的、“非理性”资本流动，但还应从大处、长期着眼，对合理的跨境资本配置——特别如实体企业“出海”——给予充分支持与便利。避免搞“一刀切”式的堵截。此外还应当认识到，从欧、美、日等发达经济体的历史看，通过跨境配置从海外获取净资本收益往往是一国在由贫转富的发展过程中出现的正常现象。这是国家的实体产业和金融部门步入发达阶段的标志之一，更是增进国民福利的重要途径。另一方面，在特定时期内、特定条件下——尤其是在出现重大风险事件时，决策层又不能陷入“新自由主义”甚至是“市场原教旨主义”的理论教条与误区，理应及时、果断地采取包括资本管制在内的各种积极措施，以防范、化解有关风险，稳定市场预期。具体而言，我们认为以下政策思路可供参考。

第一，按照党的十九大的战略部署，从建构现代经济体系的高度，深入推进以多层次资本市场、利率和汇率市场化等为重点的金融改革。通过构筑发达、完善、开放的金融体系这一“内功”，增强抵御外部冲击的能力。同时，充分利用“走出去”和“引进来”双向开放的契机，以开放“倒逼”国内相关领域的结构性改革与转型升级。特别地，无论是金融机构、实体企业、有关决策部门甚或个人投资者都应摒弃“先封闭—想办法—再开放”的思维定式，而应立足于“干中学”①，即在开放的实践中学习、锻炼，以提升管理对外金融风险的能力水平。此外，在当前由美国等发达国家鼓动的反全球化逆风中，更应充分尊重企业（无论中外）投资、经营的自主性，将政府的资源与精力从各种不必要的干预中解脱出来，投向加强知识产权保护、信息咨询、法律建议等必要的公共服务。

第二，自本轮国际金融危机以来，各国普遍认识到单纯依赖传统的货币政策工具已经很难适应日益复杂的金融体系和各种新业态，而将目

① 更广义地说，“干中学”也是中国改革开放40年最重要的成功经验之一。

光更多地投向另一种稳定性政策框架——宏观审慎监管。尚在危机高潮的2009年，20国集团即倡议设立了金融稳定委员会（FSB），专司全球的金融层面的审慎监管。其后，在2011年、2013年、2015年由IMF主持召开的宏观政策反思研讨会中，宏观审慎监管都成为重要议题。[①] 近年来，中国在此方面也有很多积极作为，包括2017年4月习近平总书记指明的“加强金融监管，统筹监管系统重要性金融机构、金融控股公司和重要金融基础设施”[②] 的金融监管方向、2017年7月设立的国务院金融稳定与发展委员会等（另见黄益平，2017）。党的十九大报告则更进一步明确提出“健全货币政策和宏观审慎政策双支柱调控框架”。在以上探索的基础上，针对跨境资本流动和相关金融风险，未来的政策重点在于建立统一的决策、监管体系，避免多部门监管下经常出现的“政出多门”“权责不明”“部门利益固化”等一系列弊端（李成、汤铎铎，2018）。同时，在统一领导下，应建立健全制度性、长效性的资本管制制度乃至更加一般的对外金融风险识别、监管体系，减少相机抉择式的管制措施。以此向市场传递稳定、连续、清晰、可预期的政策信号，进而有助于市场主体进行长期的商业决策，抑制短期投机行为。

第三，在充分发挥市场在资源配置中的决定性作用的同时，也要积极发掘市场在防范化解金融风险中的重要作用。事实上，尽管许多市场行为——如资产价格变动、信用评级等——往往有顺周期的倾向，但也有不少市场力量对平滑周期、分散和控制风险有积极意义。对此，相关决策和制度设计一方面应更多地依赖基于市场供求机制与价格信号的政策工具和管理措施，减少行政性、数量性管制（例如更具弹性的汇率才能更好地发挥其自动稳定器的作用），进而使微观市场主体的最优资本配置决策同国家层面的宏观政策目标相一致。另一方面，应当继续鼓励同管控风险、提高资产流动性等相关的金融创新，包括汇率衍生品、互换交易、期权交易、资产证券化等。

第四，充分借鉴国际经验及相关公认标准，健全有关国际贸易与资

---

① http：//www. imf. org/external/np/seminars/eng/2015/macro3/.

② 参见中共中央政治局2017年4月25日《就维护国家金融安全进行的第四十次集体学习纪要》：http：//news. xinhuanet. com/politics/2017 -04/27/c_ 129576721. htm。

本流动的统计核算体系、提升数据质量。其中，重点是协调海关、“一行两会”、商务部、旅游局等不同单位的统计口径，提高数据可比性和完备性。① 同时，借助多种信息化手段，加强对高频、即时、海量的资本流动大数据的收集整理，以此为科学管理与决策提供可靠、充分的信息基础。

附录一

附表1　中国、美国资本账户开放度对比

年份	中国			美国	
	（对外资产 + 对外负债）/GDP	（对外资产 + 对外负债 - 外汇储备）/GDP	KAOPEN	（对外资产 + 对外负债）/GDP	KAOPEN
2004	80.9%	49.7%	0.165697	191.8%	1
2005	89.2%	53.4%	0.165697	218.2%	1
2006	99.6%	60.8%	0.165697	249.9%	1
2007	102.6%	59.6%	0.165697	294.9%	1
2008	96.1%	53.8%	0.165697	291.1%	1
2009	105.3%	58.4%	0.165697	287.7%	1
2010	107.4%	60.7%	0.165697	307.7%	1
2011	102.7%	60.7%	0.165697	314.9%	1
2012	100.0%	61.3%	0.165697	307.3%	1
2013	103.8%	64.1%	0.165697	321.5%	1
2014	107.6%	70.9%	0.165697	325.7%	1
2015	96.2%	66.1%	0.165697	300.5%	1
2016	99.4%	72.5%	0.165697	301.7%	1

注：（1）（对外资产 + 对外负债）/GDP 或（对外资产 + 对外负债 - 外汇储备）/GDP 两个指标通常用于衡量事实上的（de facto）资本账户开放度。参见 Ito 和 Kawai（2012）。

（2）KAOPEN 指数来自 Chinn 和 Ito（2006）；其取值在“0”和“1”之间，后者代表最高的原则上的（de jure）资本账户开放度。

资料来源：中国、美国对外资产负债数据分别来自中国外汇管理局《国际投资头寸表》、美国经济分析局；两国 GDP 数据均来自世界银行 World Development Indicators，现价值。

① 例如，目前中国对外直接投资和对外证券投资还没有统一的主管部门与核算体系。

附录二　“资本外流”与“净误差与遗漏”

首先需要澄清的是，在相关讨论中被广泛使用的“资本外流”和“资本外逃”并非同一概念。前者涵盖较广，理论上可以指各种形式的资本跨国配置，而后者（往往对应于“热钱”涌入）一般指短期的投机性资本流出，其实现途径既可能是合法的，也可能是不合法的，具体要看各国的资本管制规定（余永定、肖立晟，2017）。显然，从两个术语可以看出，“资本外流”是一种中性的提法，并且可以包含所谓的“资本外逃”。后者则带有明显的负面价值判断色彩，往往缺乏严谨的理论依据和客观判定标准。① 在此需要指出的是，在本部分中，我们的主要关注点在于“资本外流”或“资本流动”——尤其是在探讨“三元悖论”等理论框架时。在涉及所谓的“资本外逃”时，我们更倾向于使用“违规资本外流”一词（另见李扬，1998，对此问题的早期探讨）。事实上，在中国的有关实践中，对外金融风险既可能来自合规的资本流动，也可能来自违法违规的资本流动。而资本管制的对象也往往不限于所谓短期投机性的“资本外逃”，在汇率、资产价格异常波动，外汇储备较快下降等情况下，当局出于宏观金融稳定的需要，也会采取某种“相机抉择”举措，对有实际项目支撑的、较长期限的对外投资施以政策性的限制，甚至禁止。②

基于以上认识，下文讨论中国违规资本外流的规模。事实上，近期相关讨论异常活跃。其中，国际收支平衡表中的“净误差与遗漏”一项成为颇受关注的焦点指标。在理论上，由于各种统计误差的存在，国际收支平衡表中设置了该项目，用以平衡“经常账户”和“资本与金

---

① 特别地，“什么是‘正常’的跨境资本配置？”“‘投资’与‘投机’的本质区别是什么？”“什么是合法的资本外逃？”等问题在理论上并不清晰，在实际中也难以判别。所以，依笔者所见，似乎按照其实现途径及有关法律法规，区分“合规”或“不合规”的资本外流更有意义，也更加可行。

② 例如，2017 年 8 月，国家发改委、商务部、中国人民银行、外交部等部门下发了《关于进一步引导和规范境外投资方向的指导意见》。其中对房地产、酒店、娱乐业、影城、体育俱乐部等领域的境外投资进行了限制。具体方法包括增加政府核准程序等。

融账户”。[①] 在理想状态下，这一项目应当相对规模较小，并且出现正、负值的频度应当基本相等（或从数学上讲，是一个期望为零的“白噪声”）。然而在实践中，由于金融体系的各种制度性、系统性漏洞与空隙，这一项目又在一定程度上反映了非正常渠道的国际资本流动。例如，2014 年第二季度至 2017 年第一季度，中国的这一项目持续处于负值区间，并且均值已经达到货物进出口总额（国际收支平衡表口径）的 -5.4%，系统性地超过了 IMF 认为的正负 5% 的正常范围。而从下图所反映的更长时段考察，自 1999 年以来，除少数时点外，该项目一般为负值，并且在 2015 年汇率改革后明显下降（绝对值变大）。特别是在 2015 年第三季度后（“8·11 汇改”后）至 2017 年第一季度，这一比例的均值更降至 -6.6%。直观感觉，以上变化同人民币贬值预期下的资本外流基本吻合。

相比而言，作为发达国家的美国其“净误差与遗漏”项较为符合上述“理想状态”的特点（见附图 1 及附表 2）。但值得指出的是，2015 年下半年以来，美国“净误差与遗漏”同货物进出口总额之比开始变大（2015 年第三季度至 2017 年第一季度的均值为 3.5%）。这在一定程度上显示大量外资以非常规渠道涌入美国。尽管还没有充足的证据，但可以合理推测这一现象与同期中国等新兴市场国家资本外流加剧存在某种因果关联。

此外，中、美“净误差与遗漏”项目是否反映了未被纳入统计的资本跨境流动这一问题还可以从时间序列角度进行考察。为此，我们将中、美两国“净误差与遗漏”净值占货物进出口总额之比进行了单位根检验。如附表 3 所示，两种不同检验方法均显示，中国的这一指标含有单位根，因此也不可能是平稳的“白噪声”序列。与之相反，美国的这一指标则是平稳过程，符合“白噪声”的必要条件。以此判断，中国的“净误差与遗漏”并非简单的统计轧差项目，而是反映了某种未被纳入统计核算的跨境资本流动。

---

① 按“国际收支平衡表”的定义，“净误差与遗漏” = -（经常项目差额 + 资本与金融项目差额） = -（经常项目差额 + 资本项目差额 + 非储备性质的金融账户差额 + 储备资产变动）。

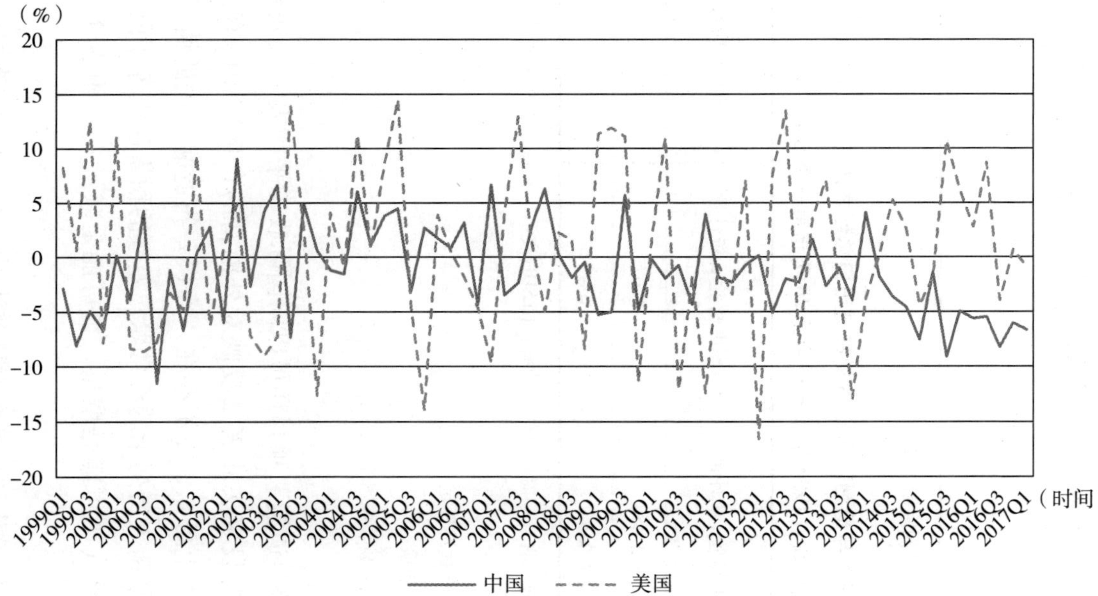

附图1　中美"净误差与遗漏"净值占货物进出口总额之比（1999年第一季度至2017年第一季度）

注：货物进出口额按照国际收支平衡表口径计算。

资料来源：中国数据来自国家外汇管理局，BPM6标准；美国数据来自经济分析局（Bureau of Economic Analysis），未经季度调整数据。

附表 2　　中美“净误差与遗漏”净值占货物进出口总额之比，各期均值　　单位:%

国家＼时间	1999 年第一季度至 2005 年第二季度	2005 年第三季度至 2015 年第二季度	2015 年第三季度至 2017 年第一季度	1999 年第一季度至 2017 年第一季度
中国	-0.6	-1.0	-6.6	-1.4
美国	0.7	-0.5	3.5	0.3

注：资料来源及指标定义同附图 1 注释。

附表 3　　“净误差与遗漏”净值占货物进出口总额之比的单位根检验（1999 年第一季度至 2017 年第一季度）

国家＼项目	ADF 检验 t 统计量	GLSDF 检验 μ 统计量	滞后项阶数
中国	-2.488	-1.677	2
美国	-7.045***	-5.087***	1

注：（1）ADF 表示增广迪基—福勒单位根检验；GLSDF 表示广义最小二乘法迪基—福勒单位根检验。

（2）滞后阶数根据 SIC 标准确定。

（3）各检验均不含趋势项。

（4）***代表 1%统计显著性水平。

最后，“净误差与遗漏”项目还可以同国际收支平衡表（反映对外财富的流量）及国际投资头寸表（反映对外财富的存量）中的有关统计进行比对。从理论上可知，在不存在“净误差与遗漏”项的情况下，某时期内国际收支平衡表所列示的经常账户差额的积累值应等于同期国际投资净头寸的变动（既可能是增量，也可能是减量）。① 附表 4 列出

① 根据定义，净头寸变化量又等于储备资产变化量与居民及企业部门对外净资产变化量之和。由此可以进一步探讨所谓的“藏汇于民”问题。例如，2014 年年末至 2017 年第一季度，在官方储备资产下降了 8300 亿美元的同时，居民及企业部门对外净资产增长 9300 亿美元。这在一定程度上可由“藏汇于民”解释。但具体又有其他因素作用其中。限于篇幅，本章对此从略。感兴趣的读者可参考《财经》的有关访谈：http：//money.163.com/17/0411/21/CHP8O66J002581PP.html。

了 2015 年以来各季度的有关统计。

附表 4　　“净误差与遗漏”、经常账户差额与国际投资净头寸（2015 年第一季度至 2017 年第一季度） 单位：亿美元

项目＼时间	2015 年				2016 年				2017 年
	第一季度	第二季度	第三季度	第四季度	第一季度	第二季度	第三季度	第四季度	第一季度
经常项目差额（流量值）	760	764	679	838	452	651	742	118	184
经常项目差额（累计值）A	760	1525	2203	3042	3494	4145	4887	5005	5189
国际投资净头寸（当期值）	14687	13972	15378	16728	17153	18181	18745	18005	17319
国际投资净头寸（对比 2014 年末的变化量）B	-1341	-2056	-650	700	1125	2153	2717	1977	1291
A-B	2101	3581	2853	2342	2369	1992	2170	3028	3898
净误差与遗漏（流量值）	-640	-127	-875	-488	-421	-472	-752	-582	-577
净误差与遗漏（累计值）	-640	-767	-1642	-2130	-2550	-3022	-3774	-4357	-4934

注：因统计标准调整，2014 年末前后数据不可比，所以选取了表中的时期作为考察对象。

资料来源：国家外汇管理局。

由附表 4 可知，对于中国经验这一理论关系并不成立：2015 年第一季度至 2017 年第一季度，经常账户差额的累计值（以 A 表示）同净头寸的变化量（以 B 表示）之间存在较大差异。在此期间，经常账户差额累计为 5189 亿美元。而在这一考察期期末，国际投资净头寸仅比 2014 年年末增加 1291 亿美元——两者相差 3898 亿美元。由于美元相对于人民币升值造成的价值重估效应事实上有利于扩大中国净头寸，所以如果除去这一因素，净头寸的增量应更小，其与经常账户累计差额也会产生更大的差距。后者在很大程度上可以反映在“净误差与遗漏”

上——该项目在考察期间内的累计值高达 -4934 亿美元。当然需要说明的是，由于违规的资本外流方式异常复杂、隐蔽（见正文表 12-2），而且相关统计方法也不尽一致，在此我们仅提供了若干线索、思路，但仍不能准确定量“净误差与遗漏”所反映的违规资本外流的确切规模。[①] 显然，相关研究还亟待深入。

参考文献

范小云、陈雷、祝哲：《三元悖论还是二元悖论：基于货币政策独立性的最优汇率制度选择》，《经济学动态》2015 年第 1 期。

管涛：《不能过度解读“净误差和遗漏”的经济含义》，2015 年，http://news.xinhuanet.com/fortune/2015-01/22/c_127410553.htm。

管涛、马昀、夏座蓉：《汇率的博弈：人民币与大国崛起》，中信出版集团 2017 年版。

黄益平：《防控中国系统性金融风险》，《国际经济评论》2017 年第 5 期。

李成、汤铎铎：《居民财富、金融监管与贸易摩擦——2018 年中国宏观经济中期报告》，《经济学动态》2018 年第 8 期。

李若愚：《美欧货币政策正常化前景及其影响分析》，《中国物价》2018 年第 9 期。

李扬：《中国经济对外开放过程中的资金流动》，《经济研究》1998 年第 2 期。

李扬、张晓晶、常欣等：《中国国家资产负债表 2013：理论、方法与风险评估》，中国社会科学出版社 2013 年版。

骆祚炎、赵迪：《三元悖论的“折中化”、多重汇率弹性与汇率灵活性》，《财经科学》2017 年第 7 期。

宋林峰：《20 世纪 90 年代巴西资本管制的经验与启示》，《拉丁美洲研

---

① 如管涛（2015）指出的，“净误差与遗漏”还受到统计标准、口径、数据质量等多种因素的影响，不能等同于违规的资本外流。此外，汪小勤、陈俊（2013）通过不同方法，也对中国“资本外逃”规模进行了估算。但其结果同“净误差与遗漏”规模有较大差异，而且不同方法之间也有明显出入。

究》2002 年第 3 期。
苏剑、童立:《近年来我国热钱涌入规模的估算》,《经济学动态》2011 年第 11 期。
孙国峰、李文喆:《货币政策、汇率和资本流动——从“等边三角形”到“不等边三角形”》,2017 年,中国人民银行工作论文,No. 2017/3。
汪小勤、陈俊:《我国资本外逃规模估算研究:1982—2011》,《经济学动态》2013 年第 6 期。
王志军:《资本管制到金融全球化时代的美国对外投资》,《南开学报》(哲学社会科学版)2012 年第 2 期。
习近平:《决胜全面建成小康社会夺取新时代中国特色社会主义伟大胜利——在中国共产党第十九次全国代表大会上的报告》,人民出版社 2017 年版。
叶春明、许新亚:《资本管制与金融危机——智利模式与中国实践的分析》,《经济社会体制比较》2005 年第 2 期。
余永定、肖立晟:《解读中国的资本外逃》,《国际经济评论》2017 年第 5 期。
张斌:《次序颠倒的人民币国际化进程》,中国社会科学院世界经济与政治研究所工作论文,2011 年,No. 2011. 036。
张方波:《本币国际化条件下的跨境资本流动监管——基于美国、德国和日本的国际借鉴》,《经济与金融》2015 年第 9 期。
张明:《中国面临的短期资本外流:现状、原因、风险与对策》,《金融评论》2015 年第 3 期。
中国人民银行:《人民币国际化报告(2017 年)》,中国人民银行,2017 年。
中国人民银行课题组:《我国加快资本账户开放条件基本成熟》,中国人民银行调查统计司 2012a 年。
中国人民银行课题组:《协调推进利率、汇率改革和资本账户开放》,中国人民银行调查统计司 2012b 年。
Aizenman, J., and R. Sengupta, The Financial Trilemma in China and a Comparative Analysis with India, *Pacific Economic Review* 18 (2),

2013, pp. 123 – 146.

Aizenman, J. , M. Chinn, and H. Ito. , Assessing the Emerging global Financial Architecture: Measuring the Trilemma ' s Configurations over Time, NBER Working Paper, 2008, No. 14533.

Allen, Mark, C. Rosenberg, C. Keller, B. Setser, and N. Roubini, A balance sheet approach to financial crisis, IMF Working Paper, 2002, WP/02/210.

Baba, Chikako and Annamaria Kokenyne, "Effectiveness of Capital Controls in Selected Emerging Markets in the 2000s", IMF Working Paper, 2011, No. WP/11/281.

Bordo, M. , and H. James, Capital Flows and Domestic and International Order: Trilemmas from Macroeconomics to Political Economy and International Relations, Vox: 2015, http: //voxeu. org/article/trilemmas – capital – flows – and – domestic – and – international – order.

Cerutti, E. , S. Claessens and A. Rose, "How Important is the Global Financial Cycle? Evidence from Capital Flows", CEPR Discussion Paper, 2017, No. 12075.

Chinn, M. and H. Ito, What Matters for Financial Development? Capital Controls, Institutions, and Interactions, *Journal of Development Economics* 81 (1), 2006, pp. 163 – 192.

Dornbusch, R. and A. Werner, Mexico: Stabilization, Reform and no Growth, Brookings Papers on Economic Activity 1, 1994, pp. 253 – 316.

Eichengreen, B, P. Gupta, and O. Masetti, Are Capital Flows Fickle? Increasingly? And Does the Answer Still Depend on Type?" World Bank Policy Research Paper, 2017, No. 7972.

Feldstein, M. S. , and C. Horioka, Domestic Saving and International Capital Flows, *Economic Journal* 90 (2), 1980, pp. 314 – 29.

Fernandez, A. , M. W. Klein, A. Rebucci, M. Schindler, and M. Uribe, Capital Control Measures: A New Dataset, IMF Working Paper, 2015, No. WP/15/80.

Habermeier, K. , A. Kokenyne, and C. Baba, The Effectiveness of Capital Controls and Prudential Policies in Managing Inflows, IMF Staff Discussion Note, 2011, SDN/11/14.

IMF, *Annual Report on Exchange Arrangements and Exchange Restrictions* 2016. Washington, DC: International Monetary Fund.

IMF, *World Economic Outlook*, *A Firming Recovery* (Updated) . Washington, DC: International Monetary Fund, 2017.

International Monetary Fund (IMF), *Annual Report on Exchange Arrangements and Exchange Restrictions* 2011. Washington, DC: International Monetary Fund.

Ito, H. and M. Kawai, New Measures of the Trilemma Hypothesis: Implications for Asia, ADBI Working Paper Series, 2012, No. 381.

Jinjarak, Y. , I. Noy, and H. Zheng, How Effective were the 2008 – 2011 Capital Controls in Brazil? Vox: 2012, http: //voxeu. org/article/how – effective – were – 2008 – 2011 – capital – controls – brazil.

Kawai, Masahiro and Ligang Liu, Trilemma Challenges for the People's Republic of China, *Asian Development Review*, 2015, Vol. 32, No. 1, pp. 49 – 89.

Klein, M. W. , Capital Controls: Gates Versus Walls, NBER Working Paper, 2012, No. 18526.

Klein, M. W. and J. C. Shambaugh, Rounding the Corners of the Policy Trilemma: Sources of Monetary Policy Autonomy, *American Economic Journal*: *Macroeconomics* 7 (4), 2015, pp. 33 – 66.

Li, C. , and X. Zhang, Renminbi Internationalization in the New Normal: Progress, Determinants and Policy Discussions, *China and World Economy* 25 (2), 2017, pp. 22 – 44.

Mundell, R. A. , Capital Mobility and Stabilization Policy under Fixed and Flexible Exchange Rates, *Canadian Journal of Economic and Political Science* 29 (4), 1963, pp. 475 – 485.

Obstfeld, M, and A. Taylor, International Monetary Relations: Taking Finance Seriously, *Journal of Economic Perspectives* 31 (3), 2017, pp.

3 –28.

Obstfeld, M, J. Ostry and M. Qureshi, A Tie That Binds: Revisiting the Trilemma in Emerging Market Economies, IMF Working, 2017, Paper No. 17/130.

Obstfeld, M, J. Shambaugh, and A. Taylor, The Trilemma in History: Tradeoffs among Exchange Rates, Monetary Policies, and Capital Mobility, *Review of Economics and Statistics* 87 (3), 2005, pp. 423 –438.

Ostry, J., A. Ghosh, M. Chamon, and M. Qureshi, Capital Controls: When and Why? *IMF Economic Review* 59 (3), 2011, pp. 562 –80.

Ostry, J., P. Loungani, and D. Furceri, Neoliberalism: Oversold? Finance and Development, IMF (June), 2016, pp. 38 –41.

Passari, E., and H, Rey, Financial flows and the International Monetary System, *Economic Journal* 125 (584), 2015, 675 –698.

Rey, H., Dilemma not Trilemma: The Global Financial Cycle and Monetary Policy Independence, NBER Working Paper, 2015, No. 21162.

Rey, H., International Channels of Transmission of Monetary Policy and the Mundellian Trilemma, *IMF Economic Review* 64 (1), 2016, pp. 6 –35.

World Bank, *Global Economic Prospects: Darkening Skies* (January), Washington, DC: World Bank, 2019.

Zhou, X., Statement to the Thirty –first Meeting of the International Monetary and Financial Committee, International Monetary Fund, Washington D. C., 2015.

后　记

2008 年国际金融危机和随后的大衰退，不但对全球经济造成巨大冲击，也对宏观经济理论研究提出新的挑战。在此大背景下，我们中国社会科学院经济研究所宏观经济学研究室进行了有针对性的研究，从金融、国际、中期和存量四大视角出发，借鉴西方理论的最新进展，探讨中国的宏观经济问题。本书即为近期相关研究的一个汇总。

各章节作者如下：前言、第一章、第十章，汤铎铎；第二章、第八章、陈汉鹏；第三章、汤铎铎、李成；第四章，刘学良、宋炳妮、段全伟；第五章，张莹；第六章、第十二章，李成；第七章，常欣；第九章，钱学宁；第十一章，王佳。

今年是中国社会科学院经济研究所建所 90 周年。本书也是我们宏观经济学研究室的所庆献礼，表达作为经济所人的自豪和欢欣。经济所的领导在本书的写作过程中给予了很多鼓励和支持，中国社会科学出版社的王曦女士为本书的付梓付出了很多心血，在此一并表示感谢！由于时间仓促，书中还有很多不足之处，恳请方家批评指正！

汤铎铎

2019 年 4 月